春雷聲聲震寰宇
彈指一揮六十載

戈壁人物纪实

黄志方·编著

東華大學出版社
·上海·

图书在版编目（CIP）数据

春雷声声震寰宇　弹指一挥六十载：戈壁人物纪实 / 黄志方编著. -- 上海：东华大学出版社，2024.10.

ISBN 978-7-5669-2419-3

Ⅰ. K826.1

中国国家版本馆 CIP 数据核字第 2024QY8461 号

责任编辑　李　晔
封面设计　静　斓

春雷声声震寰宇 弹指一挥六十载——戈壁人物纪实
CHUNLEI SHENG SHENG ZHEN HUANYU TANZHI YIHUI LIUSHI ZAI —— GEBI RENWU JISHI

编　　著　黄志方
出版发行　东华大学出版社（上海市延安西路 1882 号　邮政编码：200051）
营销中心　021-62193056　62379558
出版社网址　http://dhupress.dhu.edu.cn/
印　　刷　上海颛辉印刷厂有限公司
开　　本　787mm × 1092mm　1/16　　印张　26.5　　字数　594 千字
版　　次　2024 年 10 月第 1 版　　印次　2024 年 10 月第 1 次印刷
书　　号　ISBN 978-7-5669-2419-3
定　　价　98.00 元

隆重纪念

中国第一颗原子弹

爆炸成功 60 周年！

（1964 年 10 月 16 日— 2024 年 10 月 16 日）

谨以本书献给

中国“两弹一星”的

开拓者、亲历者、见证者

序 一

针对西方核大国的核威胁、核讹诈、核垄断以及霸权主义政策，1956年3月，毛泽东主席在《论十大关系》讲话中指出：“我们不但要有更多的飞机和大炮，而且要有原子弹。”1958年6月，毛泽东主席又在中央军委扩大会议上充满信心地指出：“搞一点原子弹、氢弹、洲际导弹，我看有十年工夫完全可能。”为响应这一号召，1959年6月，中央军委批准成立中国共产党中国核试验基地党委会，宣告了中国核试验基地的诞生。中国人民解放军在新疆罗布泊地区，开创了中国史无前例、惊天动地的核试验事业。

在六十年前的1964年10月16日下午3时，我国进行了首次核试验，中国第一颗原子弹爆炸成功！这一辉煌成就是在中国共产党领导下、在全国人民支持下，由中国人民解放军和科技人员共同奋斗取得的！中国第一颗原子弹的爆炸成功，不仅重塑了全球的政治格局，更改变了中国的命运，改变了历史的走向，这一历史性的光辉时刻，将被永远载入史册！

中国第一颗原子弹爆炸成功之后，马兰基地相继进行了一系列的核试验，我国核武器水平不断提高。中国一系列核试验的成功，打破了美苏的核垄断，铸造了中国的“核盾牌”，极大地提升了我国的国威军威，奠定了我国在国际上的大国地位，为维护世界和平作出了杰出贡献！

正如邓小平同志指出：“如果60年代以来中国没有原子弹、氢弹，没有发射卫星，中国就不能叫有重要影响的大国，就没有现在这样的国际地位。这些东西反映一个民族的能力，也是一个民族、一个国家兴旺发达的标志。”“大家要记住那个年代。”

这一伟大的科研事业，召唤来了成千上万的中华优秀儿女。他们中有经验丰富的将军和士兵、科学技术专家、刚毕业的大学生，以及来自全国各地、服务于不同部队的大批热血青年。他们在十分艰苦的环境中团结奋斗，上下一心，共同完成了祖国交给的神圣任务。他们以自己的辛勤劳动、汗水和心血，甚至生命共同铸就了伟大的马兰精神——“艰苦奋斗、开拓创新、大力协同、无私奉献”的精神。这种精神是“两弹一星”精神的重要组成部分，也代表了那些在基地和戈壁大漠中辛勤工作的马兰人。

在《春雷声声震寰宇 弹指一挥六十载——戈壁人物纪实》这本书中，记述的许多杰出人物，如张蕴钰、程开甲、林俊德、董寿莘、忻贤杰、孙瑞蕃、陆祖荫、乔登江、陈达、马国惠等。他们不仅是我的老领导、老战友，更是热爱祖国，无私奉献的典范；他们用实际行动践行了“干惊天动地事，做隐姓埋名人”的崇高誓言，充分展现了马兰精神和“两弹一星”精神。他们是光荣的马兰人，也是无数马兰人的杰出代表！我深切地怀念他们。

“两弹一星”宏伟大业，是铸造民族脊梁的事业，是决定国家命运的事业，是我国建设成就的重要标志，是中华民族的荣耀和骄傲。“两弹一星”为实现中华民族伟大复兴树起了一座不朽的历史丰碑！

值此纪念我国第一颗原子弹爆炸成功60周年之际，让我们永远铭记那些从戈壁大漠中走出来的马兰人！让我们继续传承和发扬马兰精神和“两弹一星”精神，为振兴中华贡献力量！

杨裕生[1]

2024年1月20日

① 杨裕生，中国工程院院士、少将，曾任中国核试验基地研究所所长，中国核试验基地科学技术委员会主任；曾参加1964年中国第一颗原子弹等多次核试验。

序　二

2024年是我国第一颗原子弹爆炸试验成功60周年，上海市新四军历史研究会六师（苏南）研究分会马兰大组准备编撰一本文集以资纪念，并嘱托我为此文集撰写序言。我想，我何德何能，岂敢在这本溢满马兰大组"两弹一星"老战士们对激情岁月热切回忆的文集上作序？遂几番推辞。后转念又想：作为上海市新四军历史研究会六师（苏南）研究分会会长，理当为分会的马兰大组编撰的这本文集表示积极支持。更何况，为"两弹一星"的英雄树碑立传、讴歌他们的功绩，也是我义不容辞的责任。

谈及中国的"两弹一星"工程，是福泽中华大地、庇荫中华民族、造福子孙万世的伟大工程。新中国成立后，这个年轻的国家就一直面临以美国为首的西方帝国主义集团严峻的核讹诈与核威胁，他们亡我之心不死，而核武器就是他们高悬在中国人民头上的达摩克利斯之剑。为了捍卫国家主权、民族独立和人民自主，掌握并发展国防尖端技术，粉碎帝国主义的侵略阴谋，以毛泽东同志为核心的中华人民共和国第一代领导集体毅然作出发展"两弹一星"、突破国防尖端技术的战略决策。

在这一英明而又伟大的决策指引下，数十万大军奔赴祖国大西北的戈壁深处，在神秘的罗布泊隐姓埋名、安营扎寨，他们倾心勠力、艰苦奋斗，创造了一个又一个世界奇迹，炸响了一颗颗震惊宇宙的惊雷。他们，为中华民族的延展和复兴，为中华人民共和国的巩固和强盛，建起了一座光辉灿烂的历史丰碑——"两弹一星"伟大工程；他们树立了一个光芒四射的伟大楷模——"两弹一星"英雄群体；他们培育了一种垂范百世的不朽精神——“两弹一星”革命精神。而“马兰人”就是这个英雄群体里的重要组成部分。说到“马兰”，还有一段壮美的故事。中国第一颗原子弹和氢弹成功试爆的地点位于新疆的戈壁沙滩——罗布泊。随着1964年10月16日罗布泊上空的一声巨响，这里开始为外界所知，这里就是我国的“两弹”核试验场。说来也奇怪，在这片风沙遍野、寸草不生的戈壁中，每年五月会有一种美丽的花儿盛开，那便是外观清丽而内在坚韧的马兰花。看到这盛开在戈壁滩的小草花，时任核武器试验靶场主任、后任基地第一任司令员的张蕴钰将军动容了，提议将基地生活区命名为“马兰”。自此，“马兰基地”这个名字便伴随我国核武器一次次试验的成功传遍寰宇。

自20世纪50年代末起，一批批解放军指战员和工程技术人员陆续走进“马兰”、扎根“马兰”；随着工程的不断胜利和岁月的推移，他们又一批批地走出“马兰”，离开“马兰”。就在距离马兰四千公里之遥的东海之滨——上海黄浦江畔，也生活着一群来自“马兰”英雄群体的战士。他们都曾是浦江儿女，为了“两弹一星”伟大工程毅然投笔从戎奔赴大西北。他们在面对大漠孤烟、遥望长河落日，立志干惊天动地事、做隐姓埋名人。“解甲归田”后，这群来自“马兰”的战友又回到家乡黄埔江边。他们聚集在一起，共同回顾和总结在“马兰”的峥嵘岁月，弘扬“两弹一星”革命精神。2021年7月，就在伟大的中国共产党成立百年之际，在习近平总书记给上海市新四军历史研究会百岁老战士回信的时候，他们集体加入上海市新四军历史研究会并编入六师（苏南）研究分会，被正式命名为“马兰大组”。自此，这群曾在大漠荒原研制“两弹一星”的老兵们，踏上了研究人民军队光辉历史、传承人民军队革命精神的新征程。

这群来自马兰、历经艰苦工作磨砺并深受“两弹一星”精神洗礼的老战士们，展现出了高度的革命自觉性和严格的组织纪律性。他们的加入，为六师（苏南）研究分会队伍倍添光彩，使得这支队伍的面貌焕然一新。让六师分会在研究人民军队光辉历史的过程中，不仅丰富了新四军“铁军精神”的研究内涵，也为“两弹一星”精神的研究增添了浓墨重彩的一笔。

自党的十八大以来，习近平总书记一直强调要“赓续红色血脉，传承红色基因”。在给上海市新四军历史研究会百岁老战士的回信中，习近平总书记说:“希望老同志们继续发光发热，结合自身革命经历多讲讲中国共产党的故事、党的光荣传统和优良作风，引导广大党员特别是青年一代不忘初心、牢记使命、坚定信仰、勇敢斗争，为新时代全面建设社会主义现代化国家而不懈奋斗。”习近平总书记的要求，就是我们的使命。今天，这本记录马兰人沐风栉雨、战天斗地、艰苦革命、奋战出彩故事的文集即将付梓，我们对此充满激动和喜悦。从这本书中，我们不仅能够看到在实施“两弹一星”这项伟大工程的过程中，广大人民解放军指战员和科学技术工作者与全国人民一起，凝聚出的“热爱祖国、无私奉献，自力更生、艰苦奋斗，大力协同、勇于登攀”的“两弹一星”精神，更能深刻体会到“两弹一星”宏伟大业为我们党和国家、为我们人民带来的巨大的精神财富和物质财富。

这本文集的出版，不仅是对那段历史的回顾，更是对未来的启示。它提醒我们，无论面对何种困难和挑战，只要我们团结一心，坚定信念，就没有克服不了的难关。这种精神，不仅在过去激励着我们的前辈们创造了辉煌的成就，也将在未来继续激励着我们不断前行。

张晓宇[①]

2024 年 1 月 20 日

① 张晓宇，曾任上海市委对外宣传办公室网络新闻管理处处长、上海市新四军历史研究会副会长，现任上海市新四军历史研究会六师（苏南）研究分会会长。

前 言

“春风不度玉门关，西出阳关无故人。”歌曲《马兰谣》唱道：“有一个地方名叫马兰，你要寻找她，请西出阳关。丹心照大漠，血汗写艰难，放出那银星，舞起那长剑，擎起了艳阳高照晴朗朗的天。”

马兰，这个地名是那样的美丽，却又是那样的神秘；马兰，地处戈壁大漠深处，在地图上难觅其踪，没有任何标记，因为这是一个绝密的军事禁区——中国核试验基地的所在地。

回溯到1958年，中国核试验基地首任司令员张蕴钰将军率领了一支勘测队，从甘肃省敦煌出发，西出阳关，途经玉门关、白龙堆、哈密、雅丹地带，直至新疆罗布泊地区，最终选定广袤无垠的罗布泊戈壁滩作为中国核试验场。

当勘测队西行至博斯腾湖时，湖畔那片盛开的蓝盈盈的马兰花吸引了张司令员的目光。他便提议：“这里就叫马兰村吧”。马兰，从此得名。相传成习，中国核试验基地又称马兰基地。

自20世纪60年代初起，在新疆马兰，在中国核试验基地，汇聚着大批中华民族的优秀儿女。数万名中国人民解放军将士和年轻的科技人员云集于此，他们共同组成了一个特殊的群体——马兰人。

1964年10月16日，在马兰基地，中国第一颗原子弹爆炸成功！正是那群战斗在罗布泊核试验场的马兰人，在那里进行了中国第一颗原子弹核试验，乃至后来的第一颗氢弹、第一颗核弹头导弹，以及平洞式地下、竖井式地下、中子弹等一系列核试验，打破了美国、苏联、英国、法国等国家的核垄断，为中国铸就了坚实的核盾牌。这一成就极大地提升了中国的国威和军威，也提高了中国在国际上的地位，为中华民族伟大复兴树立了一座光辉灿烂的历史丰碑。

多年后，从戈壁大漠走出来的马兰人中，有十人成为中国科学院院士和中国工程院的院士，有三十多人晋升为共和国的将军。还有无数的军功立功者和科技获奖者，以及许许多多不为人知的无名英雄。他们是中国“两弹一星”宏伟大业的开拓者、亲历者、见证者。

从戈壁大漠中走出的马兰人，秉承着“马兰”精神和“两弹一星”精神，他们艰苦奋斗，干惊天动地事，无私奉献，做隐姓埋名人，为中国“两弹一星”光辉事业作出了重大贡献。

本书谨以人物传记和写实史记的方式，记载了曾经为中国“两弹一星”核试验事业作出卓越贡献的张蕴钰将军、程开甲院士、林俊德院士等马兰人的典型代表人物的光辉历程。他们的丰功伟绩必将永远镌刻在共和国的史册上！从戈壁大漠走出来的马兰人，是共和国的英雄！是共和国的脊梁！

谨以本书纪念中国第一颗原子弹爆炸成功60周年！

谨以本书献给从戈壁大漠走出来的马兰人！

黄志方[1]

2024年1月15日

① 黄志方，高级工程师、作家，曾在中国核试验基地研究所工作，曾参加1967年中国第一颗氢弹核试验。

目 录

第一编

共和国的将军

清平乐·我国首次原子弹爆炸成功

张爱萍

一九六四年十月十六日 戈壁滩

东风起舞，
壮志千军鼓。
苦斗百年今复主，
矢志英雄伏虎。

霞光喷射云空，
腾起万丈长龙。
春雷震惊寰宇，
人间天上欢隆。

张蕴钰将军列传

黄志方

跋：1965 年，我从中国科学技术大学毕业，毕业后被分配到核试验基地研究所工作。1967 年，在马兰广场召开的群众大会上，以基地司令员张蕴钰将军为首的基地领导们来到广场。张司令员代表基地领导发表了讲话，基地领导还走到人群中间跟我们一一握手。当张司令员握着我的手时，我的内心激动不已。那时，我还只是一个初出校门一年多的学生兵，那是我第一次跟基地最高领导近距离接触。

1968 年初，我因公出差至北京，春节时打算回上海休假。在离开北京前，我独自一人在前门大街购物。中午时分，我路过全聚德烤鸭店门口，巧遇张蕴钰司令员和基地政治部任中咸主任等人。张司令员热情地邀请我一起进店用餐。餐后，他又让我陪他去中山公园散步。在中山公园的长廊里，我们坐在廊檐的板凳上随意聊天。张司令员询问了我的家庭情况和大学生活，他说："我看过你写的文章，用词达意，感情丰富，文采不错。"接着，他讲述了自己当年勘察核靶场和建设核基地的经历，听得我肃然起敬，深受触动。我们畅谈了几个小时，直到傍晚时才依依不舍地告别。张蕴钰将军的平易近人、毫无架子以及那谆谆教诲的长者风范，给我留下了难以磨灭的印象。

由于"文化大革命"的冲击，1968 年张蕴钰将军被调离基地。多年后，他在 1975 年任国防科委副主任兼任第 21 基地司令员，1978 年调任国防科委副主任、国防科工委①副主任，直到1985年在国防科工委副主任的职位上离休。

1988年，当我从上海出差到北京时，我特意前往西钓鱼台干部休养所去拜访二十多年未见、已离休在家的张蕴钰将军。见面时，我们二人的两双忘年之交的手紧紧握在一起。在随后的二十多年间，我们一直保持着书信往来。其间，张蕴钰将军还曾寄赠给我好几本他的著作:《初征路》《戈壁言情》《奚囊集》等回忆录和诗词文集。这位被誉为中国核试验之父、身经百战且值得国人尊敬的老将军，他的著作不仅展现了他的博学多才和诗词文采，更蕴含着他的崇高理想和宏伟事业。

张蕴钰的著作

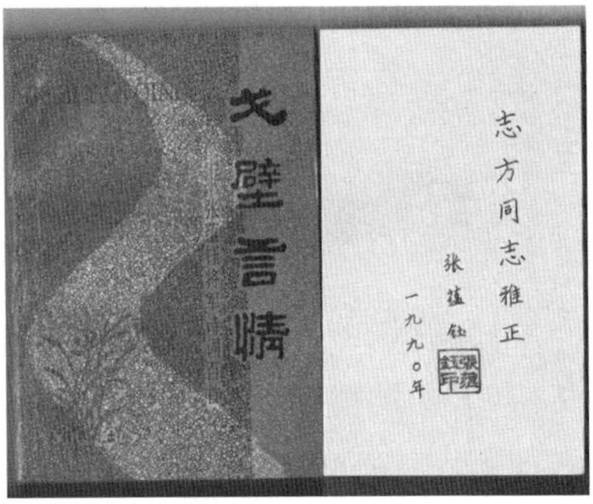

张蕴钰签章赠书

2008年8月30日清晨，我刚起身，倏然间客厅里响起了急促的电话铃声。我赶忙过去接起电话，原来是来自北京的长途电话，系张蕴钰将军之子张旅天泣告:“父亲已于昨晚病故！”我听了万分悲伤，即刻赋诗一首并赶往电报局，向北京张将军府上发去唁电致哀:

① 1958年10月16日,经中共中央批准,把原国防部航空工业委员会的工作范围加以扩大,改为国防部国防科学技术委员会（即中国人民解放军国防科学技术委员会），简称国防科委。1982年5月10日，国务院、中央军委决定，以国防科委现有机构为基础，将国防科委、国防工业办公室和中央军委科学技术装备委员会合并，组成中国人民解放军国防科学技术工业委员会，同时称中华人民共和国国防科学技术工业委员会（简称国防科工委）。

上甘岭鏖战，蘑菇云试验；
革命老前辈，核弹司令官。
谆谆说儒家，后人记心间；
惊闻将军故，以泪祭思念。

张蕴钰（1917—2008），1917 年 1 月出生于河北省赞皇县，字海城，简师肄业。1937 年参加八路军，同年加入中国共产党。历经抗日战争、解放战争和抗美援朝，历任游击队队长、中队长、副大队长、营长、团参谋长、副团长、军分区参谋长、北平军调处执行部中共代表、旅参谋长、军参谋长、兵团参谋长。1951 年 3 月—1955 年 1 月在抗美援朝期间任志愿军 15 军参谋长，获朝鲜民主主义人民共和国二级独立自由勋章、二级国旗勋章。1955 年被授予大校军衔，获中华人民共和国二级独立自由勋章、二级解放勋章和中国人民解放军独立功勋荣誉章。1961 年晋升少将军衔。

1958 年任中国核试验基地司令员，组建中国核试验基地，直接组织指挥我国第一颗原子弹、第一次导弹核武器、第一颗氢弹、第一次地下核试验等多次核试验任务。1975 年任国防科委副主任兼核试验基地司令员。1978 年任国防科委副主任、国防科工委副主任，直接领导组织洲际导弹、潜地导弹、通信卫星等重大国防科研试验任务。1985 年离休。1988 年荣获国家科技进步奖一等奖。

一

1938 年 3 月，侵华日军进犯赞皇回车村，张蕴钰率领游击队给予坚决回击。战斗异常惨烈，张蕴钰不幸受伤，写下了壮烈的诗句：

枪声烈，回车西岭染我血。
染我血，日寇枪近，村人逃绝。
战友挽我催步捷，过祖坟前仍流血。
仍流血，奠我乡土，抗战心决。

1939 年春，张蕴钰奉命向晋察冀军区运送步枪子弹五十余万发，由辽县[①]拐儿镇出发，运至赞皇县境内交接。行程七日，往返三次。嶂石岩村是必经之路。任务艰巨而繁重，张蕴钰以诗记之：

三百驴驮翻太行，七日行程抵赞皇。
五十万发步枪弹，嶂石岩村补料粮。
子弹为贵我亦贵，自感光荣领此任。
一连部队巡首尾，巍巍太行驴龙阵。

太行山区嶂石岩

河北赞皇

① 辽县，后改名为左权县，1942 年 5 月 25 日国民革命军第八路军副总参谋长左权将军牺牲于此，山西人民为纪念左权将军，遂更县名为左权县。

1940年3月20日，根据晋冀豫边区游击纵队政委黄镇的决定，时任七团副团长的张蕴钰率团在元氏县黑水河畔设伏，全歼前来抢粮的100余日军和200余伪军，缴获山炮、掷弹筒、机枪等许多战利品。同年3月25日，元氏县、赞皇县共500余敌伪军前来报复，张蕴钰再度率团阻敌，大捷而归。其间，日军派出两架飞机来袭七团北山阵地，机枪扫射，张蕴钰沉着命令一营营长组织机枪步枪对空射击，集中火力奋勇还击，击落日军飞机一架，另一架飞机狼狈逃窜。黄镇政委听了七团击落日军飞机的报告，非常高兴，并向当时的刘伯承师长、邓小平政委报告，给七团请功！

抗战期间，张蕴钰始终辗转战斗在太行山地区，英勇奋战，直至抗日战争的胜利。

二

1946年7月，时任太行军区一分区参谋长的张蕴钰，参加由叶剑英、杨成武负责的北平军调部工作。1946年7月下旬，张蕴钰作为北平军调部安平第25小组的中共代表，会同美方代表、国民党代表赴怀来县调查。恰在此时发生了震惊中外的“安平事件”。

安平，河北省香河县的一个小镇，位于平津公路中段旁，是平津陆路交通的必经之地。1946年7月29日晚，第25小组美方代表亚历山大上校向张蕴钰提出：天津到北平的公路上，安平镇八路军开火，打死打伤过路的美军10多人。张蕴钰及时向上作了报告。

“安平事件”影响很大。张蕴钰参与了“安平事件”的调处。后来我方公布了调查结果，结束了前后26天的“安平事件”调处工作。

1946年8月14日，张蕴钰随叶剑英飞往南京。张蕴钰被安排在参谋部，在梅园新村中共代表团，住17号楼。中共代表团中有周恩来、董必武、邓颖超、何香凝等人。

北平军调执行部

南京梅园新村

1946 年 9 月 3 日是抗战胜利纪念日。代表团租来一部美国电影片《女战士》，在梅园新村 30 号院放映。影片中有美军向日本的广岛、长崎投放原子弹的画面。张蕴钰第一次看到这样的情景，当时就想：中国该有这东西。未料 12 年后，他竟真的去从事了中国的核武器试验工作。

1946 年 9 月，张蕴钰搭乘飞机回到北平，赶到叶剑英住处，报告了周恩来的三点指示，并请求回赞皇打仗，获得了叶剑英的允许。

1946 年 9 月中旬，张蕴钰回到太行第一军分区参谋长的工作岗位。

三

1946 年 6 月，全面内战爆发。张蕴钰一路南下，跨黄河，过长江，在淮海战役、渡江战役，以及解放江西、福建、广东、广西，进军大西南等战役、战斗中立下赫赫战功，从一名军分区参谋长成长为中国人民解放军军参谋长。

渡江战役

进军大西南

张蕴钰在辗转南北时，赋诗多首：

一九四九年元旦闻孙科广播谈话

淮海战俘正清点，
蒋府求和救垂危。
蛇蝎江南当疾扫，
珠水香甘犒北骊。

华阳镇待机渡江

花插满江浪，水漫一川山。
幂云还藏雨，芦港隐练船。
事备盼流缓，争登南岸山。
催问湖气象？晴未蜀上天。

随秦基伟军长乘船发韶关进击广州

南国初有北国秋，黄叶稀落蒋兵愁。
是战是走军无志，是降是散计难筹。
左翼铁骑摧枯朽，右路勇士掳逃酋。
乘船执麾鼓作气，急雨焦焦战未休。

四

1955 年 1 月，我军全面接收苏军驻我辽东半岛防务。

旅顺口要塞

辽东半岛军事演习中的张蕴钰（右 1）

1955 年 2 月，根据中央军委命令和旅大防卫区委员会的安排，张蕴钰带领先遣人员来到旅大防卫区，立即开展了与苏军的交接工作。张蕴钰走遍了旅大防卫区的城区、郊区、医院、仓库、海滩、岛屿，与苏军协调防务和武器装备的交接，顺利完成了交接防务的任务。这是自 1894 年中日甲午战争后的 60 年间，中国军队第一次驻防在自己的这片国土上。

1955 年，在辽东半岛上，中国人民解放军组织了集团军海岸防御的军事演习。这是中华人民共和国成立以后，组织的第一次集团军海、陆、空三军实弹联合演习。党中央、国务院和中央军委都极为重视，刘少奇、周恩来、邓小平等党和国家领导人，以及彭德怀、贺龙、陈毅、聂荣臻等元帅，观看了演习并检阅了部队。参观辽东军事演习的还有各国驻华使馆的武官，以及苏联、朝鲜、越南、蒙古国等国的军事代表团。这次军事演习，由叶剑英元帅亲自指挥，张蕴钰担任集团军 15 军参谋长。张蕴钰协助集团军首长出色完成了这次军事演习任务。

五

1958 年 8 月初，在北京的三兵团副司令员曾绍山电话通知张蕴钰，告知其工作变动，必须即刻赴京。次日，张蕴钰抵达北京，并与曾绍山一同拜访了陈赓副总长。陈赓直接告知张蕴钰，他被推荐负责原子弹靶场的建设工作，要求他好好搞。

随后，总参装备部的安东副部长向张蕴钰初步介绍了相关情况，指出陈士榘司令员已组织人员到西北地区进行地形勘察，以选择试验靶场的位置。

1958 年 10 月初，张蕴钰在北京与常勇会面，后者向他详细介绍了勘察和选定试验场的情况。据悉，国防部已组织了包括苏联专家在内的选场委员会，并确定了适合建场的位置。经过黄克诚总长的批准，组建了勘察大队，由张志善担任大队长，常勇担任政委，史国华担任副大队长。

六

1958 年 10 月 29 日，张蕴钰乘火车抵达敦煌，在驻地见到了常勇、张志善、史国华、卫垒等同志。他们向张蕴钰报告了苏联专家对核武器试验场的设计情况，张蕴钰听后感到十分惊讶。

第二天，张志善、史国华、卫垒等陪同张蕴钰去后坑实地勘察，偌大的地区无水无草木，地质是稀松的大孔土，这里能搞工程建设？能搞核试验吗？张蕴钰仔细察看了地形、地质和水文资料后，认为在敦煌附近搞核试验场并不合适，回到驻地，与常勇、张志善、史国华、卫垒等充分讨论后认为：应另选场址。

敦煌莫高窟

勘测队西出阳关

张蕴钰于第三日赶到北京，随即向中国人民解放军总参谋部及中共中央军事委员会作了汇报。报告内容主要集中在四个方面：首先，选址过于邻近敦煌，可能对珍贵的敦煌及莫高窟文物造成长远不利影响；其次，敦煌地区人口稠密，近距离设场存在潜在问题；再者，当地水资源极度稀缺；最后，地质条件为疏松多孔土壤，流沙遍布，预示着未来施工将面临巨大挑战。听取汇报后，陈赓副总长表示，既然该地点不适宜，就需另寻他处。接获此指示，张蕴钰迅速通知常勇、张志善，并于 1958 年 12 月 15 日返回敦煌，着手准备穿越戈壁，向西进入新疆境内探寻新的场区位置。

七

1958 年 12 月 24 日，勘测大队西出阳关。勘测大队人员有张蕴钰、张志善、史国华等人。他们乘坐吉普车 4 辆、生活车 4 辆，携带 10 天的饮水、粮、菜、油料、罐头、帐篷、干柴等，以及一部电台。勘测队经玉门关，过白龙堆，观古龙城，一路风餐露宿，险象环生。有张蕴钰多首诗词为证：

深入不茅——选核试验场时作

玉关西数日，广洋戈壁滩。
此地此处好，天授新桃园。
风失踏查路，尘迷炊爨湾。
日写标桩影，月行始新元。

戈壁深处（二首）

（一）

戈壁伏机包天宕，指认四方疑不知。
谁信聪耳灵竟断，谛月行空声有无。

（二）

戈壁无树且无烟，平沙尽处是天边。
日月孤独少趣味，有心人却另眼看。

菩萨蛮·过白龙堆

奇观坐卧八百里，白静迎风身曲曲。
柔毯如地黄，龙家女中王。
裂天好自立，年长情有寄。
聚沙上塔峰，啾啾唱月明。

观古龙城

远望穆森森，风流贯古今。
龙城亲得见，幸者几多人。
身近自渺小，仰首知雄伟。

集岛成大国，瀚海生土林。
碉堡列千阵，万里过鲸群。
有胆还须智，深入陷迷津。

沁园春·夜宿罗布泊

玉关西驰，地漠天眩，借问无人。看夕照芦柳，戈壁私处；美景豁然，疑幻疑尘。陶潜来作，渔郎难寻，罗布泊自演冬春。水经注，古传留史笔，市不常闻。

笼青幂绿藏云，意想外，良夜安征身。顾何由打扰，月近星远；无仙无隐，无路无扉。莫生害心，黄羊温偎，视我同行为已群。欣有得，逆孔雀河上，筑室为邻。

冒着大风沙西行的勘测队

戈壁大漠白龙堆

不日傍晚，他们到了梦幻般的罗布泊。那里是孔雀河的入泊口，河两岸长有柳树和芦苇，成群的黄羊来到河边喝水。张蕴钰等人乘车逆河而上，西行方圆百余里，目测这个平坦广袤的戈壁滩，并分东南、东北、西北、西南几个方向踏查了地形地貌。这里完全适合选场条件，于是勘测队就地打下了一根木桩，这里就成了使用至今的我国核试验靶场。次日张蕴钰乘飞机到北京，将选场勘察情况向总参装备部部长万毅、工程兵司令员陈士榘作了汇报。

1959 年 1 月下旬，张蕴钰陪同万毅、唐凯从北京飞往新疆，在罗布泊新选场区进行空中勘察。

1959年2月，由陈士榘、万毅和张蕴钰联名向国防部写了专题报告，建议将核试验场定点在罗布泊。1959年3月13日，国防部正式批准了这个报告。

八

核试验场区选定之后，张蕴钰他们面临的任务是要为即将进驻核试验场的部队将士和科技人员寻找合适的营区和生活科研区。1959年3月，在张蕴钰带领下，勘测队继续西行，穿越了连绵的戈壁滩，来到新疆第一大淡水湖——博斯腾湖畔。这里水文资源丰富，湖边长有蓝盈盈的马兰花，因此当地人又称之为马兰滩。在湖岸以北，有一块地势平坦的空旷荒漠，其面积足够建设一个能容纳5万人的工作生活营区。张蕴钰对一同前来选点的张志善、苏润海说："这里就叫马兰村吧，是个好地方。"

博斯腾湖畔

马兰花

为选点定名马兰村，张蕴钰即兴作词一首：

西江月·马兰村好

朝来西山望雪，晚近东谷眺虹。
入夜湖高水月明，四野煞然安静。
极景不负时光，勤业巨细惟恭。
马兰村小可牧鸿，天叫风云画成。

九

自 1959 年 3 月起，大批部队和人员，陆续由我国东部地区向西北挺进。

这成千上万的军人和一大批从大专院校刚毕业的学生，他们肩负着神圣的国家使命，毅然来到这荒无人烟、广袤无垠的戈壁滩。这片土地，千百年前曾经是血与火浇铸的古楼兰战场，如今他们静悄悄地拉开了铸造祖国核盾牌的序幕。

在地窖里成立了第一届基地党委会

张蕴钰（左 1）要求基地干部一要讲团结，二要扎根新疆

1959 年 6 月 13 日，特种兵训练靶场改称为“中国人民解放军第 21 训练基地”，又称“中国核试验基地”。

1959 年 6 月 10 日至 6 月 14 日，在基地司政后机关的一个地窖里，召开了基地成立后的第一次党委扩大会。在此次会议上，选举产生了基地第一届党委会。

十

1959 年底到 1963 年间，基地开展了大规模的基本建设。十数万中国人民解放军官兵和建筑公司工人，先后从全国各地云集罗布泊地区，夜以继日，艰苦奋斗，奋力建设中国核试验基地。

在一望无际的戈壁滩上，工兵一团的筑路工地上尘土飞扬，汽车如飞梭往来，运输着筑路材料。机器在隆隆声中，搅拌着水泥砂石。数千官兵手持铁铲、洋镐、手推车，还有人工拖拉的“压路机”。军人们正在抢时间、赶进度，一条条如丝网般的道路，向着戈壁大漠深处纵横延伸。

核试验场区的建筑工地

张蕴钰（左 2）与战士们在施工工地上

对基地建设中的艰难困苦，张蕴钰有诗记之：

戈壁言传（四首）

（一）

寒风持刀沙助虐，军帐蝶飞坠伞兵。
此役战平人无失，车漆剥去控天公。

（二）

戈壁寒暑一日兼，昼间衣单夜衣棉。
汗液流存阴处有，暗蒸明烤奈心煎。

（三）

戈壁水来喜逢神，五百公里载一吨。
常饮却与酒齐价，知艰克俭解放军。

（四）

尽知无粮瓜菜代，戈壁盼菜病相思。
半成枯干三成烂，烹前炙手不是熟。

十一

在戈壁滩贫瘠荒凉的土地上，到处是建筑工地，盖楼的盖楼，修路的修路，处处是卡车、机器的马达隆隆声，处处是战士、工人的号子打夯声。打夯声就像歌声一样在晴朗的天空中荡漾着，抑扬顿挫，响彻云霄；工地上拉着“一年建成，越快越好”“就地取材，集中力量打歼灭战”“安全生产”“安全第一”“多快好省，建设马兰”等大幅红字标语，红色的标语和施工中飞扬起来的黄尘，展示着一派热火朝天的工地景象，打破了荒凉戈壁滩上神秘的寂静，紧张而有序地进行着大规模的施工和建设。

当时，正遇三年严重困难时期，基地的后勤供应是个问题。张蕴钰大力组织部队搞好以种菜、养猪为主的农副业生产，自力更生，生产自救，保障了部队的副食品供应，部队生活有了较大的改善。

其时，国防工业也面临着调整，基地的工程建设是“上马”还是“下马”？张蕴钰则明确地表态：“中国总得有原子弹！我哪儿也不去！我们就坚持在这里干，有一分钱就先干一分钱的事！”

这一干就是好几年，基地那几十万平方米的营房、楼房拔地而起。水厂建成了，电厂建成了，机场建成了，水库也建成了，还有数百乃至数千公里的纵横公路和通信电缆，遍布了整个核试验场区……在水库建成之时，张蕴钰赋诗一首：

龙口兴水库，依山造新湖。
官兵一营众，环年辛力殊。
坝高数十丈，巍峨城上楼。

蓄水千万六，渠通南亩流。
鱼乡邻鸭舍，苇岸近菱州。
柳暗荫曲径，花明簇渡头。
游舟载歌满，摩崖镌诗留。
军民共甘饮，欢欢庆丰收。

时至1963年底，中国核试验基地已初具进行核试验的建设规模。在罗布泊建成了一个核试验场区，道路纵横，地域广阔，占地面积达10.2万平方公里（相当于一个浙江省）；在马兰村建成了一个核试验军事指挥中心，具有办公楼、营房、大礼堂、学校、邮局、银行、水厂、电厂、修配厂、机场等；在天山深处的红山，建成了一个核试验科研中心，具有办公楼、试验室、实验楼等的研究所。

十二

1962年11月，中共中央决定成立以周恩来总理为主任的15人中央专门委员会，领导原子弹的研制工作。阵容强大的中央专委会另有七位副总理和七位部长。

1962年，在中国人民解放军国防科学技术委员会（以下简称“国防科委”）和中华人民共和国第二机械工业部（以下简称“二机部”）召开的一次会议上，二机部九院院长李觉将军告诉张蕴钰，草原上的关键试验已经成功了。张蕴钰敏感地意识到，中国原子弹爆炸试验可以按日程来计算了。从1963年开始，核试验基地集中力量为我国第一颗原子弹试验做准备，向着既定的目标奋勇迈进。

1963年初，基地在场区选定了核试验爆心的方位和试验指挥部的场所。国防科委确定了第一次核试验的铁塔设计单位。效应工程设计由工程兵研究院负责，试验工程建设由基地负责完成。主要工程包括：高102米的立式铁塔，主控站，分控站，各个测量工号、摄像站，以及控制电缆、通信设施等。这些工程都采用地下或半地下、抗压力强的特殊设计，以及各个工号之间的汽车道路和通信联络，还有海、陆、空等各军兵种的效应设施。

大批参试单位进驻核试验场区

参试部队营地，连绵无垠的帐篷群

1963 年 7 月，基地研究所成立。研究所调集了程开甲、董寿莘等教授和学者，以及 20 多名各专业的技术骨干，分别在力学、光学、核放射化学、测量控制、核物理理论、地质学等各个研究室担任主要领导，这是我国第一代专门从事核武器试验研究的专家学者。

基地研究所拟定了第一次核试验的总体方案，着手研制和调试各种有关的测量仪器、测试设备。1963 年秋，在官厅水库附近的化爆试验场，基地研究所将各种准备用于第一次核试验的技术装备组合起来，进行了一次全面联试。这是一次成功的预演。

十三

按照试验任务总体方案的要求，基地在气象、通信、防护、警卫、技术运送等保障工作方面，进行了全面的综合性的准备。

早在 1960 年冬，基地就组织了由气象观察员、警卫战士、卫生员和汽车司机等人组成的气象小分队，在试验场区设立了多个气象观察站，在各个观察点安装了百叶窗、风向标杆等气象测量设备，在戈壁荒漠上建立了有史以来的系统的气象资料，为今后进行核试验提供了重要的气象依据。

在戈壁滩上建立起首批气象站

在戈壁滩上长途跋涉的巡逻小分队

1964 年 4 月初，为保证首次核试验时试验场区范围内必须处于无闲杂人等的安全状态，基地从警卫团挑选了 7 名身强力壮的战士，组成巡逻小分队，从东大山哨所出发，每人身背武器、背包、干粮、水和各种用具，艰苦地长途跋涉在戈壁荒原上。历时半年，小分队步行 4000 多公里，途经罗布泊、楼兰等地，出色地完成了试验场区的巡逻任务。

1964 年 5 月，基地开始紧张的首次核试验现场准备工作。即将托举原子弹的百米铁塔，已经高高屹立在试验场上。全国各地的参试人员和各种物资源源而来，天山公路上日夜奔驰着载满实物的军用卡车。

1964 年 5 月中旬，基地研究所科技人员完成了大量的技术准备，正在场区各个工号安装调试仪器设备。试验测量项目分为力学、光学和核测量三大类，共有 30 多个项目、990 多个点，绝大部分测量点分布在距爆心半径仅 8 公里的范围内。主控站距爆心约 20 公里，主控站安装有控制原子弹起爆和控制各种测量仪器的自动控制系统。

十四

1964 年 7 月，首次核试验的联合预演在即，国防科委张震寰将军向基地传达了周恩来总理关于联合预演的指示，即十六字方针：严肃认真，周到细致，稳妥可靠，万无一失。

1964 年 8 月，中共中央和中央军委成立了以张爱萍、刘西尧为首的首次核试验委员会和党委会。整个试验场区群情激昂，人们都以参加试验任务为荣，到处唱着张爱萍总指挥作词谱写的歌曲：

我们战斗在戈壁滩上，不怕困难，不畏强梁；任凭天公多变幻，哪管风暴沙石扬。头顶烈日，明月作营帐。饥餐沙砾饭，笑谈渴饮苦水浆。……

试验场区的东北角有几座帐篷连成的“四合院”，住着研究所的毕业不久的 34 位女大学生。她们强烈要求参与第一次核试验任务，并获得了批准。张爱萍知道这一情况后，亲切地将她们居住的“四合院”命名为“木兰村”，称她们为“核大姐”。“核大姐”与张爱萍、张蕴钰组成的“将军队”进行篮球比赛，与“核大哥”进行拔河比赛，像“核大哥”那样整天忙碌在核试验场上，为核试验事业奉献着青春年华和智慧。

正在训练中，身着防护衣的参试部队

1964 年 8 月 31 日，核试验场进行了联合预演，对弹体的运输、装配、控制、测量、侦察、取样、回收、洗消等进行了全面演练，着重检查控制系统对弹体的引爆、各测试点的联动及全区域的协同动作。在弹体的装配上，由第九设计院组织了专门的安装队伍，由领导、专家、技术人员反复检查，严格按照工艺规程进行装配和检验，装配完毕的弹体结构和尺寸，都达到了技术规定的要求。

身着防护衣的张蕴钰

1964 年 9 月 4 日，张爱萍、刘西尧飞赴北京向党中央汇报试验准备和预演情况，请示正式试验时间。中央在听取了汇报后，决定在 10 月 15 日至 25 日期间进行首次核试验。

1964 年 9 月 27 日，张爱萍、刘西尧从北京回到试验场区，召开了首次核试验委员会和党委会。首次核试验的目标已经非常明确，期待着最佳的气象预报，以确定首次核试验的日期。

十五

1964 年 10 月 14 日下午，在试验场区的一所小石屋里，张爱萍召开了中共首次核试验委员会和核试验委员会。会上张爱萍宣布了中共中央的决定和命令：**1964 年 10 月 16 日爆炸第一颗原子弹。**

在此前的几天，由我国著名气象专家顾震潮参加的基地气象部门提供的一份报告指出：10 月 13 日以后的一周内，是核爆炸试验的理想“时段”。核试验党委决定 10 月 16 日进行首次核试验，在气象条件方面是最佳“窗口”。

会议结束，张蕴钰从小石屋回到司令部所在的帐篷，已是 23 时。张蕴钰向张英副司令员等人通报了会议的决定，并电话转告了张志善副司令员。大家听了都很兴奋，终于等来了这一天。大家又反复检查、复核即将进行的试验程序，事无巨细，数千参试人员都要准确无误、协调一致地行动。等安排好一切，张蕴钰躺到行军床上时已是凌晨两点了。

托举第一颗原子弹的百米铁塔

张蕴钰（左 2）与科技人员在核试验场区

1964 年 10 月 15 日清晨，张蕴钰走出帐篷的第一件事照例是仰观天象，看到是万里晴空，张蕴钰甚感欣慰。然后，他走向石屋，去看看张爱萍、刘西尧有哪些新的安排。张蕴钰从铁塔回来，又陪同张爱萍去防化部队检查最后的准备情况。张爱萍、张蕴钰对防化部队作了战前动员，士气很是高涨。这一天，张蕴钰坐车几乎跑遍了戈壁滩上所有的参试单位。最后，他到气象站，与气象处处长韩云升讨论了气象状况。

是夜，张蕴钰写了一首词：

天仙子·原子天骄

戈壁因人成胜概，烈日如伞光如盖。帐幕如云车如龙，乱尘降，警沙败，连天打扫晴空待。

莫道翰海不宜耕，谁肯论价贿连城。大地蓬勃血脉通，请学者，聚兵工，原子天骄今世生。

十六

1964 年 10 月 16 日清晨，按照张爱萍的指示，张蕴钰和九院院长李觉分乘两辆吉普车抵达铁塔下。铁塔的吊篮徐徐放下，张蕴钰、李觉登上吊篮，吊篮徐徐上升进入塔顶的工作室，在消除了两人身上的静电后，他们进入了爆室。在爆室内，九院试验部副主任方正知教授和他的助手正在埋头做最后的检查。检查好后，方正知合上了起爆电缆的电闸。张蕴钰随即取下墙上那张操作规程，工工整整在上面签了字，“1964 年 10 月 16 日，张蕴钰”。

第一颗原子弹爆炸蘑菇云

张蕴钰、李觉、方正知等人乘吊篮从铁塔上下来，方正知又走进塔旁的工作室，合上引爆电闸。至此，铁塔上的核装置与主控站的起爆电缆已经全部接通。而主控站那把能够控制起爆电缆的“核钥匙”，还紧紧地贴在张蕴钰的衬衣口袋里。张蕴钰离开铁塔，乘车直趋主控站。在主控站，张蕴钰将那把“核钥匙”交给了在那里负责指挥的张震寰。

1964年10月16日14时，张蕴钰来到指挥部工号。张爱萍正在那里连续发出指令。张震寰把“核钥匙”插入主控台的总按钮，指令长忻贤杰稳当地按下了总按钮，主控台进入自动控制程序，响起了铿锵有力的倒计时秒读声：“10、9、8、7、6、5、4、3、2、1，起爆！”

“零后”参试部队冲入核试验区域取样

十七

1964年10月16日15时，随着倒计时秒读声：“10、9、8、7、6、5、4、3、2、1，起爆！”刹那间，一道强烈的闪光，闪光过后，张蕴钰第一眼看见了腾空而起的巨大火球。

只见一个明亮的巨大的火球在迅速地增长升高，不停地翻滚着，犹如火山喷发的熔岩浆，由火红变成暗红，由暗红变成灰红，腾空而起，直冲云霄，变成一柱硕大无比、顶天立地的蘑菇云。在试验场区观看的人们沸腾了，他们激动地欢呼着，跳跃着，洒着泪水拥抱在一起，把帽子抛向天空。

指挥部里，刘西尧、朱光亚都很激动。张蕴钰与他们相互祝贺。张爱萍拿起电话兴奋地向周总理报告："我们成功了！原子弹爆炸成功了！"经过专家们的综合分析，张爱萍再次拿起电话向周总理报告确认试验成功了。

"零后"10分钟，研究所取样队、防化兵取样队都冲入沾染区，在规定时间内取回了所有的剂量仪、测量仪、取样盘和取样伞，所有取样经过各种测试分析仪器的测定，获得数千个试验数据，再经多方专家认证，一份核试验综合报告被送到张蕴钰手上。经张爱萍、张蕴钰两人签发，这份正式报告于17时50分被呈报到北京二机部试验办公室，然后由刘杰部长报给周恩来总理。

当天晚上，周总理在人民大会堂接见大型音乐舞蹈史诗《东方红》全体演职人员时，宣布我国第一颗原子弹爆炸成功这一振奋人心的消息。同时，《人民日报》号外正式发布了《新闻公报》和《中华人民共和国政府声明》。

在试验场区，人们长久持续在高昂的兴奋之中。从将军到科学家都抑制不住内心的激动，许多人都兴奋地写了诗，张蕴钰也挥笔作词一首：

长相思・首次核试验当日夜

光巨明，声巨隆，无垠戈壁腾立龙。飞笑触山崩。
呼成功，欢成功，一剂量知数年功。敲响五更钟。

人民日报 号外

加强国防建设的重大成就，对保卫世界和平的重大贡献

我国第一颗原子弹爆炸成功

我国政府发表声明，郑重建议召开世界各国首脑会议，讨论全面禁止和彻底销毁核武器问题

1964 年 10 月 16 日《人民日报》号外：
我国第一颗原子弹爆炸成功

十八

1966 年 2 月的一天，天气晴朗，阳光明媚，办公楼前耸立着一排排白杨树，远处是白雪皑皑的高山。张蕴钰刚走进办公室，就接到了来自北京的电话，通知他去国防科委开会，讨论导弹核武器事宜。张蕴钰对此任务早有了解，而此次会议将最终确定任务的执行和具体细节。放下电话，张蕴钰马上向张志善、张英等基地领导通报了此事，这项特殊的任务让大家都感到无比的喜悦与期待。次日，张蕴钰乘坐基地机场的专机飞往北京。第二天下午，在国防科委会议室举行了一场重要会议，该会议由钟赤兵、刘西尧共同主持。参会人员包括张震寰、李觉、李福泽、张蕴钰以及国防科委的相关局长等。本次会议只讨论了一个问题，就是导弹核武器试验。经过讨论，会议决定：由李福泽司令员负责首区导弹核武器的发射和运载，张蕴钰司令员负责末区导弹核武器弹着点的核试验。会议结束，张蕴钰匆匆赶回基地，立即开展了末区弹着点的选择和勘察工作。张蕴钰、张英等人先行在试验场区选点，综合权衡了各方面的条件，初步拟定将孔雀河南岸一块区域作为末区弹着点。

1966年2月11日，基地向国防科委报告了弹着点的勘察方案和勘察结果；4月初，基地和有关单位人员到现场进行了第二次勘察，各方对所选定的弹着点都表示满意；4月下旬至6月，基地对弹着点进行了全面的测绘；7月至8月，基地会同参试单位完成了末区弹着点的测试布点的勘察。

1966年9月，张蕴钰和张英副司令员飞往首区，与李福泽司令员互通首区、末区的准备工作情况。李福泽讲到，核弹头的部件已经运到，行将安装，还做过自毁系统、引爆系统的飞行试验。导弹飞行将经过的沿途，集中了两个火车专列和两个汽车营，以防万一，若出现意外时，可及时组织人员疏散和采取应急措施。

回到基地，张蕴钰和张志善副司令员住进了试验场区的指挥所。光学、力学等各学科的测试仪器、遥测仪器、观察仪器、控制设备等已经布放在各个测量点，并进行了单项试验、全场联试，以及和首区的合练。为这次试验，基地在戈壁滩上专门为首区和末区之间架设了数百公里的通信专线，以确保指挥和勤务保障的畅通。

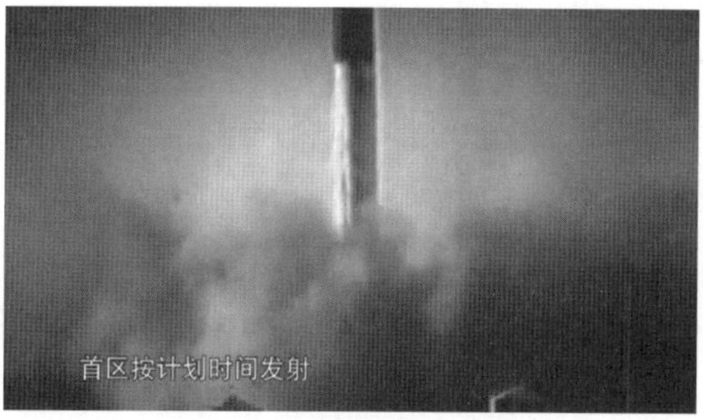

首区发射导弹核武器

末区参试部队营地

十九

1966年10月26日，聂荣臻、张震寰已经赶到导弹发射首区。首区、末区之间不断有电话通报，首区导弹完成最后测试、进场、燃料加注、弹头对接、起竖等各个环节的工作，都及时通报到末区。

1966年10月27日9时，首区按预定计划时间发射导弹。张蕴钰在第一时间收到了首区的报告，并注视着导弹飞行方向的东北方上空。最先看到的是一条细长的白色烟云划过湛蓝色的天空，那是导弹在空中飞行的轨迹，人们及时戴上了防护眼镜。

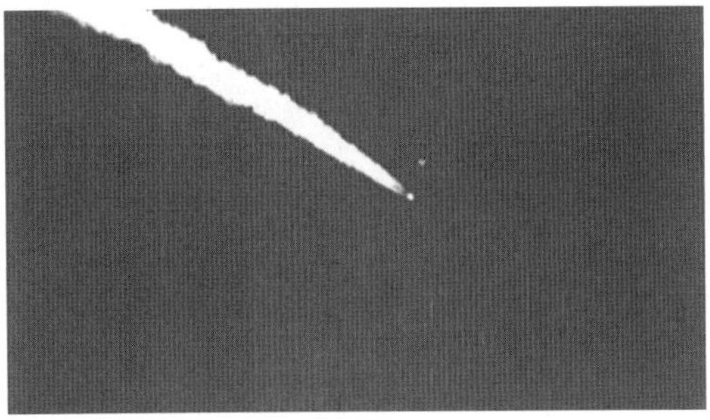

导弹核武器飞行轨迹

末区导弹核武器爆炸蘑菇云

按照专家预先告知的导弹飞行时间和核弹头爆炸时间，在戴好防护眼镜的瞬间，只见一阵强烈的闪光，随即一阵咆哮似的沉闷响雷，指挥部所在的山巅为之强烈一颤，核弹成功地在预定的弹着点上空爆炸。核爆形成的明亮火球不断翻滚上升，像一条火龙呈现出红橙黄绿蓝青紫的光色，与东方上空的太阳遥相辉映。指挥所内的人们热烈地欢呼起来，互相祝贺导弹核试验的成功！

张蕴钰迫不及待地向首区的张震寰报告，试验成功了。爆炸过后，末区的全部测试仪器、记录仪器工作正常，在很短时间内便回收了全部取样的数据，并汇总成详细的试验报告。核弹精确命中弹着点。张蕴钰立即向首区递交了试验报告。

当即，张蕴钰赋诗一首：

导弹核试验

东来火箭裂长空，万籁不敌核弹鸣。
洛水巫山神女态，红橙黄紫卧西风。

二十

1966年12月28日，在核试验场百米高的铁塔上安置了一颗氢弹，进行了一次氢弹原理试验。由聂荣臻元帅亲临主持了这次氢弹原理试验，试验取得了圆满成功。

氢弹原理试验的铁塔

聂荣臻在基地招待所召开氢弹试验专家会议

1966年12月30日至31日，聂帅在核试验基地招待所主持召开了专家座谈会，与会专家包括：王淦昌、彭桓武、钱学森、朱光亚、陈能宽、程开甲、于敏、周光召、方正知等，还有国防科委副主任张震寰，二机部副部长李觉，核试验基地司令员张蕴钰等。会议总结了刚刚结束的氢弹原理试验，研究了全当量氢弹试验问题。朱光亚向聂帅报告了全当量氢弹试验方案，试验时间初定在1967年9月。聂帅表示同意这一方案。后来，由于氢弹研制进度加快，中央专委会决定将试验提早到1967年二季度进行。

二十一

1967 年初，张蕴钰召开了基地全当量氢弹试验工作会议，推进加快氢弹试验各项准备工作的步伐。试验的准备工作首先从基地研究所开始，要确定氢弹爆炸的高度，由此再计算出各个不同距离的光辐射能量、冲击波压力、放射性沾染的范围，布局各个测试点、观察点工号，以及各种测试仪器、取样设备的制作和调试，还有工兵团要建设数百个效应工程项目，施工任务十分艰巨繁重。

效应工程施工任务十分繁重

试验场区安置了大量效应物

1967 年 4 月，军内外几十个参试单位、数千名参试人员，陆续进入核试验场区开展准备工作。在试验场区建起了各种效应物、效应工程，包括：各种武器、飞机、舰船、坦克、火炮、雷达等，还有各种民用建筑、桥梁、服装、食品、药品、农作物、种子等，还建了两段模拟的地下铁道。

1967 年 6 月 8 日，核试验的氢弹运抵基地机场装配库房。6 月 13 日，试验场区进行了全场综合预演，空投了一枚不带核装料、有引爆控制系统的“冷弹”。预演达到了预期目的。

1967 年 6 月 16 日，聂帅抵达核试验场区。张蕴钰、张震寰、李觉等同志向聂帅汇报了现场情况，并建议正式试验时间定在 6 月 17 日上午 8 时整。聂帅同意了大家的建议。

二十二

1967年6月17日上午8时，轰–6飞机按时从马兰机场起飞。飞机平稳绕场三圈，8时20分投弹，氢弹脱机，氢弹在预定的高度爆炸。顷刻，出现了强烈的闪光，一个巨大的火球呈现在空中，与冉冉上升的朝阳相映在一片辉光之中。瞬间，上升的火球形成了一朵极为壮观的蘑菇云。爆炸震波受到大气层的反射，形成冲击波远区聚焦。在距爆心250公里处能看到闪光的火球和壮观的蘑菇云，在距爆心400多公里处能听到连续不断的爆炸声，门窗也受到震动。

望着眼前壮丽的核爆景观，同志们都激动得欢呼起来。张蕴钰凭经验和直觉，试验成功了！这时，各种速报数据源源不断向指挥所传来。

此刻，张蕴钰高兴地赋诗一首：

氢弹试验

蘑菇云高高又重，大地伸显一爪龙。
青天拾得霹雳手，狂徒挑昏八面风。

在核试验场参试部队观察氢弹蘑菇云

1967年6月17日《人民日报》喜报：
我国第一颗氢弹爆炸成功！

二十三

1975年，张爱萍担任国防科委主任。当年10月，张蕴钰到北京开会时见到了张爱萍，张爱萍把中央军委工作调动的决定通知了张蕴钰，张蕴钰没有丝毫犹豫，马上回到基地全身心地投入工作。

地下核试验场

地下核试验时山体景象

1975年10月，在张爱萍的陪同下，张蕴钰作为国防科委副主任兼基地司令员回到基地工作，受到基地广大指战员和科技人员的热烈欢迎。张爱萍站在曾经战斗过的戈壁滩上，与张蕴钰故友重逢，即兴赋诗一首：

口　占

十年重上阳关道，飞越祁连到马兰。
荟萃南山创新路，故人相见尽欢颜。

1975年10月27日上午，张蕴钰主持了我国第二次平洞式地下核试验，真切感受到来自地层深处雷霆万钧的核爆炸威力。当天中午，张蕴钰举杯向张爱萍敬酒，即席赋诗一首：

相　逢

九年相逢今如昨，一面春风破玉关。
满目金黄豪叶木，雪山华映织中天。

张蕴钰回到基地工作，并主持了地下核试验，欣喜之余，当夜又赋诗两首：

地下核试验（二首）

（一）

脚下一声雷，尘起交云会。
莫道撼山难，剥石声声碎。

（二）

扬尘报惊雷，龙行九泉下。
阴阳骤合春，人为成造化。

二十四

1976年10月，中共中央粉碎了“四人帮”，“文化大革命”结束。基地在张蕴钰的主持下，重新启动各项搁浅了的科研项目。

为此，张蕴钰赋诗一首：

马兰村抒怀——是年抓了“四人帮”

戈壁扬沙染黄风，月阴寒光空空明。
春著雪山融融意，营门二度柳垂青。

1977年，时任基地研究所副所长的程开甲，被提任为基地副司令员兼基地研究所所长。时任基地保卫处处长的许瑞忱，被调任为基地研究所副政委兼政治部主任。

张蕴钰多次去红山研究所探望诸位老战友，深情赋诗填词多首：

念奴娇·红山赠战友

山冠雪融，水潜出，鸭耕浪磨南浦。矗石明蛙形意注，迎来春满沟谷。嫩柳摇蝉，夹溪点豆，数虹几腾岫。画家风流，泼墨顺川笼雾。

念年为时日促，换却当初，天零地落孤。新酿开樽合红云，香绕周天四九。险阻关前，指城皆下，光阴从实录。万紫马兰，埋盖戈壁荒丘。

访红山

红山头顶雪，溪水淡淡秋。
树树丹黄叶，题诗挽君留。

归路吟

春夏秋冬一线悬，马兰高踞有红山。
人马精神奋开拓，旦暮寒暑年复年。
含辛茹苦勤事业，德行成美昭后贤。
土著赓绩应居上，荒漠文明有新颜。

桃源忆故人·望红山

紫涧溪流峡上雾，冰消池水碧透。
一园美景翠树，仰问云归处。
隔雨凝望红山路，怪石残碑孤竖。
宿鸟天寒日暮，客风雪旧户。

进入红山基地研究所的“美人桥”

红山基地研究所办公大楼

二十五

从 1976 年到 1977 年，张蕴钰在核试验基地主持了多次核试验：

1976 年 1 月 23 日，地面核试验；

1976 年 9 月 26 日，空投核试验；

1976 年 10 月 17 日，平洞式地下核试验；

1976 年 11 月 17 日，空投核试验；

1977 年 9 月 17 日，空投核试验。

1977 年底，张蕴钰依依不舍地离开了任基地司令员长达 13 年的戈壁大漠，调任北京国防科委工作。

二十六

1996 年 7 月 29 日，在核试验场区进行了最后一次地下核试验。从 1964 年到 1996 年，由张蕴钰那一代开创者创建的核试验基地，经过三十多年的艰苦奋斗，圆满地完成了 45 次核武器试验。

艰苦奋斗干惊天动地事，无私奉献做隐姓埋名人。在核试验基地，马兰精神蔚然成风，涌现出一大批英雄模范人物和先进集体单位。

英雄模范人物有：

“两弹一星功勋奖章”、国家最高科学技术奖、八一勋章、“2018 年感动中国人物”的获得者程开甲院士；

“献身国防科技事业杰出科学家”、全军挂像英模、“2012 年感动中国人物”的获得者林俊德院士。

先进集体单位有：

中央军委授予基地研究所第二研究室“勇攀科技高峰研究室”荣誉称号；

国防科委授予基地研究所第四研究室“核试验模范控制组”荣誉称号；

国防部授予基地阳平里气象站“模范气象站”荣誉称号；

工程兵总部授予基地工兵 124 团二营六连九班“一等功臣班”荣誉称号；

国防科委授予工兵 124 团二营六连“硬骨头六连式单位”荣誉称号；

国防科委授予基地技术总队六大队一中队“硬骨头六连式单位”荣誉称号；

国防科委授予基地工兵 124 团二营“核试验工程不畏艰险英雄营”荣誉称号；

中央军委装备发展部授予工兵 124 团二营“特种试验工程功勋营”荣誉称号；等等。

基地研究所还先后产生了 10 名中国科学院院士、中国工程院院士，他们是程开甲、吕敏、乔登江、钱绍钧、杨裕生、陈达、邱爱慈、林俊德、刘国治、欧阳晓平。还有 30 多名科技将军，以及成百上千名立功者和科技奖获得者。

中央军委授予基地研究所二室
“勇攀科技高峰研究室”称号

国防部授予基地阳平里气象站
“模范气象站”称号

二十七

罗布泊，“罗布”两字在古维吾尔语中，是聚水的意思。在大约200万年前，这里曾经是一片汪洋大海，即使在2000多年前，还是一个烟波浩渺的大湖泊。那时，罗布泊西岸曾有一个美丽的楼兰古国，是著名的丝绸之路必经的枢纽。那里还有一条长达730多公里的孔雀河，源自库尔勒，经博斯腾湖流出，向西进入塔里木盆地，缓缓流入罗布泊。人们曾经在清澈的孔雀河里泛舟捕鱼，在茂密的胡杨林里追逐猎物，经济富庶，文化发达，在人类的文明史上有过辉煌的一页。

在大约1600年前，袅袅炊烟消逝在楼兰上空，水美草丰的罗布泊日渐干枯，如今只留下楼兰古国的断壁残垣。罗布泊地区成了干旱酷热、寸草不生、原始荒凉、一望无际的戈壁滩。罗布泊，成了“死亡之海”，成了“生命禁区”的代名词。

然后，在这荒凉的戈壁滩沉睡了千百年后，自二十世纪五六十年代以来，数以万计的中国军人和科研人员，千里迢迢汇聚到这里，克服千难万险，战天斗地，艰苦奋斗，在罗布泊核试验场成功地进行了45次核试验，铸造了中国核盾牌，极大地提升了我国的国威军威，奠定了我国在国际上的大国地位。

1996年7月29日，在核试验场区进行了最后一次地下核试验，实现了我国核武器发展的战略目标。当晚，中国政府向全世界郑重地发表声明：从1996年7月30日起中国暂停核试验。

这三十多年，马兰基地在罗布泊核试验场，光荣地履行了辉煌的历史使命。

在罗布泊核试验场区，工程建设和生活用水都有赖于孔雀河，那条蜿蜒流经戈壁大漠的孔雀河，承载着核试验基地许多壮丽的故事和美好的记忆。

为之，张蕴钰怀着深厚的情感，赋长诗一首：

孔雀河祭

中国宣布不再进行大气层核试验，试验场区完成了历史使命，遗迹在光天化日下，闪烁的风沙吹奏着人人喜闻的歌！孔雀河近场区，真是一条生命的河，功德无量的河。她源出天山，经通天河（今称开都河）入博斯腾湖（古时称敦薨浦），溢出后经铁门关以下称孔雀河，昔日还有月亮河、班超饮马河、浣沙河诸名。今孔雀河已断流，罗布泊干涸，留下的美好记忆和感激之情，敬而祭之。

孔雀河水清且长，罗布波泳送华光。
敦薨浦赐功德水，源接天山冰雪乡。
楼兰故地安归王，养育臣民旧家邦。
汉侯饮马班定远，月亮洗明入人窗。
突兀筑室出新村，依河傍泊徒来人。
巨手鼎举起大厦，雕塑造形蘑菇云。
广袤戈壁远四邻，不耕不牧无叶荫。
亘古空岩容大器，原子爆炸补天亏。
孔雀河水釜下薪，烹调蒸煮享三军。
众手摇动回天力，戈壁分野地域畛。
马达机械做功勤，伴合泥沙形有身。
流体三态成万物，星罗棋布抖精神。
风入戈壁改姓狂，月行戈壁冰山凉。
日照戈壁顽石破，苦乐相嵌佳话长。
孔雀河涸尘飞扬，上游增富播蚕桑。
‘空爆’大成垂史记，饮于斯者表名芳。
核弹可畏它无罪，科技成就兴国瑞。
战争暴政瘟祸首，世间兵灾着人恨。
战争功能有时尽，人间交往持公论。
戎装泥烂随风散，在无声处烟消遁。

二十八

1978 年，张蕴钰担任国防科委副主任兼参谋长。主管国家重大国防科技试验工作，先后组织指挥了洲际导弹、潜地导弹、通信卫星等重大国防建设任务。

1982 年 5 月 18 日上午，测量船队在预定的海域捕获到导弹的遥测信号，成功回收到导弹数据舱。我国首次发射洲际导弹圆满成功！

此刻，张蕴钰即兴填词两首：

渔父·贺向太平洋发射火箭成功

喜纵长龙过九天，红霓风缓慰广寒。
太平舞，四洋观，晚霞晓月还征船。

水龙吟·祝贺船队远航南太平洋胜利还港

锣鼓汽笛欢竞，银龙阵俨然齐楚。面面相望，岸舷渐远，更上层楼。浪接风迎，雷邀雨洗，昔日尘土。去地球那边，太阳背后，安排座，新星宿。

艄公见识经久，导向安流九千九。举长矢疾，射天狼堕，喜看能手。凯歌多旧，今翻谱就，轮机伴奏。展红旗映霞早，乘江潮，征帆夺目。

发射洲际导弹

远望号测量船

二十九

张蕴钰去国防科委上任之初，恰是我国潜地导弹研制阶段。张蕴钰深入试验现场，与研制人员一起探讨，攻克了一个又一个技术难关。

1982 年 10 月 12 日，我国在渤海海域首次发射潜地导弹成功!

成功之日，张蕴钰填词一首：

生查子・核潜艇发射导弹成功

君自晶宫来，跃穿龙门去。
朱笔点凶魔，恰得惊人句。
君自东海来，开拓群峰路。
续修山海经，乐府补新注。

在渤海海域首次发射潜地导弹

潜地导弹发射成功

三十

1984 年 4 月 8 日，我国东方红二号实用通信卫星发射成功！通信卫星发射成功后，时任国防科工委主任的张爱萍、副主任张蕴钰，在第一时间在北京与新疆维吾尔自治区党委第一书记王恩茂进行了卫星通信通话。1984 年 10 月，全国各地人民通过东方红卫星二号的直播信号，观看了在北京举行的新中国成立35周年的阅兵式。

通信卫星发射成功之时，张蕴钰赋诗志贺、填词志喜：

祝贺通信卫星发射成功（二首）

（一）

炼金五色好补天，火潮箭影揭云翻。
电星信泽家家雨，凯歌悠扬悬玉盘。

（二）

九丈原上大司空，执策牵缰牧星行。
斗室天心劳形苦，寄语有托信灵公。

喜朝天·西昌

月城凉透，奇境银镀，曾疑地当藏龙处。芳信托付火箭邮，轻手揭开天街幕。

琼海寂静，水宫碧秀，照中军民忙未住。蓦然红遍山河间，话语投机广言路。

卫星通信基站

通过卫星通信观看国庆35周年阅兵式

三十一

张蕴钰积极拥护中共中央、中央军委关于部队干部年轻化的指示。1983年至1985年，张蕴钰曾先后三次请求离休。在请求离休的报告中，张蕴钰附诗三首：

为请求离休致信张爱萍首长·附诗三首

（一）自咏

身酬筋骨老，岁遣疾病新。
凋谢何须论，常省节风存。

（二）离休

离休逢盛世，欲霸天下闲。
把握老光阴，春处是余年。

（三）敬意

诗有断须字，书时斩龙蛇。
原子报极数，箭存两栖窝。
垦天种奇果，疏浚治“银河”。
不择精细食，报效光阴多。

1985年初，张蕴钰从国防科工委副主任任上离休。在洲际导弹、潜地导弹、通信卫星三大国防科研项目成功完成之时，张蕴钰终得解甲归田如愿离休。

离休时，张蕴钰填词一首：

长相思·天涯海角度六十八岁生日

花一度，果一度，愈来花果不满树。一院清风瘦。

思不住，想不住，秃笔老砚纸上雾。还似初征路。

三十二

河北省赞皇县，地处太行山区，是著名的革命老区。刘伯承、邓小平、陈锡联、秦基伟等革命老前辈都曾在这里战斗和生活过。在抗日战争期间，无数赞皇儿女参军参战，浴血奋战，保卫家乡。生于斯长于斯的张蕴钰，离休之后愈发关心家乡故土的发展。

1988 年，古稀之年的张蕴钰，回到阔别五十多年的家乡赞皇，第一眼看到便是村里的学校条件差，孩子们使用水泥桌凳上课。他立即将刚刚得到的国家科技进步奖的奖金 2000 元全部拿了出来，交给学校制作一批木制的桌凳给孩子们使用。在张蕴钰的关爱下，改善了学校条件，提高了学生的学习成绩。张蕴钰以实际行动来关心家乡，关爱下一代的成长。

张蕴钰为了家乡的经济发展，积极奔走，使家乡在后来的二十多年里，得到了国家的极大扶助，加快了家乡的经济发展。对家乡的公益建设和文化发展，修筑公路、修建水库、发展地方旅游业、开发地方文献研究等方面，他都做了大量的工作，还请时任国防部长的秦基伟为嶂石岩景区题写了“嶂石岩”三个大字。

离休后，张蕴钰将自己戎马一生的革命经历写成文章，把自己历年写的 300 多首诗词进行收集整理，陆续出版了文集《初征路》和诗词集《戈壁言情》《奚囊集》《张蕴钰诗词集》等书籍。书籍出版后，他向家乡捐赠了 2000 本，让地方政府分发给各单位、学校和图书馆，以鼓励青年们努力学习，传承光荣革命传统，发扬爱国主义精神。

在赞皇，浓浓的故土乡情，使得张蕴钰赋诗作词多首：

乡情四首

（一）

从小同长大，老来还为邻。
花发红杏脸，隔篱说新闻。

（二）

村里一枝花，为公也顾家。
骑车县城去，儿送奶奶家。

（三）

村中有心人，技巧富家门。
不足三分地，果蔬鸡猪肥。

（四）

乡间有淑女，小学好教师。
父老人护爱，相见睦欣欣。

生查子·思乡

忆我孩童时，社火村中庙。
观音嫌我痴，我看观音俏。
我年入古稀，观音颜应媪。
子女无乡念，身在影中老。

探乡亲

古稀欣归故乡月，生年久望吊祖村。
言语情亲少识面，笑问汝子谁家孙。

嶂石岩

穆满登山封赞皇，境出层峦垂叠嶂。
万丈红凌参天路，日仄云平入佛光。
莫道乾坤无私隐，佳山抱丽幽谷藏。
问津志石应犹在，玤漱槐泉月朗朗。

赞皇县丝弦剧团晋京演出有幸赠诗酒

（一）

山乡姣姣动京华，日照融融沃根芽。
草木心连香泥土，春风载誉映红霞。

（二）

送行乡亲一盅酒，权当卢沟折柳枝。
星奔月驰衣锦路，赞皇梨枣正逢时。

河北省赞皇县鸟瞰

赞皇县建立的将军诗碑亭

秦基伟为景区题字“嶂石岩”

三十三

2008年初，张蕴钰因患呼吸道感染，住进了北京中国人民解放军301总医院。住院期间，适逢核试验基地成立50周年纪念，张蕴钰特地给基地发去了贺信，并附诗一首：

马踏西陲，兰花问早。精心梳妆五十载，神韵世人晓。
基业再兴，地阔天高。喜看马兰新一代，盛世创业豪。

这是张蕴钰在病床上，用孱弱的声音缓缓读来，让儿子张旅天记下的一首藏头诗，诗句的字头即“马兰精神，基地喜盛”。

这首诗，蕴含着张蕴钰深厚的情感，在生命的最后时刻，他仍然在关心着马兰这块土地上的事业和人民，关心着祖国国防建设的强盛和发展。这是一位共和国将军的伟大情怀。

2008年8月29日，张蕴钰走完了他91年传奇而又光辉的人生。

三十四

根据张蕴钰的遗嘱，将他的骨灰撒在赞皇嶂石岩里。张蕴钰认为自己就是一个普通的赞皇山子，应该回归生身之地。后经基地领导的请求和家人的同意，张蕴钰的部分骨灰被安置在马兰革命烈士陵园。

2008年10月15日，马兰基地东大门上悬挂着巨大的黑底白字横幅“张蕴钰老司令员永垂不朽”。在东大门前列队的是基地首长，从东门到西门近3公里长的道路上，数千名基地将士肃立在道路两旁，行注目礼，他们以最庄严肃穆的礼仪迎回了老司令员的灵柩。

马兰，张蕴钰在这块荒无人烟的戈壁滩上，倾注了他大半生的精力和心血，创建和发展了祖国的核武器试验宏伟大业。

张蕴钰将军永垂不朽！

马兰烈士陵园纪念碑

中国首次核试验爆心纪念碑

结语

张蕴钰将军在回顾自己的一生时，曾经说过：“我这辈子主要做了两件事，一是打了上甘岭，二是参加了核试验。”上甘岭战役，志愿军出了黄继光、邱少云等战斗英雄；罗布泊核试验，基地涌现了程开甲、林俊德等一大批科技精英。张蕴钰将军和那许许多多的战斗英雄、科技精英，都是中华民族的脊梁！

张蕴钰将军为中国人民的解放事业，立下了赫赫战功，为共和国的国防事业，立下了丰功伟绩。张蕴钰将军英武睿智，既是位战将，又是位儒将。他的诗词文集著作等身，素有“诗人将军”之雅称。张蕴钰将军为中华民族伟大复兴作出了重大贡献！

张蕴钰将军正直无私，光明磊落，德高望重，功高德劭，英名彪炳共和国史册！

张蕴钰将军永远活在中国人民心中！

回忆张志善司令员

邢雯霏

张志善（1918—2016），1918年2月出生，山东省曹县人。1938年5月加入中国共产党，1938年10月参军入伍，先在冀鲁豫支队，后编入新四军，任新四军三师八旅二十三团营长、参谋长、副团长。中华人民共和国成立后，于1950年至1953年赴越南任军事顾问，为师团顾问组组长。1953年在南京军事学院学习，毕业后任解放军商丘步兵学校副校长兼训练部部长。1958年至1984年任中国核试验基地副司令员、司令员。1984年离休。

20世纪50年代，面对帝国主义的核讹诈、核威胁，毛主席、党中央毅然决定研制核武器、铸造中国的核盾牌。毛主席说："原子弹就是这么大的东西，没有那东西人家就说你不算数。那么好吧，我们就搞一点吧，搞一点原子弹、氢弹，我看有十年工夫完全可能。"

1958年，中共中央军事委员会决定组建核试验靶场，任命张蕴钰为靶场主任，并决定以河南商丘步兵学校机关为基础组建靶场机关，由该校政委常勇为靶场政委、副校长张志善为副主任。

1958年秋，张志善担任原子靶场副主任、选场勘测大队大队长。8月15日他率队进驻敦煌。为了严守机密，除少数几位校领导外，其他人谁都不知道这次的任务是什么，目的地在哪，时间多长。工作一段时间后，为稳定大家的情绪，鼓舞士气，经慎重考虑后，在敦煌一座新落成的电影院里，张志善站在舞台上，声音激动得有点颤抖："同志们，经上级批准，大队党委让我给大家交个底，我们的任务是勘察建设我国原子弹、氢弹的试验靶场。"此次任务的神秘面纱揭开后，大家的疑虑全部消除了，工作热情空前高涨，干劲更足了。

是年冬，张志善陪同靶场主任张蕴钰率队西出阳关，开赴罗布泊。他们在荒无人烟的戈壁滩上连续奔波了十来天。时值严冬，寒风刺骨，眼前是千古死寂、千里荒原，只有海浪般连绵起伏的沙丘、寸草不生的沙漠、千姿百态的雅丹地貌、冷清沉寂的古城废墟和触目惊心的白骨枯木。在风雪严寒中，人睡在单布帐篷里，起床时头发和被子甚至会冻在一起，但大家都很乐观。从冬天到春天，勘测队踏遍了罗布泊大漠，查阅了大量的地质资料，反复比较，最后在方圆数百公里荒无人烟的沙漠戈壁，选定了十万平方公里的核试验禁区。

1959 年春，创业者穿越漫漫沙海，从罗布泊地区来到博斯腾湖畔。在基地建设中，他们迎着重重困难，核试验基地终于在大西北、大戈壁滩上站住脚，扎下根，像马兰花一样顽强生长，迎风开放。

张志善司令员平易近人，是我们尊敬的老前辈、老首长。当年，人们亲切地称他为"张三号"——核试验基地的三号首长。1959 年秋，在马兰核试验基地，第一个婴儿在荒原上的地窖里出生了。机关干部所能收集到的只有十几个鸡蛋，张志善司令员亲自捧着，送给了婴儿的母亲。第一次核试验准备期间，他担任基地副司令员兼工程部长；工程实施期间，担任试验委员会后勤部长，任务繁重，工作细致。他亲自给试验场区八千里徒步巡逻小分队布置任务，交代各种紧急情况的处置方案，还特意嘱咐他们每人携带一顶防晒草帽，要穿布鞋，在戈壁滩穿胶鞋太闷脚。巡逻小分队在巡逻途中经历了种种惊险遭遇和生死考验后，圆满完成了任务，为确保我国第一次核试验安全顺利进行付出了艰辛和汗水。

在核试验基地张志善与战士们一起施工

在核试验基地张志善下连队帮厨

1963年11月，张志善来到罗布泊试验场气象站，和战士们一起挖地窖，他说住地窖比住帐篷好，冬暖夏凉。地窖挖好了，窗子却还没有玻璃，风沙直往里灌。整个场区都没玻璃，他心疼地说:“我记下了，等有了玻璃就一定先给你们送来。”他对科技人员非常尊重。在工程设计和施工过程中，他常常和设计人员一起讨论、研究，认真听取大家的意见，并虚心向科技人员学习、请教。特别是对于有特殊要求的实验室的设计和施工，他都要到现场勘察，了解具体情况。除了工作上的支持，他在生活上也对大家关怀备至。每次见面，他总会询问大家有什么困难，并尽力帮助解决。只要是与他见过面的人，他都能记住名字，甚至还能还知道谁和谁是两口子。这样的细心关怀让大家深受感动，都称赞张司令员是我们的贴心人、好领导。经过不懈的艰苦奋斗，我们按照基地“工效高，质量好，安全节约”的施工要求，按期在红山山沟里如期建起了完备的设施，包括实验室、办公楼、宿舍楼、食堂、门诊部、服务社、澡堂等，从而具备了基本的科研工作和生活条件。

1966年5月底，为贯彻上级关于排以上干部下连当兵一个月的指示精神，他主动到正在场区执行采石任务的连队当兵锻炼，与战士们同吃、同住、同劳动、同学习、同娱乐。尽管从连队驻地到采石场有一公里的路程，连队上下班都是列队步行往返，团里特意为他派了小车，但他婉言谢绝了这一特殊待遇，坚持与队伍一起步行。在那个年代，连队采石，是采用大锤钢钎打炮眼，装炸药，安雷管、导火索，爆破后分拣大小石块堆放。面对如此繁重的任务，他毫无怨言，坚持和战士们一起奋战了一个多月，直到下连锻炼结束。

回顾战争年代，张志善曾参加过辽沈战役、三下江南战役等多场重要战役，在历经的百余次战斗中，他始终发扬铁军精神，英勇顽强，身体多处负伤。为此，他荣获“战斗英雄奖章”，并在 1955 年被授予“二级独立自由勋章”和“二级解放勋章”，以表彰他的卓越贡献和英勇事迹。

从 1958 年创建基地起，直至 1984 年从基地司令员岗位上离休，张志善司令员先后参与组织并指挥了我国众多重大科研试验任务，包括第一颗原子弹的研制、第一次“两弹结合”试验、第一颗氢弹的研制以及多次空爆和地下核试验。在执行某次核试验任务时，他的眼睛不幸被核爆炸的闪光烧伤。

张志善司令员功勋卓著、德高望重，但他却甘愿隐姓埋名，为党和人民的壮丽事业不懈奋斗。他是“艰苦奋斗干惊天动地事，无私奉献做隐姓埋名人”的马兰精神和作风的楷模。从铁军精神到“两弹一星”精神、再到马兰精神，革命精神血脉相承，红色基因代代相传。

闪光的足迹

—— 马国惠将军生平纪实

黄志方

跋：1965 年 8 月，马国惠与我同时期从大学毕业后一同被分配到核试验基地工作。他被安排在研究所第二研究室，我被安排在研究所第一研究室。尽管我们是同一个研究所的战友，但由于分属不同的研究室，且都从事着国家最高机密的工作，每个人都严格遵循着保密准则——“不该说的不说，不该问的不问”。因此，我们之间并无什么交往。

斗转星移，时过境迁。2017 年 10 月，我正在主编《战斗在罗布泊

2018 年 10 月 16 日，马国惠在《战斗在罗布泊的上海人》新书发布会上讲话

2018 年 10 月 15 日，在总装后勤部上海办事处
翔云楼（右起）马国惠、杨雅清、黄志方合影

的上海人》一书，该书收录了一百多位战友撰写的回忆录，我拜托我在研究所一室时的老战友杨雅清出面，请她的先生马国惠为这本书写篇序言。他居然很畅快地一口答应了，而且很快交了稿子，他的序言为这本书增光添色不少。

2018 年 10 月 16 日，我们在上海召开《战斗在罗布泊的上海人》新书发布会，马国惠偕夫人杨雅清应邀自费从北京赶来上海出席会议。马国惠在大会上作了热情洋溢的发言。他热烈祝贺新书发布会成功召开，感谢许多老战友以亲身经历为这本书撰写了有关核试验的文章，他充分肯定这本书为弘扬“马兰”精神、弘扬“两弹一星”精神作出的贡献。

在两年的出书过程中，我与马国惠有了更多的交往，也增进了对彼此的了解。马国惠与我是同龄人，我们有着共同的理想和情怀。他是我们同龄人中的佼佼者，为人亲和、勤奋向上、严于律己、助人为乐，这些都给我留下了深刻的印象。

马国惠（1941—2019），1941年4月出生于黑龙江省哈尔滨市，大学本科，中共党员，少将军衔。1965年7月毕业于哈尔滨军事工程学院，同年被分配到21基地研究所工作。历任核试验基地研究所二室技术员、工程师、副主任，研究所科技处处长，基地技术部主任，基地参谋长，基地司令员，国防科工委副参谋长，总装备部后勤部部长等职务。1994年7月，晋升少将军衔。长期从事国防科研试验工作，多次组织指挥国家重大科研试验。荣立个人二等功一次。发表多篇学术论文和译著，多次获得部委级科技进步奖。2001年9月退休。2006年参与筹建了中国国史学会“两弹一星”历史研究会，任副理事长。

一

1941年4月24日，马国惠出生在黑龙江省哈尔滨市顾乡区新发乡小杨家屯。全家靠他父亲和叔父外出扛活（即当长工）养家糊口，生活极其贫困。土改时家庭成分被定为雇农，分得了土地、农具和住房，生活有了较大的改善。

1949年3月，村里办起了小学，规定虚龄9岁即可上学。办学的村干部挨家挨户听取意见，问到他奶奶：“你孙子上学不？”奶奶说：“还小，明年吧。”在一旁的马国惠却坚持要上学，奶奶就说：“那就给他报上名吧。”奶奶的这一决定，开启了他别样的人生道路。他初小时学习成绩总在前3名，高小时总在前5名，是小学里颇有名气的学习尖子。小学毕业他考上了哈尔滨市第十四中学。

二

1954年9月，马国惠进入哈尔滨市第十四中学读初中。初中三年，他的学习成绩始终保持在上等水平，尤其数学比较好，初三时他更是在全校数学竞赛中获得第一名。初中毕业时，他顺利考入了本校的高中部。在高中阶段，他参加了很多社会活动。在1958年的大炼钢铁探矿活动中，他因表现出色被评为“探矿模范”。同年暑假，在绥佳线筑路工程中，被评为“二级筑路模范”。在1959年期中、期末都被评为“六好学生”。1959年5月14日，他光荣地加入了中国共产主义青年团。在初中和高中时期，马国惠的班主任都是语文老师兼任的。这些老师的谆谆教诲和严格要求，对他的语文知识、文学水平和写作能力等方面都产生了极大的帮助，为他打下了坚实的语文基础和文学修养。班主任还引导大家阅读《钢铁是怎样炼成的》，并要求学习保尔·柯察金的精神：“人的生命是宝贵的，生命对于人只有一次。人的一生应该这样度过：当他回首往事时，不因虚度年华而悔恨，也不因碌碌无为而羞愧。这样，在他临死的时候，就可以说，我的一生都为人类最壮丽的事业——共产主义而奋斗。”这段话对马国惠的人生观和世界观的形成起到了至关重要的决定性作用。

马国惠在哈尔滨十四中的校园生活

马国惠在哈尔滨十四中的学习生活

1960年7月20日到22日，马国惠参加高考，报考的第一志愿是清华大学。22日刚考完，他被学校的教导主任找去，问道：“考得怎么样？”他自信地答道：“自我感觉良好，录取第一志愿，应该问题不大。”教导主任却告诉他：“你不用等录取通知了，你已被学校保送到中国人民解放军军事工程学院（因位于哈尔滨，也被称为哈尔滨军事工程学院，以下简称哈军工），后天哈军工来接你们入伍。”这真是一个令人意外的消息，因为全校只保送了两名同学，而马国惠作为优秀毕业生之一，荣幸地被保送到哈军工。

三

1960 年 7 月 24 日，哈军工派遣车辆前往各中学，将保送生接至学校。这一天，马国惠正式入伍，同时也成为他的入伍纪念日。根据学校规定，新学员入学后须接受为期三个月的入伍教育，以实现从普通百姓到军人的转变。入伍教育的内容涵盖了政治教育、军事训练、勤务劳动以及野营拉练等多个方面。1960 年 8 月 3 日，马国惠向党组织递交了入党申请书，表达了他积极向党组织靠拢的决心。

1960 年 11 月，入伍教育结束后，新学员们被分配到各个系别进行学习。马国惠被分配到了七系，即导弹工程系，该系对外称为电机系。在班级中，他担任副班长一职，负责协助班长开展工作。1962 年 8 月 2 日，经过党支部的正式审批，马国惠的入党申请书获得了通过，他光荣地成为中国共产党的一员。

马国惠在哈军工学习期间参加农场劳动

马国惠在哈军工期间的学习笔记

1962 年 9 月，学院进行了院系体制的调整，并组建了新的二系，即原子工程系。全系的 60 级学生被分为 6 个专业，马国惠被分配到了核爆炸测试专业。各个专业之间实行严格的保密制度。核武器试验是一项规模宏大的科学实验，它涉及的学科众多，要求的专业知识面也非常广泛，包括核物理、力学、光学、电子学、放射性化学、自动控制、机械设计与制造等多个学科。在物理学方面，学员们学习了普通物理、理论物理、统计物理、热力学、电动力学、量子力学、高温等离子体物理等课程；在力学方面，则学习了爆炸物理、冲击波物理、流体力学、空气动力学、高温气体动力学等课程，同时还涉及了电子学、机械设计等其他学科的学习。因此，学员们的专业学习任务既艰巨又繁重。

四

1965 年 9 月 4 日，班级 15 名同学乘坐火车前往北京，对于即将被分配到哪个单位，他们心中都充满了未知，直到那个单位宣读名单并把人带走，他们才得知自己的去向。最终，有 12 人被分配到了核试验基地的 21 研究所。第二天，他们就被接送到 21 研究所驻地。随后，这 12 人中有 5 人被分配到了第一研究室，7 人被分配到了第二研究室，并于 9 月 7 日正式开始工作。

马国惠被分配到了第二研究室，这是一个专注于光学测量的研究室，主要工作包括核爆炸照相、光辐射、光冲量、激光测量等。该室的主任是孙瑞蕃，指导员是吴凯。马国惠被具体安排在了二室五组，组长是李懋廉。

紧接着，他就全身心地投入了为 1966 年 5 月即将进行的核试验进行光学测量的准备工作中。马国惠被分配到了电测光冲量项目，并在何国珍的带领下负责调试放大器。放大器在这个项目中扮演着中间环节的角色，前端连接探测器，后端连接示波器，因此标定的工作量非常大，同时还需要准备大量的元器件备件。由于马国惠的电子学基础扎实，他完全能够胜任该项目的各项工作。项目组几个人忙碌了几个月，直到 1966 年春节前才全部完成了准备工作。春节过后，所有的光学测量仪器都被装箱并运送到了试验场地。

五

1966年3月2日，马国惠随同第二研究室的参试人员一同进场执行任务。他们乘坐火车再转乘卡车，经过长途跋涉，终于在3月6日抵达了红山——研究所驻地。次日清晨，他们又浩浩荡荡地向核试验场区进发。

这是马国惠首次进场执行核试验任务。在进场的路上，起初还能看到路两侧稀疏的红柳和骆驼刺，但随后就几乎看不到任何植物了，只剩下一片荒凉、光秃秃的戈壁滩。他们乘坐的是解放牌大卡车，在场区里，并没有真正的“道路”，车子来往多了，便自然形成了“搓板路”。一路行进，颠簸得非常厉害，让车上的人感觉五脏六腑都要被颠出来了，身子像散了架一样。加上飞扬的滚滚尘土，每个人都变得灰头土脸的。这对每一个人来说，都是一场艰难困苦和意志毅力的考验。

直到傍晚时分，车子终于到达了研究所的营地——其实也就是一片空旷的戈壁滩。马国惠等人就在这片空地上架起了几十顶帐篷，安营扎寨，并开始起炉灶烧菜蒸馒头。他们的饮食非常简单，主要就是白菜、土豆、萝卜干加馒头。在场区里，水是非常珍贵的资源，用水需要一水多用，喝水也要省着喝。虽然离营地不远有一条孔雀河，但河水是盐碱水，又苦又咸又涩，含有多种重金属元素，是不可饮用的。饮用水是卡车从马兰水厂千里迢迢运进来的，因此一杯水的价值如同一杯汽油、一杯牛奶一样珍贵，怎么舍得浪费一点一滴呢！用水是定量供应的，每人每天只有一盆水，早上用来洗脸刷牙，晚上用来洗脚，然后再将水泼在干燥的地上，让帐篷里的空气稍微潮湿一些。他们睡的是帐篷，每8到10人共用一个帐篷。就这样，他们在戈壁滩上风餐露宿，度过了上百个日日夜夜。戈壁滩白天的气候炎热干燥，中午时地面温度可达六七十摄氏度，足以烤熟鸡蛋；而晚上温度则会骤降至零下一二十摄氏度，睡觉时还需要盖条被子。有时还会遇到突发的、呼天抢地的沙尘暴。

进场执行核试验任务的车队

在核试验场区驻营扎寨

遇到呼天抢地的沙尘暴

第二天，第二研究室的进场人员就全身心地投入了紧张的试验准备工作中。马国惠所负责的项目，布点位于爆心投影点正南 8 公里处。由于每天从生活区到测量点需要乘坐卡车跑上两个小时，为了节省时间，他们决定把路上乘车来回的时间也利用起来，投入工作中。因此，中午饭都是由食堂送到测试工号的。由于进场前的准备工作做得比较充分，所以在试验现场，仪器设备的安装调试、系统联试以及全场联试都进行得非常顺利。

1966 年 5 月 9 日，我国再次成功进行了一次核试验。马国惠第一次目睹了冉冉升起的核爆炸蘑菇云，心情万分激动。在核爆炸“零后”30 分钟，马国惠等人乘坐卡车冲进了核爆区的测量工号，回收了测试成果。当他们看到胶片清洗出来的曲线时，才终于放下心来。在这次试验中，二室取得了大量宝贵的核爆炸数据，圆满地完成了任务。

任务完成后，大部分同志都返回了北京，但马国惠被留在了红山，准备执行下一次的核试验任务。通过这次执行任务，他基本上掌握了本组的各项业务工作，对自己所承担项目的业务技术也更加熟悉了，完全有信心和能力独立完成任务。

六

1966年10月，基地研究所开始整体搬迁至红山。10月底至11月初，参试人员陆续进场，执行氢弹原理试验任务。马国惠所负责的项目组，由于准备充分，现场工作进展顺利，很快便进入了待命状态。

1966年12月初，由于六组激光测速项目的进度紧张，人手不足，孙主任决定从五组抽调马国惠、苗春绵、许满生三人前往激光项目组协助工作。在站长曹淑华的带领下，他们负责塔上靶标的调试工作。然而，由于白天光线过强，项目无法进行调试，三人只能选择在晚上进行调试，白天则休息。靶标位于高达100多米的铁塔上，他们每晚都需要上塔工作。风稍大一些，铁塔便会像摇篮一样晃动，并发出可怕的响声。

氢弹原理试验时的铁塔

核试验场区光学测量站

在全场联试的前一晚，他们上塔后发现调试窗口被关上了，窗外还加装了一块三合板窗板，这是白班人员为了室内保温而加装的。这样一来，就无法打开调试窗口进行靶标的调试了。如果向上级报告并请工程兵来拆卸窗板，时间上显然来不及。于是，马国惠冒险爬到塔外的脚手架上，他脚踩着狭窄的脚手架，一手抱着脚手架以保持平衡，另一手则用力拆卸那块三合板窗子。经过一番周折和努力，他终于拆下了那块窗板并打开了调试窗口。光路通了之后，他们顺利完成了当晚的调试工作，为第二天参加全场联试赢得了宝贵的时间。这件事后来还被基地的“春雷报”进行了专题报道。

在“零前”的夜晚，场区下起了雪。从塔上看下去，外面一片白茫茫的景象，全场的布局尽收眼底。马国惠和他的同事们已经在塔上连续调试了 22 个小时。工作完成后他们也下不了塔，因为那时氢弹已经安放在塔上的爆室里。他们只能躺在氢弹旁边狭窄的空地上睡觉，并很快进入了梦乡。一觉醒来后，有人上塔来做后续工作了，马国惠和他的同事们这才撤离下塔。

1966 年 12 月 28 日，氢弹原理试验爆炸成功。激光测速项目也成功取得了全部测试数据。任务完成后，马国惠荣获个人二等功。

氢弹原理试验测试任务完成后，在撤场前，孙瑞蕃主任带领各大组组长、项目组组长以及马国惠等人对将在 1967 年进行的首次氢弹全当量试验的测量点进行了勘察和定点工作。由于爆炸当量增大了许多倍，所有的光学测量点都需要重新定点。经过几天的努力，各个测量点的位置都被重新确定了。

七

1967 年 1 月 20 日，马国惠被调至二室办公室，担任学术秘书（参谋）一职。然而，他内心是不太愿意的。自学校毕业后，他对专业技术工作抱有浓厚兴趣，渴望未来能在技术领域成为专家。但想到自己身为共产党员的身份，他最终服从了组织的安排，协助孙瑞蕃主任做好二室技术业务的组织管理工作。

孙瑞蕃教授是一位专业精湛、德高望重的学者。1963 年，作为技术骨干，他被国防科委从哈尔滨工业大学物理教研室主任的职位上调至基地研究所，担任第二研究室主任。他对国防科研事业充满热爱，怀有敬业献身的精神，工作中兢兢业业、精益求精，待人则严格要求、诲人不倦。在马国惠担任其秘书期间，深受其益，获得了许多宝贵的指导和教诲，孙教授为他树立了做人、做学问、做事业的好榜样。

核试验场区光学测控站

核试验场区安装压力自计仪

担任研究室学术秘书后，马国惠的首要任务是学习并熟悉全室的科研和业务工作。1967 年 6 月，全当量氢弹试验前夕，研究所要求各室充分做好技术方案和准备工作。马国惠根据研究所的要求，收集了各大组项目的技术方案，特别是各项目对工程、控制、电源、电缆等方面的技术要求，整理成一份完整的二室技术要求方案。该方案经孙主任审批后，上报至研究所科研处。经过多轮沟通和协调，技术方案最终确定并投入工程施工。施工完成后，马国惠代表二室先期前往现场进行验收。对于工程中不符合技术要求的地方，他提出了返工要求，并确保施工单位完成返工，直至全部工程达到技术要求后，他才签字通过验收。

由于马国惠提前进场为各个项目组做好了充分的准备工作，大家进场后都感到十分满意。在这次任务中，马国惠荣幸地担任了二室光学测量站站长，而高速相机组的老同志胡福涛则担任了指导员。

在核试验场观察我国第一颗氢弹爆炸的蘑菇云

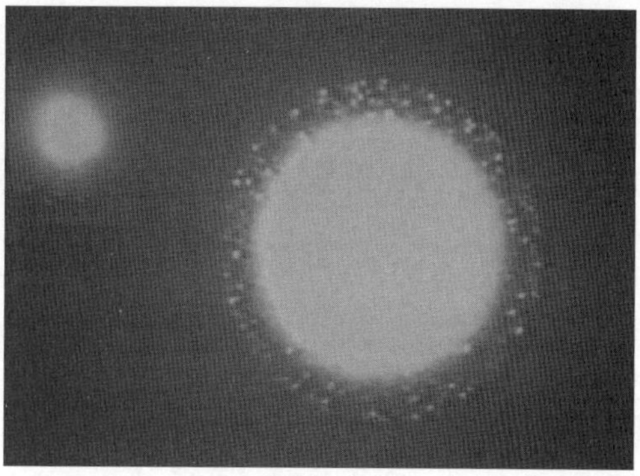

我国第一颗氢弹爆炸时形成的火球（图右）与太阳（图左）在空中形成相映成趣的壮观景象

1967 年 6 月 17 日，我国第一颗氢弹试验爆炸成功！二室光学测量站成功获取了全部测试数据。在大气层核试验爆炸成功后，数据总结的关键在于核爆炸的总当量。最终的当量值由力学、光学、核物理、放射化学分析等四个方面的数据综合处理后得出。二室负责的是光学定当量工作。在孙主任的指导下，马国惠汇总了二室各个项目组的光学测量数据，并综合处理成光学当量值。在工作中，他还总结了光学定当量的经验公式，并在孙主任的指导下撰写了总结报告。

中国首次氢弹爆炸成功，是我国军队和科技人员共同努力的结晶。这一成就打破了当年美苏英法对核聚变武器的核垄断，极大地提升了共和国的国威军威和国际地位，是中国核武器发展的一个重要里程碑。

八

在任务的间隙，马国惠终于有时间处理自己的终身大事了。他与杨雅清正式提交了结婚申请，并经过组织的政审批准，于 1967 年 12 月 4 日领取了结婚证。

杨雅清是马国惠的大学同班同学，马国惠是班长，杨雅清是副班长。在那个年代，哈军工有明确规定，在校学员不得谈恋爱。尽管他们同为班干部，接触机会很多，但他们都严格遵守校规，从未有过谈恋爱的念头，甚至连这样的想法都未曾有过。毕业后，他们虽然被分配到同一个研究所，但却被安排在不同的研究室，因此联系并不多。

然而，在研究所工作了几个月后，马国惠发现与自己一同进所的同学都纷纷“名花有主”了，这时他才意识到自己也应该考虑“个人问题”了。他立刻想到了杨雅清，她作为副班长，积极上进，责任心强，待人诚恳且朴实大方。他们两人相互非常熟悉，现在又同在一个研究所工作。于是，他委托一位老同学去向杨雅清传达自己的心意：“我愿意与她交朋友，请她认真考虑。”老同学按他的意思去说了。过了两周，杨雅清给出了“可以交朋友”的回复。就这样，马国惠与杨雅清确定了恋爱关系。

1967 年年底，马国惠和杨雅清请了假，前往沈阳和哈尔滨探望双方父母，并按照当地的传统习俗举办了结婚仪式。婚后，他们在 1968 年迎来了第一个儿子，1970 年又添了次子。

九

1969 年 3 月，根据上级的指示，所有技术干部都需下连当兵以接受再教育。马国惠被分配到了基地工程兵 124 团的 3 连。在 3 连的这段时间里，他体验了三种不同的工作：一个月种地，一个月打土坯，还有一个月开采石头。原本下连当兵的锻炼时间是六个月，但由于核试验任务的需求，他被提前三个月抽调回原单位，而其他同志则一直待到 8 月份才归队。

1969 年年底，研究所进行了内迁。所有技术资料、档案以及每个人的行李和家当都需要搬往新址。他们乘坐的是闷罐车，在黑洞洞的车厢里，没有人知道火车的具体目的地。只有当火车停靠在有兵站的车站时，他们才能下车吃饭和活动。几天后，火车抵达了这次内迁的终点站：天水火车站。随后，他们又转乘卡车前往新址。马国惠等人主动选择留在天水火车站，负责将随火车运来的行李、设备等物资装上大卡车转运至新址。那天正好是 1970 年的元旦，他们在车站忙碌了一整天，装了十几大卡车的物资。

马国惠在新址居住了3个月，因执行任务的需要，他被提前抽调回红山。而其他同志也在7月份进行了再次的大搬家，全部重返红山。

1970年10月14日，核试验场进行了一次氢弹试验。

十

1976年是一个不寻常的年份。那一年，党和国家的三位主要领导人——周恩来、朱德、毛泽东先后逝世。1976年7月28日，唐山发生了大地震。而1976年10月6日，则一举粉碎了“四人帮”，结束了长达十年之久的“文化大革命”。在这一年里，马国惠特别忙碌，工作压力巨大，他进场执行了四次核试验任务。

1977年12月，研究所对各个研究室的领导班子进行了调整，马国惠被提拔为第二研究室的副主任。同时，杨雅清也被提拔为第一研究室的副主任。

1979年7月，杨雅清被调任为基地干部处的副处长，随后又担任了处长。1983年12月，杨雅清再次被提升，担任了研究所的副政委，后又担任政委。

十一

20世纪70年代末，国际上反对大气层核试验的呼声日益高涨，我国核试验面临紧迫任务，必须尽快将大气层试验转变为地下试验。在这一背景下，第二研究室在孙瑞蕃主任的领导下，一方面继续出色地完成当前的大气层核爆炸试验任务，另一方面也经过几年的深入调研和论证，逐步明确了地下核试验中光学研究的方向和重点测试项目。

马国惠作为研究室的副主任，分管光辐射大组的业务工作，从事研究光信号传输问题，并开创性地展开了光纤应用和光缆传输的课题研究。这一课题在当时国内处于领先地位，展现了他的科研前瞻性和创新精神。

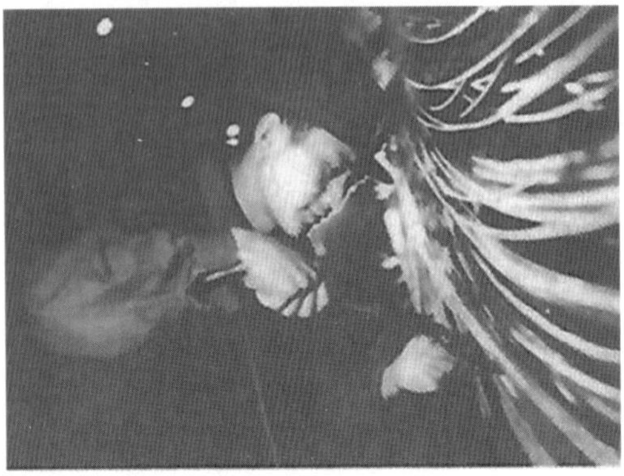

平洞式地下核试验的测控电缆

地下核试验时地面山体的宏观景象

1986 年 3 月，我国政府郑重宣布暂停大气层核试验。与此同时，研究所也对体制进行了相应调整，将原第三研究室的近区物理测量项目整合到第二研究室。合并后的第二研究室在历次地下核试验中表现出色，圆满完成了近区物理测量任务，提供了大量精确的核试验爆炸数据，为我国核武器的研制、发展、定型作出了不可磨灭的重大贡献。

1993 年 5 月 25 日，中央军委授予基地研究所第二研究室“勇攀科技高峰研究室”的荣誉称号。这一荣誉是第二研究室全体同志的光荣，也是他们长期共同努力、不懈奋斗的结果。

十二

1981 年 4 月，马国惠在上海从事光纤应用外协工作，该工作于 5 月结束后，他返回红山，被任命为科技处副处长。尽管马国惠内心更倾向于技术工作而非行政管理，但他还是遵从了组织的安排。作为研究所科研试验的组织协调部门，科技处需全面掌握全所的科研试验工作和任务，并熟悉各研究室的主要技术和科研任务。科技处处长为李文峰，他是哈军工的学长；另一位副处长赵德君，是哈尔滨人。这两位都比马国惠年长八九岁，是在研究所机关工作多年的老同志，他们给予了马国惠许多工作上的指点和帮助。

1981 年 3 月 5 日，中央军委批准了 21 基地研究所搬迁至内地的请示。马国惠到科技处报到后，首要任务便是在所长沈钰的带领下，进行研究所搬迁内地的调研工作。搬迁调研组由四人组成，他们首先前往北京国防科委接受任务，随后前往开封、洛阳、西安、武汉、襄樊、南阳、宝鸡等地，了解当地的政治、经济、文化、历史、气候、地质、水文等方面的情况，收集相关资料，撰写调研报告，并提出选址意见。调研工作的进展情况及时向国防科委首长报告，并与国防科委机关保持沟通。经过多次商讨，最终确定搬迁地点为西安市临潼县韩峪乡。搬迁地点确定后，马国惠与营房科的科长沙济文一起，经过反复商讨，提出了研究所搬迁至西安后的工程规划平面图。这项工程很快得以实施，该地便是现在的西北核技术研究所所在地。

中央军委授予基地研究所第二研究室“勇攀科技高峰研究室”荣誉称号

基地研究所（西安）鸟瞰图

1982 年 7 月，根据国防科委科技委朱光亚主任的指示，由 21 基地牵头，联合九院、航天部一院、科委情报所等单位，共同组成调研组，前往国防口各相关单位进行大型设备建造情况及需求的调研。该调研组由 10 人组成，其中研究所五室主任乔登江担任组长，马国惠担任副组长。调研组先后走访了北京、上海、成都、乐山、眉县等地，并于 9 月提交了调研报告，报告中对未来大型设备的投资提出了建议。该调研报告荣获了委级科技成果三等奖。

1982年12月，由于李文峰升任国防科委司令部作战试验部副部长，马国惠接任科技处处长一职。在担任处长期间，1983年5月4日，马国惠参与执行了一次平洞地下核试验任务。科技处负责研究所现场试验工作的组织和指挥，并圆满完成了任务，得到了基地领导的高度满意，为此科技处荣获了集体三等功。此外，马国惠还以科技处的名义向所领导提议召开1983年度研究所首届学术年会，该提议得到了所领导的批准，并由科技处负责组织召开，这也成为基地研究所学术年会的起源。

十三

1983年12月，马国惠被任命为基地科学技术委员会的专职委员（副师级）。该科技委由6人组成，其中主任为吕敏（副军级），副主任有两位，分别是乔登江和张忠义（均为正师级）。另外两位专职委员则是丁浩然和高浩松。在科技委中，马国惠最年轻，因此他负责承办科技委的日常事务工作。在吕敏主任的指导下，他提出了实现核试验总体方案规范化、标准化的工作思路。

在核试验场区安装测试探头

在核试验场主控站调试测控天线

1985年9月，基地选派马国惠前往中国人民解放军政治学院参加进修。进修课程涵盖了军队政治工作、国民经济管理、军事、法学、现代科技等多个领域。他从 1985 年 9 月 1 日开始学习，直至 1986 年 7 月 20 日结业。

1986 年 7 月，马国惠回到基地后，基地首长决定任命他为刚组建的试验工程技术部的副主任（副师级）。该工程技术部为正师级编制，下设一部两处、六个团级研究室、一个营级测量站、一个连级修理所和一个连级汽车队。技术部主任为陈杰，政委为周振浩，总工程师为丁浩然。初到技术部的马国惠开始学习钻井、钻探、地下工程、地质水文、辐射防护等方面的学科和业务知识。随后，他制订了技术部五年发展规划和年度工作计划，并建立了每年召开技术部学术年会的制度，以促进学术讨论和交流，提升学术氛围和水平。

1989 年，随着陈杰主任的退休，马国惠接任了技术部主任的职务（正师级）。在几年的努力下，技术部先后完成了干井建井工程、定向钻探取样、现场注浆系统、大气扩散研究、伽马遥测系统、低温微膨胀水泥研制等一系列具有挑战性的工程技术项目，为每次核试验的顺利进行提供了工程技术保障。在这期间，马国惠与技术部的同事们共同完成了四次地下核试验中的工程技术和辐射防护保障工作。

十四

1990 年 7 月，基地领导班子进行了调整，钱绍钧司令员调任国防科工委科技委专职委员，而西昌基地的曲从治司令员则调任马兰基地司令员。同时，马国惠被任命为基地副参谋长，负责分管行政管理工作。这一变化对马国惠来说可谓巨大，因为他一直专注于技术工作和科研试验的组织管理。然而，他坚决服从组织的安排，迅速调整角色，将工作重心从科研试验管理转移到部队行政管理上。

在担任基地副参谋长期间，马国惠在多个方面进行了不断的改进和完善，包括做好老兵的退伍工作、检查干部值班制度的落实、坚持节假日警备处的巡逻检查制度，以及组织军务处和卫生处检查各部门的环境卫生等。这些努力使得基地的行政管理工作得到了极大的改善和提高。

核试验场光学测控站航空摄影机

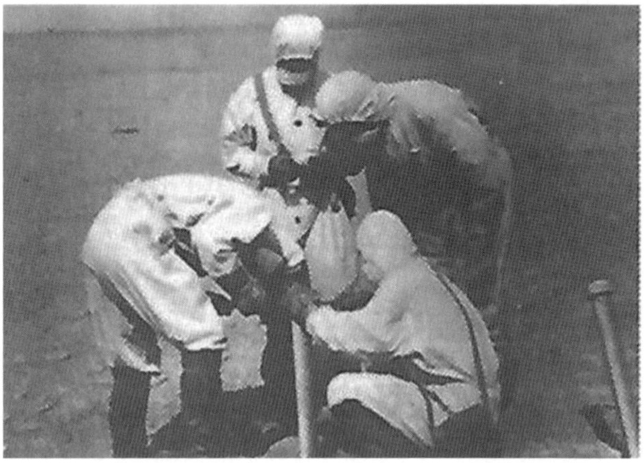

核爆炸后从放射性沾染区取样

1991 年 11 月，汪业广参谋长被提拔为副司令员，马国惠随即接任基地参谋长。他认真地为曲从治司令员提供参谋意见，在具体的专业技术方面，他会事先提出建议和方案，供司令员参考和决策，并在事中负责组织实施。作为基地参谋长，他的首要任务仍然是基地的科研试验工作。他大力推动了核试验测试工作和工程技术保障准备工作的进行，为确保核试验计划的实施奠定了坚实基础，并组织完成了数次地下核试验任务。

1993 年 4 月，马国惠晋升为副司令员，负责分管基地的科研试验工作。他充分发挥了自己在核爆炸参数测试、试验工程、技术保障和组织指挥等方面的专长，为曲从治司令员提供了有力的支持。在担任副司令员的两年中，他始终坚持在第一线靠前指挥，每年至少有半年时间坚守在核试验现场，及时解决试验现场发生的各类问题，确保了两年中四次核试验任务的顺利进行并获得成功。

十五

1994 年 7 月，马国惠晋升为少将。同年 10 月，随着曲从治司令员的退休，马国惠接任了基地司令员一职。核试验作为国家级的大型科研试验，不仅是一项涉及多学科、综合性强且破坏性极大的科学实验，更是一个跨越政治、经济、科技、军事、外交等多个领域的系统工程。

在马国惠担任司令员的期间，他成功组织和领导了六次核试验任务。作为核试验的总指挥，他始终坚持在核试验场区的第一线进行现场指挥，紧紧抓住核测试、工程技术、工程施工、组织计划与管理、后勤和技术保障等核试验任务的关键环节。在总体技术上，他紧密依靠林俊德、叶立润两位总工程师以及王德芳、周清波两位副总工程师，严格把控总体技术关，确保测试和工程两方面的技术万无一失。同时，他还致力于团结和协调各个参试单位，及时组织他们研究并解决试验过程中出现的各种困难和问题。

基地内的三个工程技术工兵团是核试验工程的主力军，他们的成绩得到了各级领导的充分肯定。1994 年，国防科工委授予试验工程技术二团四营“钻探取样英雄营”的荣誉称号；1996 年，又分别授予工兵团二营“核试验工程不畏艰险英雄营”和工兵团二营六连“硬骨头六连式连队”的荣誉称号；1998 年，中央军委更是授予试验技术工程一团“核试验工程模范团”的崇高荣誉。此外，这三个工程团所属的营连还多次荣获集体一等功、二等功和三等功。

马国惠（右 2）与林俊德、叶立润等核科技专家在核试验场区现场

1996 年 7 月 29 日，最后一次地下核试验地面山体宏观景象

1996年7月29日，我国进行了最后一次传统方式的地下核试验，并取得了圆满成功，实现了我国核武器发展的战略目标。当晚，中国政府郑重地向全世界发布声明：从1996年7月30日起，中国将暂停核试验。

次日，即1996年7月30日，国防科工委主任丁衡高和国防科工委科技委主任朱光亚在马兰基地第一招待所的小礼堂召开了一次重要会议。会议深入研究了马兰基地停试后的二次创业问题，并提出了基地今后建设和发展的新思路和新方向。在国防科工委的领导下，马国惠与基地领导班子共同组织和领导了基地未来发展方向的研究工作。他们对基地在新形势下的任务进行了明确和调整，优化了编制体制，并制订了基地新的五年建设和发展计划，为基地未来的建设和发展奠定了坚实的基础。

十六

1997年4月，马国惠调离原基地，前往国防科工委工作，担任国防科工委司令部副参谋长一职，负责分管核武器、风洞、常规兵器试验以及部队管理等多项重要工作。初到国家领导机关，马国惠秉持着边干边学、边学边干的态度，积极努力地适应新环境，力求将工作做到最好。

在核试验工作方面，马国惠主张马兰基地必须保留其军事禁区的地位，同时保留必要的人员、技术和编制设施。他认为，这样一旦有需要，就能迅速恢复核试验能力，而基地的存在本身也构成了一种威慑力量。此外，基地的人员、技术、设施和场地等资源，都可以被用来开展新型武器的研究和试验，甚至还可以用于军转民技术的研究与发展。

对于风洞试验这一在航空航天以及众多民用领域都不可或缺的测试技术，马国惠也给予了高度重视和大力支持。无论是飞机、导弹、火箭等航空航天器，还是高速运行的汽车、火车，乃至高楼大厦、大桥等建筑的设计、试验和定型，都需要经过风洞的试验和验证。

在我国常规兵器试验场方面，吉林白城和陕西华阴是两个主要的基地。马国惠多次深入这些兵器试验基地，与基地人员共同研究更新改造方案，并积极为基地申请和落实更新改造专项经费。这些努力极大地改善了兵器试验基地的装备和设施条件，为后来新型兵器的试验和定型奠定了重要基础。

十七

1998 年 4 月，中央军委作出重要决定，成立总装备部，至此，军委机关由四总部构成，即总参谋部、总政治部、总后勤部和总装备部。总装备部主要由原国防科工委的人员组成，同时吸纳了总参、总后装备管理部门的部分精英。

马国惠在总装机关工作时下基层检查工作

马国惠（右 2）在总装工作会议上

1999 年 1 月 4 日，马国惠被正式任命为总装备部后勤部部长，并兼任临时党委书记。1999 年 1 月 20 日，总装备部后勤部召开了临时党委扩大会议。会议的主要任务是传达并贯彻军委扩大会议和总装备部党委扩大会议的精神，同时总结后勤部 1998 年的工作，并对 1999 年的工作进行部署。政委时文举在会上作了工作报告，随后马国惠发表了总结讲话。

2000 年 8 月 28 日至 30 日，总装备部后勤部在翔云楼隆重召开了第一次党员代表大会。在大会上，马国惠作了题为《以武器装备科研试验后勤保障为中心，努力开创后勤建设新局面》的工作报告。会后，马国惠着力推动财务、军需、卫生、运输、营房、试验装备物资等方面工作的改革。在他的领导下，后勤建设展现出了蓬勃的发展势头，具体表现在以下四个方面：一是科研试验保障能力得到了显著增强；二是官兵的生活质量得到了较大提高；三是后勤改革迈出了新的坚实步伐；四是后勤管理取得了明显的成效。

十八

2001 年 9 月，经中央军委批准，马国惠离职休养。退休后的他，生活丰富多彩，积极参加了总装老年大学组织的将军舞蹈队、总装门球协会以及干休所组织的各种旅游等活动。

马国惠参加总装老干部文艺演出活动

马国惠在“周总理与‘两弹一星’”纪念大会上讲话

2006 年，中华人民共和国民政部批准在中华人民共和国国史学会下成立两弹一星历史研究会，马国惠不仅参与了筹建工作，还担任了副理事长一职。为了加强研究会建设并推动两弹一星历史研究，他积极参与了研究会历届“两弹一星”历史研究高层论坛的组织工作，参与了国家科技部“两弹一星实践对国家重大科研工程组织管理工作的启示研究”项目，还与中央电视台七频道共同组织拍摄了“当代中国两弹一星事业”

历史文献专题片。此外，他还举办了“首届中国两弹一星艺术大展”并推动其在全国多地巡展，参与了“纪念周恩来总理诞辰120周年”的纪念活动，以及“世纪伟人腾飞梦：周总理与‘两弹一星’”全国巡展活动等。

2011年12月，马国惠出席了在广州召开的《零时起爆——罗布泊的回忆》新书发布会，并发表了热情洋溢的发言。

2018年10月，马国惠又出席了在上海召开的《战斗在罗布泊的上海人》新书发布会。他不仅为该书写了序言，还在新书发布会上发表了充满激情的讲话。

十九

2019年9月19日，马国惠因病在北京逝世。遵照马国惠的遗愿，他的骨灰被安放在马兰基地“马兰革命烈士陵园”。

马国惠永远活在我们的心中，是我们的好兄弟、好战友！

结语

马国惠将军热爱祖国，忠于职守，对党和人民的事业满怀忠诚。在专业领域，他刻苦钻研，精益求精；在工作岗位上，他勤勤恳恳，踏踏实实；与人相处时，他友爱融洽，善良宽厚。

几十年来，马国惠将军一步一个脚印，用实际行动书写着闪光的足迹，最终走上了人生事业的巅峰。他从一个普通的研究室技术员，逐步成长为基地司令员；从一名军校学员，逐步成长为共和国的将军。

马国惠将军为共和国铸造核盾牌事业作出了卓越的贡献，他的功绩彪炳共和国史册，永远值得我们铭记和敬仰！

马兰花　马兰花

——记将军伉俪张利兴、朱凤蓉

颜维琦

多年以后，当空中升腾的蘑菇烟云早已散尽，平沙莽莽定格为书架上的照片，张利兴挽着妻子朱凤蓉，回到了上海。17 岁离开家乡，归来已是两鬓风霜。

1966 年 10 月，一列闷罐车从北京出发，载着清华大学毕业生张利兴和几百位青年，向远方驶去。终点在哪里？张利兴并不确切知道。只知道，那是天山深处，一个地图上找寻不到的地方——马兰。

两年后，朱凤蓉从清华大学毕业，也来到这里。从此，他们在戈壁滩扎下根，成为新中国“两弹一星”事业的亲历者，成为从戈壁大漠走出来的一对“将军夫妻”。

1992 年夏，张利兴、朱凤蓉在红山研究所

带着一张合影，出发

1959年，张利兴参加高考，前几个志愿都与原子能相关。“读高中时就知道，原子能是国家需要，所以下决心要学尖端技术。”

不久之后，他收到了清华大学工程物理系的录取通知书。在大学第二年，为了加快核技术的研究，清华大学开始筹建工程化学系。包括张利兴在内，工程物理系有3个班的学生整体转入新成立的工程化学系。“我们要研究怎么从铀矿里提炼铀，毕业后去的都是艰苦地区。”张利兴回忆说，至于“艰苦”到什么程度，大家当时并没有多想，只想着学好本领，报效祖国。朱凤蓉是张利兴在上海吴淞中学的同班同学。由于高考成绩优异，她原本被录取进入留苏预备部。然而，一年后，中苏关系破裂，留苏计划不得不中断。随后，她被选送到清华大学工程物理系。就这样，她比张利兴晚一年入学，两人成了上下年级的同学。朱凤蓉所学的专业是同位素分离，那是工程物理系最保密的专业。

她至今仍然清晰记得系主任何东昌的告诫：“你们都是来自全国各地的佼佼者，都想着成为爱因斯坦、居里夫人式的科学家。但我特别要告诉大家，工程物理系所从事的事业，要时刻准备到最艰苦的地方去，甚至牺牲自己的生命。”说起求学的岁月，张利兴和朱凤蓉不约而同想起那个深夜，沸腾的清华园。1964年10月16日，周恩来总理在人民大会堂接见大型音乐舞蹈史诗《东方红》演职人员时，宣布我国第一颗原子弹爆炸成功这一振奋人心的消息。当晚，参加演出的清华大学学生就把这个振奋人心消息带回了学校。

“当时我已经躺在宿舍床上，突然就听到楼道里突然喧哗起来，我也立刻跳下床，那个高兴呀！”夜里，张利兴和朱凤蓉都汇入庆祝的人潮中。大礼堂前，欢呼声和歌声交织在一起，冲上云霄，在天空中久久回响。

1965年，毕业分配时，张利兴毫不犹豫地在志愿表里写下两行字：

“希望到大西北，到祖国需要的地方去。”随后，他接到了分配通知：新疆，21基地。21基地还有个好听的名字，马兰。张利兴并不知道21基地究竟有多远，也不知道马兰是不是有马兰花。他唯一的心愿是：带着一张合影，出发。

于是，他鼓起勇气，找到还在学校做毕业设计的朱凤蓉。终于，一张合影，定格了两个年轻人淳朴的笑容，也定格了一辈子并肩战斗、携手奉献的人生。

每一天，都身处看不见的“刀山火海”

“有一个地方名叫马兰，你要寻找它，请西出阳关，丹心照大漠，血汗写艰难，放着那银星，舞起那长剑，擎起了艳阳高照晴朗的天。”一首《马兰谣》，诉说着多少奋斗的青春。

“荒凉。”时隔多年，想起初见红山，张利兴脱口而出的还是这两个字。“除了造好的几排房子，什么都没有，房子里也是空的。”张利兴工作的红山，距离基地马兰还有40公里，车要往山沟里一直开，开到几乎见不到人烟的地方。

1968年秋天，朱凤蓉带着两箱书也来了。这个上海姑娘原本可以留在北京工作，学校希望她留校当老师。但朱凤蓉有自己的打算：“学这个专业，就是因为国家的需要，我想更好地发挥自己的作用，到一线做科研更适合我。”

早期的马兰基地，正是用人之际，核试验放射化学诊断急需朱凤蓉这样的专业人才。核爆后，飞行员驾驶飞机穿越烟云，冒着生命危险取回数量极少的样品。而朱凤蓉和同事们就要用这极其珍贵的样品，在仅有的仪器上进行分析诊断。为了提高诊断的精度，他们必须设计出更好的仪器和方法。为此大家日思夜想，不懈努力。

朱凤蓉在实验室工作到深夜。当她独自一人走在回宿舍的路上时，突然与一匹独狼不期而遇。夜色里，狼的眼睛发出两道幽幽的光，她和狼对峙着。在那一刻，朱凤蓉不知哪来的勇气，摘下头上的大皮帽子，狠狠向狼扔去，正砸在狼的头上，狼被吓得转身逃跑了。

“那时候，你一定不能怕，要死死地盯着它，眼神要比它更凶更坚定。我已经把腰带抽出来，准备和它搏一搏。”如今回想起这段“邂逅”，朱凤蓉却显得一脸轻松，将其视为艰难生活里的一段小插曲。

她更自豪的是，在研究碳离子源技术方面取得了重大突破，成功地将检测灵敏度提高了几十倍，达到了国际先进水平，为诊断核弹性能提供了准确可靠的数据。“一套诊断方法的形成，不是一次能够实现的，我们要做的，就是不断改进，做出一个个更好的‘秤’。”然而，长时间近距离接触核爆样品，也让朱凤蓉付出了健康的代价，她的白细胞数量一度降至2000，而正常人的白细胞数量应不低于4000。

张利兴的工作重心则在地下核试验方面。1969年9月23日0时15分，一阵惊天动地的巨响之后，地爆释放出的巨大能量，让试验区山体猛烈地摇晃起来——我国第一次平洞地下核试验成功！

为了这一刻，张利兴所在的第六研究室已经默默工作了近5年。“在马兰，每一天，都仿佛身处看不见的‘刀山火海’。”张利兴感慨地说，“我们这个事业，决定了我们就是在大漠奋力地拼搏，在戈壁默默地工作。干惊天动地的事，做隐姓埋名的人。”

从1958年6月中国核试验基地组建开始，到1996年9月中国签署《全面禁止核试验条约》，我国共成功进行了45次核试验。其中，朱凤蓉完整参与了37次，张利兴参与了29次。鉴于他们在核试验领域的突出贡献，两人先后被中央军委授予专业技术少将军衔。

“我还是从前那个少年，没有一丝丝改变”

在张利兴和朱凤蓉的家中，有一个灰色人造革行李箱，款式是老上海的，那是张利兴上大学时，他姐姐送给他的礼物。2016年，这个盛满青春和乡愁、汗水和欢笑的行李箱，又随主人回到上海。

“将军伉俪”白发归来，如同一对寻常老人。回到吴淞中学，学生们好奇地围着他们问：“为什么要去马兰，马兰有马兰花吗？”是呀，在戈壁深处，那紫色的马兰花，虽然小小的一朵，却开得无比热烈，它们毫无保留地展现着生命的力量和坚韧。1969 年 12 月 12 日，在马兰基地研究所的宿舍里，两张单人床被拼到了一起，张利兴和朱凤蓉结婚了。同事大姐热心地拿来好看的枕套，借给这对新人摆一摆，增添一些喜庆的气氛。暖壶买不到，战友们便送来一个作为贺礼。再到基地的军人服务社买些硬糖，战友们分一分，这样简单地庆祝了一番，就算是他们的结婚仪式。

1977 年 8 月，欢乐的张利兴一家人在红山

在红山，大半年的蔬菜就是“老三样”——白菜、萝卜和土豆。1974 年，女儿出生，朱凤蓉特地托人从上海捎来一些鸡蛋。待得辗转几千公里的鸡蛋到达红山后，他们找了个纸盒子，垫上棉花，将皮帽放在盒子中央，再把鸡蛋放进皮帽里，插上温度计监测温度。接着，在皮帽四周布放上装热水的玻璃瓶，最后用皮大衣把纸盒子包裹起来。没过多久，一窝小鸡就诞生了！星期天，他们会骑自行车到山里挖野菜喂鸡，还会捡牛粪给菜地施肥，好让孩子吃上自己种的绿叶菜。“连上海崇明的

金瓜，都在红山种活结瓜了。”朱凤蓉得意地说。

“红山的日子，不只有艰苦，也很美。”朱凤蓉记得，夏天的雨后，远处是洁白的雪山，身边是盛开的野花。忙完任务后，他们沿着山沟小溪抓鱼，感到非常快乐。其实，他们有太多机会可以离开红山。1980 年，张利兴作为改革开放后第一批公派出国的访问学者，有机会到国外进修。两年后，他毫不犹豫，仍旧回到戈壁。1990 年，上海浦东开发开放如火如荼，母校的老师力邀他们回上海，到清华大学在浦东设立的工作点任职。但夫妻俩婉言谢绝了老师的好意。“我们只是从清华大学毕业的普通学生，仅仅因为我们投身到了一个伟大的事业中，把自己的理想追求同国家民族的命运结合起来，才体现了我们自己的人生价值。”朱凤蓉说。

如今，爱唱歌的将军伉俪张利兴和朱凤蓉，一起加入了平均年龄超过 74 岁的清华大学上海校友会艺术团。“我还是从前那个少年，没有一丝丝改变，时间只不过是考验，种在心中信念丝毫未减。”唱起《少年》，他们的眼睛里闪着光。

他们还爱唱《祖国不会忘记》：“茫茫的人海里我是哪一个，在奔腾的浪花里我是哪一朵，在辉煌事业的长河里，那永远奔腾的就是我，不需要你认识我，不渴望你知道我，我把青春融进祖国的江河。”

当歌声响起，耳畔仿佛吹来了戈壁滩悠长的风，和着吴淞口的滔滔江声。

第二编

勇攀科学高峰的科学家

天仙子·原子天骄

张蕴钰

1964年10月15日首次核试验前一日

戈壁因人成胜概，
烈日如伞光如盖。
帐幕如云车如龙，
乱尘降，
警沙败，
连天打扫晴空待。

莫道瀚海不宜耕，
谁肯论价购连城。
大地蓬勃血脉通，
请学者，
聚兵工，
原子天骄今世生。

程开甲院士传记

黄志方

程开甲（1918年8月—2018年11月），1918年8月3日出生于江苏省吴江县，1956年加入中国共产党，物理学家，中国科学院院士。1941年毕业于浙江大学，1946年留学英国爱丁堡大学，1948年获爱丁堡大学博士学位，1950年回国，任浙江大学物理系副教授，南京大学物理系副教授、教授，1960年任核武器研究所（院）副所（院）长，1962年任核试验研究所副所长，1977年任核试验基地副司令员兼核试验研究所所长。1980年任中国科学院学部委员（院士）。1998年获中国科学院资深院士称号。曾任第三、第四、第五届全国人大代表，第六、第七届全国政协委员。

1959年著作出版了我国第一部《固体物理学》专著，并于1978年获全国科学大会奖。1985年获国家科学技术进步特等奖、一等奖。1988年获国家进步科技一等奖。1991年出版英文超导专著*Study on Mechanism of Superconductivity*。1993年出版中文超导专著《超导机理》，并于2001年获总装备部优秀图书特等奖。

1999年荣获中共中央、国务院、中央军委颁发的“两弹一星功勋奖章”。2014年荣获国家2013年度最高科学技术奖。2017年荣获中央军委颁发的“八一勋章”。2019年获评“2018年度感动中国人物”荣誉称号。

一

程开甲的祖父，是个做纸张生意的“徽商”，早年从徽州辗转来到江苏省吴江县，在盛泽镇定居创业。吴江乃是“山清水秀，人杰地灵”之地。加之程开甲的祖父经营有方，赚了些银两，置办了房产，成了远近闻名的大户人家。程开甲的父亲，是祖父的独子，鉴于吴地崇教尚文，祖父希冀着儿子能中个功名光宗耀祖，怎奈屡试落第，连个秀才都未中上，后来办了个私塾，以教书谋生。随后，祖父将希望寄托在孙子辈的身上，他引经据典，给连个影子都没有的孙子，取了个“开甲”的名字，意味着“登科及第”的好兆头。

可叹的是，程开甲的父亲婚后，夫人连着生的六胎都是女儿，无望领受开甲这个名字。这令祖父大失所望，便给儿子物色了一名女子做妾，期盼着她能早生贵子开甲。一天，程家传出了初生婴儿的哭啼声，一名男婴出生了。遗憾的是，祖父在男婴出生前不久因病去世了。父亲飞快地抱起初生的男婴，奔向祖宗灵堂跪在灵位前，高高将男婴举起，以告慰先祖的在天之灵。灵堂主管即刻拿起毛笔，在长孙的空白位置，重重地写上了“开甲”两字。

这一天，1918 年 8 月 3 日，那个初生的男婴，起名程开甲。

江南水乡吴江县盛泽镇

二

程家因祖父的去世，家中失去了经商的支柱，家道中落。全家依靠父亲微薄的私塾收入和出租房屋的少许租金，勉强维持着这个大家庭的生活。然而，在程开甲 7 岁那年，父亲也离世了，家庭生活更加捉襟见肘。祖父、父亲相继离世，母亲失去了依靠，也离开了程家。童年的程开甲一下子变得无依无靠，成了没人管教的孩子。到了读书的年龄，他先到丝业小学上一、二年级，只顾着玩，学业不佳，便转学盛泽小学上三年级，依旧玩性极重，又转学到五姐任教的观音弄小学上四年级，在五姐的精心调教下，又听简校长讲了许多“大人物、科学家成才的故事，鼓励同学们努力成才”，程开甲开始懂得了人生成才的含义。

四年级结束，程开甲的数学、音乐等课程成绩优秀，提出跳级的申请，经简校长推荐跳过五年级，转学到淘沙弄小学上六年级，直到高小毕业。这时候，他的六个姐姐先后出嫁了，家中人丁随之逐年减少，大妈对程开甲这个独子开始有了母亲的关爱，他对大妈也亲昵了起来。

三

1931 年，程开甲小学毕业，考入嘉兴市秀州中学。秀州中学是所基督教教会学校，1930 年，由顾惠人担任校长。顾惠人毕业于上海光华大学，留学美国哥伦比亚大学获教育学硕士学位，是中国近代教育史上一位十分出色的教育家，在秀州中学贯穿着“爱国，爱校，爱科学”的教育精神，培养了许多有识之士和科学人才。

在秀州中学教育理念的熏陶下，程开甲立志将来要当个科学家。他读初一时，学习成绩还是平平，从初二开始有了起色，尤其是数学和英文两门课程。在数学老师姚广钧的精心培育和严格训练下，他的数学成绩令人钦羡，对数字的记忆力更是惊人，能够将圆周率轻松地背诵到小

浙江省嘉兴市秀州中学

数点后60位，能够背诵百位数以内的平方表和立方表，能够记住许多数学公式和数学题的演绎。秀州中学是所教会学校，英文由外籍教师授课，他学习英语十分努力，上初二时几乎能将每篇英语课文背下来，到高一时，获得了全校英文背诵比赛第一名，高三时，参加浙江省中学英文演讲比赛，获得了第一名。高中毕业时，他在年级中的成绩已是名列前茅。

嘉兴秀州中学1937级毕业班同学合影，
程开甲（前排左3），校长顾惠人（前排右1）

程开甲的家在盛泽，距离嘉兴秀州中学有 20 公里之远。他在中学度过了六年的住读生活，直至高中毕业。在校期间，他一有空闲就奔向图书馆，借阅了大量书籍，包括伽利略、牛顿、爱因斯坦、法拉第、居里夫人、詹天佑等科学家的传记，甚至还有印度政治家甘地等名人的传记。每当程开甲回忆起这些往事，他总会说："是这些书籍，增强了我的责任感和使命感。这些科学家追求真理、热爱祖国、热爱科学的精神深深打动了我，教育了我，使我萌发了长大后要成为科学家的理想。"

四

1937 年，程开甲高中毕业后，报考了两所大学，一所是上海交通大学机械系，一所是浙江大学物理系，优异的考试成绩使他同时接到了两所大学的录取通知书。而浙江大学的录取通知书上，还注明着"公费生"三个字，这意味着大学期间，每学期他都可以从学校得到一笔助学金。

回到家里，程开甲把浙江大学的录取通知书交给大妈看，大妈看了分外高兴，拉着他来到灵堂，对着列祖列宗的牌位，三叩四拜，喃喃告慰丈夫和公公的在天之灵：开甲考上了浙江大学，没有辜负"开甲"之名，实现了程家几代人的夙愿。拜祭完后，大妈又拉着他跑东家串西家，将这一喜讯告诉周围的邻里乡亲们。

五

1937 年秋，程开甲来到浙江大学报到，穿上校服，成为一名浙江大学物理系的学生。此时的浙江大学，可谓群贤荟萃，名师林立，在国内的高等学府中享有盛誉。竺可桢，是我国地理学、气象学的一代宗师，经著名教育家蔡元培的推荐，担任了浙江大学校长，他的教育思想与蔡元培是一脉相承的。

浙江大学四位著名教授（左起）：苏步青，陈建功，王淦昌，束星北。

大学四年，对程开甲影响最大的是束星北教授。从英国留学归国的束星北，理论基础十分雄厚，思维敏捷，在学术上有许多独到的见解。程开甲总是十分认真地听束星北的讲课，以至在力学、相对论、电磁学、量子力学等课程学科上，都得到了束星北的真传，一步一步地迈进了物理学的科学殿堂。

另一位对程开甲影响很大的是王淦昌教授。从德国留学归来的王淦昌，年轻活跃，知识渊博，束星北常常引导程开甲去旁听王淦昌的“物理讨论”。1939 年 7 月，王淦昌向物理系的师生作了《铀的裂变》报告，介绍 1938 年 12 月哈恩发现的铀原子核裂变现象，这是程开甲早期获知的原子核裂变信息。

从小学、初中到高中，数学一直是程开甲的强项。进入大学后，他依然保持着对数学的热爱与追求，坚持去听数学系陈建功、苏步青两位教授的课程。陈建功和苏步青两位教授早年都曾留学日本，并荣获了日本帝国大学的理学博士学位。大三时，程开甲听了陈建功的复变数函数论，深受启发，写了一篇论文《根据黎曼基本定理推导保角变换面积的极小值》，陈建功读后便将此文推荐给英国数学家 Tischmash 教授发表。

六

1937 年 7 月 7 日，发生了卢沟桥事件，日寇大举入侵中国，战火连天，百姓深受其害。这一时期，是中华民族历史上最为苦难的时期，也是程开甲在大学求学经历中最为艰难的日子。

1937 年八一三事变后，上海失守，紧接着杭州也告急。浙江大学被迫开始内迁，程开甲随学校历经颠沛流离，辗转多地。虽然搬迁过程中师生们饱受艰难困苦，但浙江大学的师生们依然坚守教学和学习，不曾懈怠。在这段艰辛的日子里，程开甲暗自立下了坚定的誓言："要拯救中国，必须依靠科学来实现国家的复兴。"

1941 年 6 月，程开甲在束星北教授指导下，完成毕业论文《相对论的 STARK 效应》，并以优异的成绩从浙江大学毕业。毕业后，他被留在浙江大学物理系任教，成了束星北的助教。

浙江大学物理系 1941 级毕业班同学合影

七

1941 年 7 月，程开甲从浙江大学毕业后，急忙赶回家中，准备与一位名叫高耀珊的姑娘成婚。高耀珊来自太仓高家，是盛泽程家的一门远房亲戚。在订婚时，他曾与这位姑娘见过一面，她小学毕业，举止端庄，性格文静。此刻的程家，风光气派不再，只剩下一座空宅。

不久，由高家操办，程开甲与高耀珊在高家举办了婚礼。婚后，程开甲带着新婚妻子返回浙江大学任教。路过上海时，两人同去拜访了在上海办事的束星北。高耀珊见到束先生时，掏出了结婚证，恭恭敬敬请他在证婚人空白处签上大名。束星北高兴地签上了“束星北”三个字，并盖上了自己的印章。高耀珊开心得像孩子一样，笑容满面。

八

由于战争的原因，他们返校只能绕道香港。然而，就在他们到达香港的同一天，即 1941 年 12 月 7 日，发生了日军偷袭美国珍珠港太平洋舰队事件。次日，日军又大举进犯香港。万难之中，程开甲在一位同学的帮助下，搭乘了一条大船方才得以离开香港。直到中华人民共和国成立后，他才知道，这条神秘的大船原来是周恩来安排的。当时，这条大船从香港营救了大约 800 多名抗日爱国人士和文化科学界人士。

离开香港，程开甲又辗转淡水—惠阳—韶关—贵阳—遵义—湄潭，来到了战时浙江大学理学院的所在地—湄潭县，学校为夫妇俩安排了一间房间。程开甲这才生活安定了下来，他一面给束星北、王淦昌两位教授当助教，一面潜心于自己的学术研究。1942 年，他在英国的《自然》杂志上发表了处女作《用等价原理计算水星近日点进动》的论文。1945 年，他又在英国的《剑桥哲学杂志》上发表了论文《对自由粒子的狄拉克方程推导》，这篇论文引起了英国物理学权威狄拉克的关注。

1945 年，在湄潭，程开甲的大女儿诞生，喜庆之下，他给女儿取了个小名——小湄。

九

1944年10月，中国物理学会贵州分会在湄潭举行年会，并邀请英国著名学者李约瑟（Joseph Needham）博士与会。李约瑟博士、竺可桢校长等都在年会上做了演讲。年会收到论文80多篇，其中包括：束星北的《加速系统的相对论转换公式》、王淦昌的《中子的放射性》和程开甲的《对自由粒子的狄拉克方程推导》等论文。与会的李约瑟感到十分惊讶，在抗日战争的环境下，在这穷乡僻壤的湄潭，竟然有那么浓厚的学术气氛和那么多高水平的研究成果，他称浙江大学为“东方剑桥”，堪比牛津、哈佛。

会后，李约瑟约见了王淦昌和程开甲。程开甲高兴得像个孩子，带着自己又一篇论文《弱相互作用需要205个质子质量的介子》前来会见。李约瑟对他的这篇论文大加赞赏，并进行了讨论。程开甲也提请李约瑟回英国后，把这篇论文带给狄拉克（P.A.M.Dirac）教授。狄拉克收到这篇论文后，亲自给程开甲写了封回信。两位大师的关怀和帮助，程开甲受到了莫大的鼓舞，激发着他从事科学研究的热情。

十

李约瑟回国后，推荐程开甲留学英国，并帮助他获得英国文化委员会的奖学金。1946年8月，经英国文化委员会安排，程开甲从香港乘飞机，途经缅甸、印度、巴勒斯坦、伊拉克、以色列、希腊、意大利、法国，最终顺利抵达英国伦敦。他被安排到英国著名的爱丁堡大学物理系，成为著名物理学家M. 玻恩（M. Born）教授的研究生。

在导师玻恩门下学习和研究的4年中，玻恩的待人诚恳，谦逊随和，治学严谨，诲人不倦，深深地影响着程开甲的人生之路。程开甲不仅从导师那里学到了许多先进的知识，与玻恩共同提出了超导双带理论，还参与了许多不同学术观点的讨论。学习期间，他在英国《自然》、法国《物理与镭》等学术杂志上发表过 5 篇有关超导的论文。

玻恩经常带着他参加各种国际学术会议，使他结识了学术界许多著名的学者。1946 年，在剑桥大学学术会议上，玻恩将他推荐给狄拉克、海特勒两位教授。1947 年，在都柏林国际学术会议上，玻恩让他结识了薛定谔、谬勒、鲍威尔等科学大师。1948 年，在苏黎世国际低温超导会议，他结识了物理学大师泡利（Pauli）和海森伯（Heisenberg），在国际理论物理讨论会上结识了物理大师玻尔（N. Bohr）。

1946 年，程开甲（后排左 1）赴英国爱丁堡大学留学，师从著名物理学家玻恩教授（前排右 1）

1948 年，程开甲获爱丁堡大学哲学博士学位

1948 年，程开甲获得爱丁堡大学哲学博士学位，并受聘为英国皇家化学工业研究所研究员。玻恩对程开甲的理论功底、研究能力和工作成绩都极为欣赏，希望他能把夫人和女儿接到英国来，在英国安家和工作。开甲认真地倾听着，却并未立即回应，因为他心中已有自己的打算。

十一

1949年4月，程开甲出差去苏格兰。一天晚上得闲，他走进一家电影院。影片正式放映之前，先放映了一段新闻片，这段新闻片恰好是日前发生在中国长江的“英国军舰‘紫石英号’事件”。新闻片画面显示：

1949年4月20日，因南京国民党政府拒绝在和平协定上签字，中国人民解放军随即发出了渡江作战的命令。大战在即，在长江中游弋的英国军舰“紫石英号”，不顾中国人民解放军的多次警告，贸然驶向渡江作战部队，还将军舰上的炮口对准了渡江部队的阵地，开足马力溯江而上，妄图干涉阻挠解放军渡江。此刻，解放军渡江部队一声令下，长江江面顿时炮火连天，烟雾弥漫，“紫石英号”陷于炮火重围之中，另外三艘英国军舰赶来增援，也无一幸免，落得个扯着白旗狼狈逃窜的下场……

程开甲看了这段新闻片，顿觉心潮澎湃，看到了未来中国的强大力量，深深感受到扬眉吐气的痛快。他从新闻片中，第一次认识到中国共产党、中国人民解放军的民族气概和立场。

1950年3月18日，纽约的《留美学生通讯》上刊登了朱光亚等52位留美学生《致全美中国留学生的一封公开信》。这封公开信号召：“我们已经站起来了，回去吧，赶快回去吧！祖国统一在迫切地等待我们！”这封公开信很快传到了程开甲的手中，面对祖国的深情召唤，他再也无法安心留在国外的实验室里，毅然决定立即回国，去实现他科学救国的梦想。

导师玻恩知道了程开甲回国的决定，完全理解自己这个中国学生报效祖国的心情，虽然有些遗憾，但玻恩仍尊重他的决定。第二天，玻恩亲自送程开甲上火车，程开甲伤感地说道：“玻恩教授，对不起，我走了。”玻恩宽容地拍了拍他的肩膀，慈祥地说道：“什么也不用说，你上车吧。”随后，他轻轻地把程开甲推上了火车。

十二

1950年夏，程开甲回到了祖国。抵达杭州后，他径直前往母校浙江大学，并被安排在物理系担任副教授一职。1952年，随着全国高等院校院系的调整，程开甲被调任至南京大学物理系，从事教育和固体物理等方面的研究工作。在那里，他与南京大学的施士元教授携手创建了物理系的金属物理教研室，共同开创了热力学系统内耗理论的研究领域，并带领青年教师团队成功研制出我国第一台双聚焦β谱仪。

在南京大学期间，程开甲热衷于培养年轻一代。他不仅为学生们授课，还带领他们进行科研和实验工作。在他的指导下，青年教师王业宁和研究生李正中后来都在各自的专业领域取得了令人瞩目的成就。其间，程开甲还写作了我国固体物理方面第一部专著《固体物理学》，并于1959年由高等教育出版社出版。

1956年，程开甲加入中国共产党，他立下誓言：爱党、信党、跟党走，把自己的一切交给党，党叫干啥就干啥。不久之后，他接到了前往北京参加十二年科学规划制定的通知。这次规划制定汇聚了来自全国各地的七百多名优秀科学家和教育家。经过几个月的努力，会议制定了《1956—1967年科学技术发展远景规划纲要》。1956年6月14日，党和国家领导人亲切接见了与会的科学家和有关人员。

十三

1960年，南京大学任命程开甲为物理系副主任。同年3月，南京大学校长郭影秋通知程开甲："北京有一项重要的工作需要借调你去完成，你回家做些准备，明天就去北京报到。"随即，郭校长交给他一张写有地址的纸条。这突如其来的消息让程开甲毫无思想准备，但他没有多问，也没有多说什么，只是回家简单地整理了行李，第二天便启程赶往北京。

核武器研究所旧址

程开甲拿着写有地址的纸条，急忙赶去报到。经过一番周折，他终于找到了核武器研究所。这时，他才得知自己被调来参加原子弹的研制工作。原来，是钱三强“点将”提名了程开甲，并经过邓小平的批准。程开甲深知，原子弹研制工作是国家的最高机密，这意味着他未来的人生将只剩下“保密”和“奉献”四个字。他需要与外界断绝联系，不能参加学术会议，不能发表学术论文，不能出国，不能随便与人交往，甚至不能告诉家人。然而，程开甲没有丝毫犹豫，毅然服从了组织上的安排。

十四

核武器研究所成立于 1958 年 7 月，隶属中华人民共和国第二机械工业部，部长为宋任穷。西藏军区副司令员李觉将军被调任为该研究所所长。研究所的两位技术副所长，分别是朱光亚和郭永怀。程开甲来到研究所后，被任命为第三技术副所长。在这三位技术副所长中，朱光亚担任技术总负责。此外，研究所还设有两位行政副所长，分别是吴际霖和郭英会。当时，中苏两国政府之间签订了一项协议，该协议规定苏联将为中国研制原子弹提供一定的援助。1958 年，苏联派遣了专家顾问团来华，但不久之后他们就接到了回国的命令。随后，虽然苏联又派遣了一些专家前来，但这些专家却对关键问题一无所知，成为名副其实的“哑巴”专家。1959 年 6 月，苏联单方面终止了两国之间的国防新技术协定，并撤走了所有在华的专家和图纸资料。1959 年 7 月，在庐山会议上，周恩来向宋任穷、刘杰传达了中共中央的决策——搞出原子弹。

在中央正确的决策下，核武器研究所的科学技术人员和领导干部都信心倍增，投入核武器研制的伟大事业。程开甲作为技术负责人之一，深切地感受到国家和人民的厚望，以及自己身上所肩负着的重任。

十五

核武器研究所是个专家、学者、工程师荟萃云集的地方，初期设有三位技术副所长：朱光亚、郭永怀、程开甲，后来又增加了两位技术副所长：王淦昌、彭桓武。他们经过反复地研究和讨论，确定了初期的研究课题，包括理论设计、爆轰物理、中子物理和放射化学、引爆控制系统、结构设计等几个方面。朱光亚担任技术总负责人，各位副所长也进行了明确的分工，其中程开甲专门负责管理状态方程和爆轰物理的理论研究。

程开甲带领胡思德等一群青年科技人员，开展了状态方程和爆轰物理的研究和试验。经过半年多的努力，他们成功获得了“TFD”模型，计算出了原子弹爆炸时爆心的压力和温度。看到程开甲的计算结果，负责原子弹结构设计的郭永怀又做了反复的验证和计算，然后激动地对程开甲说道：“你的计算没有问题，你计算出来的温度和压力分布曲线，是我下一步做结构设计的重要依据！祝贺你，谢谢你，程副所长！”在爆轰物理试验方面，经过王淦昌、程开甲等科技人员的努力，他们在试验场反复进行了炸药爆轰试验，逐步掌握了原子弹的内爆机理，在爆轰物理试验方面取得了可喜的进展。

1962 年，在王淦昌、朱光亚、郭永怀、彭桓武、程开甲、邓稼先、陈能宽等专家的技术指导下，在科学家和科技人员孜孜不倦地探索中，中国原子弹的研究已取得了显著的进展，科学家们正向着胜利作出最后的冲刺！

十六

1962 年 9 月 11 日，二机部向中央提交了《一九六三年、一九六四年原子核武器、工业建设、生产计划大纲》(简称《两年大纲》)，提出争取在 1964 年，最迟在 1965 年上半年实现我国第一颗原子弹的爆炸。

1962 年 11 月 17 日，中央决定成立由周恩来担任主任委员的中央专门委员会，另有七位副总理和七位部长任专委会委员。为了加快原子弹的研制进程，二机部钱三强等领导研究决定，兵分二路，一路人马继续加速原子弹研制，另一路人马进入原子弹试验。

1962 年秋，受张爱萍委托，钱三强推荐由程开甲负责核试验中的技术问题。而后，组织上进一步明确由程开甲负责组建核试验研究所，担任技术副所长，全面负责核试验中的技术问题。程开甲知道，核试验是一项大规模、综合性、多学科的科学试验，涉及多种学科、实验方法和测试手段，是技术极其复杂的国家级试验工作。而当时中国的核试验工作，从理论上到技术上都是一片空白，一切都要从零开始。

十七

组建核试验研究所，程开甲首先想到的是“人”的问题。组织上给予了全力支持，很快从原子能研究所调来了吕敏、陆祖荫、忻贤杰等研究人员。吕敏，是程开甲在浙江大学教书时的学生；陆祖荫，是钱三强的得意门生；忻贤杰，是王淦昌在浙大实验室的助教。不久，又调来了北京航空学院的董寿莘教授，哈尔滨军事工程学院的孙瑞蕃教授。

尽管已有一定的人员配置，但程开甲仍感到人手不足，于是他继续向上级请求增调人员。党中央、国务院对此十分重视，迅速从全国全军各研究所、高校调集了24名专家和科技人员到核试验研究所工作。

他们是中国科学院化学所的杨裕生，理论计算专业的乔登江、谢铁柱、白远扬，放射化学专业的陆兆达、高才生，力学专业的王茹芝、俞鼎昌，光学专业的赵焕卿、杨惕新、李茂莲、张慧友、徐世昌，电子专业的龙文澄、史君文、于冠生、李鼎基、庄降祥、曾德汲，机械专业的傅燮阳、沈希轼，与地下核试验有关专业的宁培森、张忠义、丁浩然等。

程开甲如获至宝，即刻依照各人的专业特长，给他们委以重任，分别担任各个研究室、各个项目组的技术领导工作。正是这些专家、科技人员，在我国历次核试验中和研究所的发展中，发挥了极其重要的作用。

十八

1963年春，哈尔滨军事工程学院一批学生提前毕业来研究所报到。同年夏天，从全国各重点大学分配来一百多名大学生。1964年、1965年，又从全国各重点大学毕业分配来数百名大学生。至此，核试验研究所人员迅速增加到1000余人，其中科研人员达600多人，发展成为一个大研究所。

1963年7月12日，国防科委在北京正式召开了核试验研究所成立大会，张爱萍、钟赤兵、朱光亚等领导出席了大会。会上宣布了研究所的领导任命：由张超任所长，秦国才任政委，李俊杰、程开甲、董寿莘任副所长。

根据核试验工作的实际需求，研究所领导班子迅速确立了研究所的组织架构。该研究所下设一个部门、五个处以及五个研究室。一部为：政治部；五处分别为：科技处、管理处、技保处、器材处、资料处。五个研究室分别为：第一研究室（力学研究室），主任：王茹芝；第二研究室（光学研究室），主任：孙瑞蕃；第三研究室（核物理和核化学研究室），主任：陆祖荫，副主任：吕敏；第四研究室（电子自动控制研究室），主任：忻贤杰，副主任：龙文澄；第五研究室（理论计算研究室），主任：程开甲（兼），副主任：乔登江。不久，为适应地下核试验的需要，又增设了第六研究室，主任：丁浩然。

十九

组建核试验研究所之后，程开甲等人进行的第一项工作，是在钱三强的领导下，拟定我国第一颗原子弹爆炸的试验方案。经过程开甲、吕敏、陆祖荫、忻贤杰等人的反复研究和讨论，最终确定了由程开甲提出的“第一颗原子弹爆炸，采用百米高塔爆炸方式。”

1962 年 11 月 26 日，由程开甲主持起草了《国家第一种试验性产品试验技术方案》。该方案明确提出我国第一颗原子弹采用静态试验方式，核装置放在百米高的铁塔上进行爆炸试验。程开甲等人同时提出急需安排研究的项目和课题，包括：研究项目 45 个，研究课题 96 个。该方案很快被报送给钱三强，经过钱三强严格的审核后，又被迅速报到国防科委。

1962 年 12 月 20 日，在张爱萍的主持下，国防科委办公会议的领导与专家们对《国家第一种试验性产品试验技术方案》进行了认真的审查。经过严格的程序和科学的论证，该方案得到了与会领导和专家们的一致认可。随后，《国家第一种试验性产品试验技术方案》获得了国防科委的批准。

二十

《国家第一种试验性产品试验技术方案》被批准后，围绕着 1964 年要爆响第一颗原子弹，围绕着方案中的 45 个预研究项目、96 个科研课题，一场大规模的全国性的科研、试验、技术和生产的协同攻关正在进行，涉及全国几百家工厂、四十多个研究院所和高等院校。在程开甲的办公桌旁，左边是第一颗原子弹试验准备工作的时间进度表，右边是承担 45 个项目、96 个课题的各个研究院所、高等院校和试验设备研制厂家的名单。

在这两年不到的时间里，程开甲走遍了全国 40 多个科研院所和一百多个试验设备研制工厂，进行技术交底和明确时间进度。每到一处，他总要强调：“请记住 1963 年 12 月底这个时间点，所有任务必须在此之前完成，没有任何商量的余地。”程开甲还要保证如期完成核试验研究所本身承担的 20%的课题任务，这些课题是原子弹爆炸的数据测试和试验技术准备的重中之重，涉及力学、光学、放射化学、电子控制等多种学科。

研究所各个研究室的科技人员，在科研攻关中发挥了重要作用。一室林俊德和项目组的科技人员，刻苦钻研，因陋就简，研制了测量核爆炸冲击波的钟表式压力自记仪。二室孙瑞蕃领衔的任务是为核爆炸火球照相，经过反复认证，他们选用了经改装的高速照相机。三室吕敏等人，研制出了全套核链式反应动力学测试仪器设备。四室忻贤杰和项目组的科技人员，协力攻关，研制出了首次核试验控制系统仪器设备。在程开甲的指导下，负责核爆炸取样任务的董寿莘、陆祖荫、杨裕生等人，提出了：地面取样盘，炮伞取样，飞机穿云取样等三种方法，来确保取样的成功。

1963 年秋，核试验研究所进行化爆模拟试验人员合影

1963 年 10 月 15 日，在化爆试验场，程开甲汇集了核试验研究所的科技人员和研制设备，在这里进行了一次化学爆炸模拟试验。张爱萍、

张震寰等国防科委领导也来到了试验现场。这次化爆模拟试验，检测了力学的、光学的、核物理等几百种仪器的性能，也获得了各项测试记录和数据，还取得了起爆与测量同步控制的经验，对全体核试验科研人员进行了一次模拟实战的演习。所以说，这次模拟试验的成功，为首次核试验的准备工作提供了重要依据。

1963 年 12 月底，核试验研究所负责研制和协调的所有项目圆满完成，包括：首次核试验的总体技术方案，首次核试验的爆炸图像预测，以及上千台可供首次核试验时测量、取样、控制的仪器设备。

二十一

1964 年春，程开甲带领核试验研究所的科技人员进驻核试验场区。随之，各种仪器设备、各个参试单位也云集于此。令程开甲感到惊讶的是，在张蕴钰、常勇、张志善等人的领导下，在不到一年的时间里，控制核爆炸和启动各种测量仪器的主控站、分控站，还有照相站、测量站、机场、各种效应工程等 154 项特种工程，都已完成并分布在爆心的周围。尤其是，102 米高的铁塔已经耸立在爆心的中央，犹如一把倚天利剑，穿云入霄直指蓝天。

在核试验场区，核试验研究所承担着整个场区测量设备的安装和调试任务，任务十分艰巨繁重。在场区执行任务，其实就是在茫茫大戈壁滩上，在极其恶劣的气候和环境中，进行测试设备的安装和调试。

其一，是所谓"搓板路"。戈壁滩经由大卡车无数次地来回碾压，就自然形成了这种"搓板路"，路面坑洼不平，酷似搓板。每次进场坐车，都要行进在长达 300 多公里的搓板路上，上下颠簸，左右摇晃，坐在车上的人就好比在做震动试验，非常难受。其二，气候异常，高温干燥。戈壁滩白天的温度可以高达六七十摄氏度，地面上足以烤熟鸡蛋，而晚上就跌到零下十几摄氏度，睡觉还得盖条被子。其三，缺水。虽然有条孔雀河流经场区，但河水是盐碱水，又苦又咸又涩，含有多种重金属元

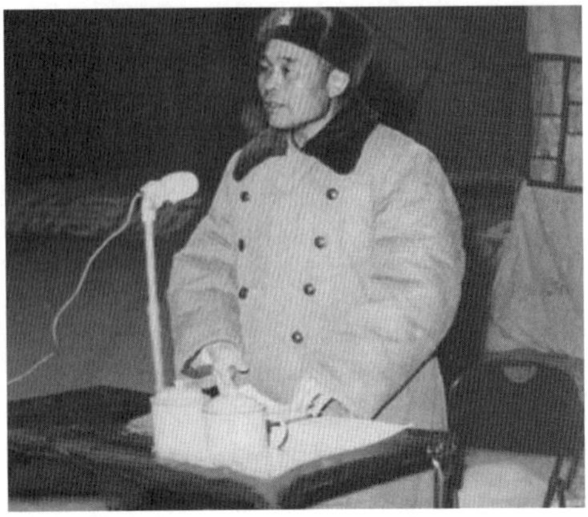

在核试验场程开甲给研究所参试人员作试前动员

素，无法饮用，否则会引起腹泻。喝的水，是卡车千里迢迢从马兰水厂运进来的，用的水，每人每天一脸盆，早上洗脸刷牙，晚上洗脚，都要省着用。其四，吃得非常简单。每天几乎都是“老三样”：白菜、土豆、萝卜干，缺少新鲜蔬菜、新鲜食品。其五，住的是帐篷。参试人员进场后住的都是帐篷，在帐篷里工作生活，帐篷里外同样凉热，白天帐篷里好比蒸笼，晚上还得生火炉，遇到大风沙，还会把帐篷刮跑，随时准备加固抢修。

就在这样恶劣的气候环境里，程开甲和核试验研究所的科技人员，认真贯彻周恩来的指示——严肃认真，周到细致，稳妥可靠，万无一失。他们天天披星戴月，检查每一个环节，不放过每一个细微问题，一旦发现问题，立即追查原因并解决问题。有一次，他们发现一台仪器的指针出现晃动，经过排查，发现是某个焊点存在虚焊问题，于是立即组织整改。程开甲还为此做了自我批评，以警示大家更加过细地做好工作。

经过核试验研究所参试人员的日夜奋战，程开甲在董寿莘、吕敏、忻贤杰、陆祖荫、孙瑞蕃、乔登江、杨裕生等研究所各级领导和科技人员的积极配合下，爆炸第一颗原子弹的准备工作终于一切就绪。

二十二

1964 年 5 月，基地进入了紧张的首次核试验现场准备工作。那座即将托举原子弹的百米铁塔，已经高高屹立在试验场上。全国各地的参试人员和各种物资源源而来，天山公路上日夜奔驰着载满实物的军用卡车。

1964 年 5 月中旬，程开甲和核试验研究所的科技人员，做了大量的技术准备工作，他们在场区各个工号安装调试仪器设备。

1964 年 8 月，中共中央和中央军委成立了以张爱萍、刘西尧为首的首次核试验委员会和党委会，程开甲等 9 人任试验委员会副主任委员，以及程开甲等 35 人任党委会委员。8 月 31 日，核试验场进行了联合预演，对弹体的运输、装配、控制、测量、侦察、取样、回收、洗消等进行了全面演练，着重检查控制系统各测试点的联动及全区域的协同动作。联合预演的成功，程开甲感到十分的欣慰。

1964 年 9 月中秋夜，研究所第五研究室的科技人员，一个个坐在小板凳上，在戈壁滩上围坐成一圈开中秋联欢晚会，唱着张爱萍作词的歌曲《我们战斗在罗布泊上》。程开甲陪着张爱萍走进会场，程开甲说："张副总长来看望大家了。" 接下来张爱萍的讲话，鼓舞了大家的斗志，激起了一阵阵热烈的掌声。晚会在继续中，快板、朗诵、男声小合唱、维吾尔族舞蹈等，文娱节目琳琅满目，晚会的气氛欢快而热烈。

1964 年 10 月 16 日，第一颗原子弹运抵核试验场百米高铁塔上

1964 年 10 月 14 日下午，在试验场区的一所小石屋里，张爱萍召开了中共首次核试验委员会和核试验委员会，张爱萍宣布了中共中央的决定和命令：1964 年 10 月 16 日爆炸第一颗原子弹。听到张爱萍的宣布，这震惊世界的一刻快要到了，程开甲的心情无比兴奋和激动。

1964年10月16日下午2时，张爱萍在指挥部先后发出指令，张震寰把“核钥匙”插入主控台的总按钮，指令长忻贤杰稳当按下总按钮，主控台进入自动控制程序。此时，工程师史君文以铿锵有力的声音开始倒计时读秒：“10、9、8、7、6、5、4、3、2、1，起爆！”

二十三

1964年10月16日下午3时，随着倒计时秒读声：“10、9、8、7、6、5、4、3、2、1、起爆！”刹那间，一道强烈的闪光，只见一个明亮的巨大的火球在迅速地增长升高，不停地翻滚着，有如火山喷发的熔熔岩浆，由火红变成暗红，由暗红变成灰红，腾空而起，直冲云霄，变成一柱硕大无比、顶天立地的蘑菇云。在试验场区观看的人们沸腾了，他们激动地欢呼着，跳跃着，洒着泪水拥抱在一起，把帽子抛向天空。

人民日报　号外

1964年10月16日

加强国防建设的重大成就，对保卫世界和平的重大贡献

我国第一颗原子弹爆炸成功

我国政府发表声明，郑重建议召开世界各国首脑会议，讨论全面禁止和彻底销毁核武器问题

1964年10月16日，《人民日报》号外：
我国第一颗原子弹爆炸成功！

当天晚上，张爱萍在戈壁滩上的帐篷里主持了有上千人参加的庆功宴会。尽管身处帐篷之中，但宴会的气氛热烈而庄重。张爱萍、张蕴钰等首次核试验指挥部的领导们，纷纷向首次核试验的最高技术负责人程开甲敬酒，不太善于喝酒的程开甲，这时也豪气冲天，干了一杯又一杯。

当天晚上，周恩来总理在北京人民大会堂接见大型音乐舞蹈史诗《东方红》全体演职人员时，宣布了这一振奋人心的消息。同时，《人民日报》号外正式发布了《新闻公报》和《中华人民共和国政府声明》，向全世界宣告了这一重大成就。

二十四

1965 年 2 月，中央专委会审议通过了二机部的《关于加速发展核武器问题的报告》，确定了一方面要加快原子弹武器化，另一方面要尽快突破氢弹技术。

紧接着，程开甲率领核试验研究所的工作团队，着手制定了我国首次空中核爆炸的试验方案，即采用飞机空中投弹的方式进行核试验。

1965 年 4 月 28 日，试验委员会组织全场进行了联合预演。这次预演全部按照正式试验程序进行，仪器设备工作基本正常，组织指挥和保障工作，基本能按要求完成任务。程开甲还主动承担了引爆控制系统、测试和安全等方面的把关检查工作。

1965 年 5 月 14 日上午 10 时，飞机在靶标上空准确投弹，原子弹在预定高度爆炸。宣告了：中国第一颗空投原子弹核试验成功！这标志着中国拥有了可以投入实战的核武器。

二十五

1965 年 1 月，毛泽东主席对中国国防事业作出重要指示——原子弹要有，氢弹也要快。按照毛泽东的指示，核武器研究院调集力量，加快了氢弹的研制步伐。在核武器研究院的工作会议上，程开甲以双重身份参加会议，既是核试验研究所副所长，又是核武器研究院副院长。

1965 年 9 月，核武器研究院的青年科学家于敏带领一批年轻人去上海华东计算所，奋战 100 多个日日夜夜，了解了自持热核反应的关键和热核材料聚变的途径，打响了攻克氢弹研制的第一炮。1966 年 5 月 9 日，在核试验场进行了一次含有热核材料的原子弹试验。1966 年 10 月 27 日，在核试验场又成功进行了一次导弹核武器试验。程开甲对以上工作和试验，都提出了许多建设性的意见。

1966 年 4 月，在国防科委召开的氢弹原理试验工作会议上，程开甲等专家们的意见十分一致，氢弹原理试验采用“塔爆”方式。

1966 年 12 月 28 日晚 12 时，在核试验场百米高的铁塔上安置了一颗氢弹，进行了一次氢弹原理试验。试验取得了圆满成功。

1966 年 12 月 30 日至 31 日，聂荣臻在核试验基地招待所主持召开了专家座谈会，出席的专家们有：王淦昌、彭桓武、钱学森、朱光亚、程开甲、陈能宽、于敏、周光召、方正知等，还有国防科委副秘书长张震寰、二机部副部长李觉、核试验基地司令员张蕴钰等参加了会议。会议总结了刚刚结束的氢弹原理试验，并研究了全当量氢弹试验的时间表。朱光亚向聂帅报告了全当量氢弹试验方案，试验时间初定在 1967 年 9 月。后来，由于氢弹研制进度加快，中央专委会决定将全当量氢弹空投试验提早到 1967 年二季度进行。

二十六

1967 年初，核试验基地召开了全当量氢弹试验工作会议，旨在加快全当量氢弹试验各项准备工作的步伐。

程开甲领导科技团队，昼夜奋战，精确计算确定了氢弹空投爆炸高度，并着手研发核试验测量控制系统。忻贤杰团队主动请缨，仅用两月便完成了通常需半年才能做成的控制系统。乔登江协助程开甲，计算了氢弹爆炸空中冲击波的规律，确保投弹飞机的安全逃逸。程开甲亲自抓安全，提出火箭取样新法及投弹飞机飞行方向调整等创新意见，并逐一落实各研究室测量项目。

核试验场施工紧张，程开甲检查时发现电缆铺设未敷放含“EM”颗粒细沙，坚决要求返工。虽遇施工队抵触，但仍耐心解释细沙的重要性。张蕴钰司令员迅速响应，下令按程开甲意见执行，全部返工。

1967 年 4 月，众多参试单位与人员进驻核试验场，构建效应物与工程。6 月 8 日，氢弹运抵基地；6 月 13 日，成功预演“冷弹”；6 月 16 日，聂荣臻抵达，听取汇报后，同意将正式试验定于 6 月 17 日上午 8 时。

二十七

1967 年 6 月 17 日上午 8 时，轰-6 飞机按时从马兰机场起飞。飞机平稳绕场三圈，8 时 20 分投弹，氢弹脱机，氢弹在预定高度爆炸。顷刻，出现了强烈的闪光，一个巨大的火球呈现在空中，与冉冉上升的朝阳相映在一片辉光之中。瞬间，上升的火球形成了一朵极为壮观的蘑菇云。爆炸震波受到大气层的反射，形成冲击波远区聚焦。在距爆心 250 公里处，人们能看到闪光的火球和壮观的蘑菇云，在距爆心 400 多公里处能听到连续不断的爆炸声，门窗都为之震动。

中国第一颗氢弹爆炸成功！中国首次氢弹爆炸核试验成功，是中国核武器发展的一个重要里程碑。

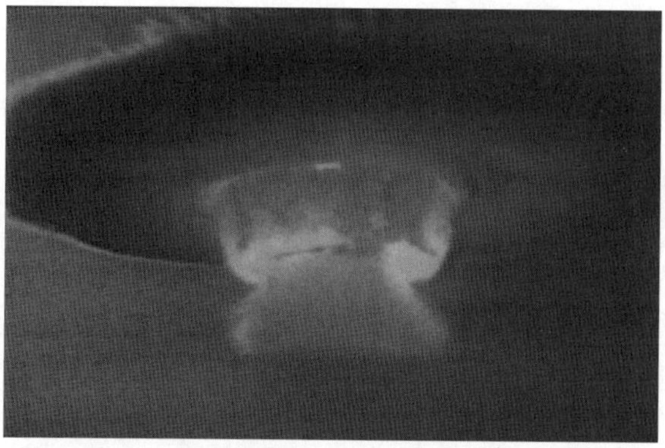

1967 年 6 月 17 日，我国第一颗
氢弹爆炸蘑菇云

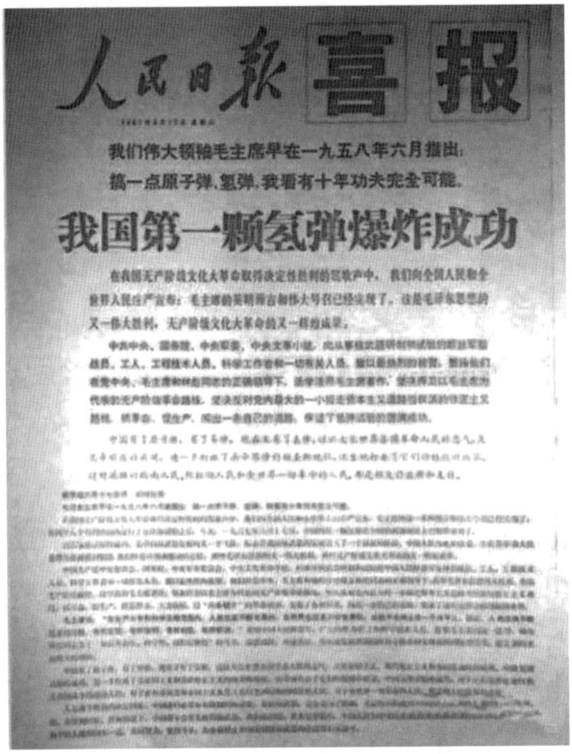
人民日报　喜报

我们伟大领袖毛主席早在一九五八年六月指出：
搞一点原子弹、氢弹，我看有十年功夫完全可能。

我国第一颗氢弹爆炸成功

在我国无产阶级文化大革命取得决定性胜利的凯歌声中，我们向全国人民和全世界人民庄严宣布：毛主席的英明预言和伟大号召已经实现了。这是毛泽东思想的又一伟大胜利，无产阶级文化大革命的又一辉煌成果。

1967 年 6 月 17 日，《人民日报》
喜报：我国第一颗氢弹爆炸成功

二十八

1967 年 10 月 30 日至 11 月 3 日，国防科工委召开了首次地下核试验的技术工作会议。程开甲、王淦昌等核试验研究所、核武器研究院的众多专家参与了此次会议。会上，程开甲力陈地下核试验的重要性、必要性、可行性、可能性，王淦昌则从防沾染和人民健康的角度出发，极力赞成程开甲的意见。

会后，程开甲加紧了地下核试验的理论研究和技术准备工作。

1969 年 9 月 23 日，我国首次地下核试验取得了圆满成功。

1975 年 10 月 27 日，我国成功进行了第二次地下核试验。

1976 年 10 月 17 日，我国在北山成功进行了第三次地下核试验。

1978 年 10 月 14 日，在某场区，成功进行了中国首次竖井式地下核试。

1965年程开甲（左2）与忻贤杰（左3）、乔登江（右1）
等科技人员在讨论核试验方案

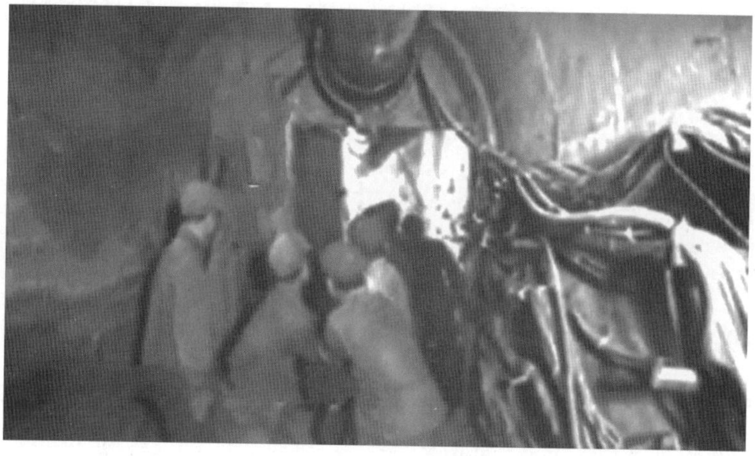

地下核试验坑道工程

二十九

作为理论物理学家的程开甲，非常善于将实践中的经验升华到理论性的总结。程开甲在每次核试验后，都要撰写成试验总结报告（这些报告均已被归档），这些总结报告为核武器的设计和改进，提供了系统的实测资料和理论依据，有力地推进了我国核武器和核试验的科研技术发展。

1963年，程开甲携手陆祖荫、吕敏等科技精英为基地干部讲解原子弹爆炸原理，并编写了《核武器试验法》，系统阐述核试验的领导、组织、准备及保障等。1969年，程开甲与孙瑞蕃、忻贤杰、乔登江等再次合作编撰了《我国核试验技术资料汇编》，涵盖核爆炸参数、放射性防护等多个关键领域。

1976年，程开甲带领团队基于前期资料，撰写了《我国核试验效应基本参数手册》，统一全国全军核武器效应研究术语，成为核试验权威指导文件，其重要性在1978年获得全国科学大会科技成果奖的认可。

1980年，程开甲当选中国科学院院士。1984年，66岁的他调任国防科工委科技委常委，需离开工作20多年的核试验基地与战友。他深情告别这片热土，逐一走访并肩战斗的老战友，表达依依惜别之情。程开甲不仅是一位杰出的科学家，更是一位深具情感与责任感的战友，他的贡献与付出将永远铭刻在我国核科研的历史长河中。

三十

1996年7月29日，在核试验场区进行了最后一次地下核试验。从1963年到1996年，由程开甲那代核武器试验创始人组建的核试验研究所，经过三十多年的艰苦奋斗，圆满地完成了45次核武器试验，为铸造中国核盾牌作出了卓越绝伦的贡献！

艰苦奋斗做惊天动地事，无私奉献做隐姓埋名人。在核试验研究所，马兰精神蔚然成风，涌现了一大批英雄模范人物和先进单位：

“两弹一星功勋奖章”、国家最高科学技术奖、八一勋章、“2018年感动中国人物”的获得者程开甲院士；

“献身国防科技事业杰出科学家”、全军挂像英模、“2012年感动中国人物”的获得者林俊德院士；

中央军委授予核试验研究所二室“勇攀科技高峰研究室”光荣称号；

国防科委授予核试验研究所四室“核试验模范控制组”光荣称号；等等。

核试验研究所先后产生了10名中国科学院院士、中国工程院院士，30多名科技将军，以及成百上千名立功者和科技奖获得者。

三十一

1984年程开甲回到北京后，曾有一段时间难以释怀。然而，终于有一天，他心情豁然开朗起来，提笔写下十二个大字——制怒、冷静、休息、不着急、不生气。并拜托夫人高耀珊来监督他。夫人知道，此时此刻的程开甲心情开朗了，又迸发出科学研究的热情。

1986年，程开甲向国防科工委报告，论证了抗辐射加固研究的重要性，提议立项研究。这份报告很快得到了张爱萍的批复同意。于是，程开甲亲自担任该专业组组长，开创了这一领域的研究，取得了丰硕的成果，为国防科技事业作出了重要贡献。

1987年后，程开甲几乎每年都要参加国际、国内各种相关的学术会议，并在学术会议上作学术报告。其中，国际的学术会议有：Fourth International Conference on Gyration and Free Electron Laser、International Conference on High Temperature Superconductivity、International Conference of Physics of Materials，Shenyang、International Conference on Advanced Topics of Quantum Physics等，国内的学术会议有：全国高临界温度超导理论研究会、全国超导学术会议、各届全国物理力学会议、各届国防科工委科技委年会、各届总装备部科技委年会等。

1990年，程开甲在国家自然科学基金会支持下，举办了超导双带理论的讨论会。1991年，他出版英文超导专著*Study on Mechanism of Superconductivity*。1993年，他出版中文超导专著《超导机理》，并于2001年获总装备部优秀图书特等奖。

1998年，程开甲荣获中国科学院资深院士称号。

三十二

1999 年，程开甲被授予国家“两弹一星功勋奖章”。

2013 年，程开甲被授予国家最高科学技术奖。

2017 年，程开甲被中央军委授予“八一勋章”。

在国家荣誉面前，程开甲总说：“我是代表基地和研究所的全体指战员和科技人员前来受勋的，功劳是大家的。”程开甲还说：“很荣幸自己能够参加到那样一段波澜壮阔的事业之中。这种自豪，至今激励我还要干下去。为了祖国的强大，我愿发挥自己的全部力量和价值。”

2017 年 8 月 3 日，在程开甲百岁生日之时，他说：“我这辈子最大的幸福，就是自己所做的一切，都和祖国紧紧地联系在一起。”

2017 年 9 月，程开甲深情地写下六个大字：“马兰精神万岁！”

2018 年 11 月 17 日 12 时 08 分，在中国人民解放军 301 总医院，程开甲逝世。

2017 年 9 月，程开甲深情地书写六个大字：
马兰精神万岁

三十三

2020年8月3日，正值程开甲诞辰102周年之际，“程开甲广场”在新疆马兰基地建设落成。中国核试验基地举行了隆重的落成仪式，马兰将士百余名代表集合在程开甲广场，深切缅怀老一辈科学家为国防科技事业作出的杰出贡献。

2020年8月3日，“程开甲广场”在马兰基地建设落成

程开甲广场由程开甲雕像和浮雕纪念墙组成。雕像材质为青铜，基座高1.9米，人像高2.2米。纪念墙高4.4米，宽10.7米，正面浮雕再现了程开甲在不同年龄段为党的事业奋斗的形象。纪念墙的背面镌刻着朱光亚、钱学森、张蕴钰为程开甲的题词和题诗，其中张蕴钰的那首诗，是1996年我国宣布暂停核试验时，张蕴钰特地写诗赠送给程开甲的：

核弹试验赖程君，电子层中做乾坤。
轻者上升为青天，重者下沉成黄地。
中华精神孕盘古，开天辟地代有人。
技术突破逢艰事，忘餐废寝苦创新。
专家学者风沙里，同与战士历苦辛。
戈壁寒暑成大器，众人尊敬我称师。

结语

程开甲，中国科学院院士，著名理论物理学家，是我国核武器事业的开拓者之一，我国核试验科学技术体系的创建者之一，为我国核武器事业建立了卓越功勋。他荣获“两弹一星功勋奖章”“八一勋章”“2013年度国家最高科学技术奖”，以及“人民科学家”称号 、“2018 年度感动中国人物”称号等崇高荣誉。

程开甲，科学大师，功成原子，德高望重，功高德劭，名垂共和国史册！

中央电视台“2018 年度感动中国人物”组委会，给程开甲的颁奖词是：

空投、平洞、竖井、朔风、野地、黄沙，戈壁寒暑成大器，于无声处起惊雷！一片赤诚、一生奉献，一切都和祖国紧紧相联。黄沙百战穿金甲，甲光向日金鳞开！

献身国防科技事业杰出科学家林俊德院士

黄志方

跋：1965 年，我大学毕业后被分配到第 21 研究所第一研究室，而那时，林俊德已是该研究室第二组的组长。初次见面，我便被他那彬彬有礼、谦和有加的态度所打动。即便当时我只是个刚入伍不久的新兵，他也对我十分友善，和蔼可亲。后来，我转业到了地方工作，而他一直坚守在部队。几十年的时光里，虽然我们没有联系，但我却时常能听到他在部队取得的令人瞩目的进步和光辉灿烂的成就。他成为共和国的将军，更成为中国工程院的院士。

2006 年，研究所第一研究室的老战友们在无锡聚会，我有幸再次与林俊德见面。我们相谈甚欢，感觉十分投缘。2010 年，当我写作电视连续剧剧本《历史的丰碑》时，书中的一位主人公——浙江大学毕业生“凌俊德”，其原型就是林俊德。在写到核试验中测试冲击波的“压力自记仪”时，我特意从上海给在西安的林俊德打了长途电话，向他请教一些有关压力自记仪的细节问题。他毫无保留地给我作了详细的介绍和说明，还谈到了其他老战友为制作自记仪所做出的努力。言谈之中，他那一丝不苟、严谨治学的科学作风，以及那不计名利、无私奉献的高尚品德，都给我留下了深刻的印象。2011 年，《历史的丰碑》出版时，我特地给林俊德寄去了一本。如今，剧本中的那位主人公已然成为我对老战友林俊德永恒的纪念。

2011 年出版的剧本《历史的丰碑》，
书中主人公“凌俊德”的原型就是林俊德

由此，我又想起了我大学时的同班老同学杨秀敏，我与杨秀敏同年毕业于中国科大近代力学系爆炸力学专业，他分配到洛阳工程兵第三研究所工作，曾多次来到马兰基地参加罗布泊核试验效应工程。后来，杨秀敏与林俊德同为中国工程院院士，同为少将，两人素有往来，相交甚笃。在林俊德去世后的第二天，杨秀敏即赋诗一首沉痛悼念林俊德，并发给我，让我转交给林俊德夫人黄建琴：

悼林俊德兄

2012 年 6 月 1 日

忽闻临潼将星灭，总院晤谈成永诀。
驿站追返得贤俊，弹坑探索显英杰。
戈壁风沙淬筋骨，马兰岁月呕心血。
遗嘱万言无私语，弥留时刻解密钥。

林俊德（1938 年 3 月—2012 年 5 月），1938 年 3 月 13 日出生，男，福建省永春县人，中共党员，中国核试验基地研究所研究员，中国工程院院士，少将军衔。1960 年自浙江大学机械系毕业后，长期在中国核试验基地工作，历任第一研究室第二组组长，第一研究室副主任、主任，研究所科学技术委员会副主任，基地科学技术委员会副主任，基地总工程师等职务。入伍 52 年，参加我国全部核试验 45 次。荣获压力自记仪等 30 多项科技成果奖，国家发明奖 2 项，国家科技进步奖 2 项，部委级二等以上科技进步奖 12 项。荣立个人军功：一等功 1 次，二等功 1 次，三等功 2 次。1990 年享有国务院政府特殊津贴。1993 年晋升为少将军衔，2001 年当选为中国工程院院士。于 2012 年 5 月 31 日在西安因病逝世。

2013 年 2 月，中央军委追授林俊德“献身国防科技事业杰出科学家”荣誉称号，追授一级英模勋章和证书。2013 年，荣获“2012 年度感动中国人物”荣誉称号。2018 年，中央军委追授林俊德为“全军挂像英模”。

一

林俊德，福建省永春县人，1938 年 3 月 13 日出生于闽南山区的一个贫困家庭。他的父亲是一位农村小学教师，但体弱多病。林俊德小学

福建省永春县介福乡紫美村鸟瞰

毕业后，考入了永春县第一中学。然而，在他 15 岁那年，父亲不幸病逝，使得生活更加困难。他依靠政府的助学金，完成了中学的全部课程。

1955 年高中毕业时，他以优异的成绩考上了浙江大学机械系。为了凑足上学的路费和学费，他的妈妈向信用社借了 50 元，永春一中提供了 20 元，加上村里亲戚们零星的拼凑，林俊德才得以走出山区。他光着脚板，穿着布衣单裤，坐着闷罐车，踏上了前往浙江大学求学的旅程。

二

在大学五年间，为了省钱，林俊德从未在寒暑假回过一次家。他一心扑在学习上，即便是星期天，也总是在教学大楼或图书馆里度过，过着宿舍、食堂、教室“三点一线”式的生活。这五年里，他全靠政府的全额助学金，顺利完成了大学的全部课程。

福建省永春第一中学

1960 年夏天，林俊德从浙江大学毕业，最初被分配到嘉兴市工业专科学校担任教师。他怀着报效祖国的满腔热情，兴冲冲地踏上了这个被誉为“人类灵魂工程师”的工作岗位。然而，未料三个月后，他又被学校召回，并重新分配到部队工作。面对这一变动，林俊德毫不犹豫地服从了组织上的安排。

三

1960年10月，林俊德来到北京小西天报到。按照部队的规定，他必须先在集训队接受为期三个月的入伍教育。入伍教育的内容涵盖了政治教育、军事训练、保密教育以及队列训练等多个方面。

1961年，马兰基地在哈尔滨军事工程学院进修人员合影，林俊德（前排右2）

有一天，一位来自大西北的部队首长给集训队员们发表讲话："为了反对霸权主义，打破帝国主义的核垄断，我们国家正在大西北建设一个核试验场。这项伟大而神圣的事业需要大量有志气、有才华的青年。我们把你们挑选出来，就是希望你们去那里，为国家的核事业贡献自己的力量。"听到这里，林俊德才意识到，自己的工作地点并不在北京，而是在新疆的大戈壁滩，从事核武器试验工作。得知这一消息后，他感到十分兴奋和热血沸腾。他为自己能有这样一个报效祖国的机会而感到高兴，为自己能够投身于国防科研和核试验事业而感到光荣。一种强烈的民族自豪感和神圣的使命感在林俊德心中油然而生。他暗自下定决心，要加倍努力学习核试验方面的专业知识，挑起党和人民交给他的这副重担。

1961 年春天，组织上派遣林俊德前往哈尔滨军事工程学院进修学习两年，专业是核试验冲击波测量。在进修期间，林俊德夜以继日地刻苦学习，没有星期天，也没有寒暑假。他抓紧每一分每一秒，学习了十几门有关核试验方面的专业课程。进修结束后，他每门课程的学习成绩都是优秀，因此被哈军工评为先进工作者。

四

1963 年 1 月，林俊德学成归来，被分配到核试验研究所第一研究室工作。室主任王元才明确指定林俊德负责测试冲击波的压力自记仪的研制工作，并任命他为研制组组长。

1963 年，基地研究所进行“化爆模拟试验”人员的合影，林俊德（前排右 1）

测定核试验冲击波是确定核爆炸当量的重要手段，因此这项研制工作只许成功，不能失败。然而，压力自记仪的研制面临着巨大的困难。苏联早已背信弃义，撤走了所有专家，带走了所有的资料、图纸和仪器设备。如今，一切都要从头开始，既没有资料，也没有图纸，更没有实验设备，困难重重。但林俊德凭借着为国争光的决心和打破美苏核垄断的意志，与他的战友们一起，在北京跑遍了几乎所有的图书馆和资料室，查阅有参考价值的资料和文献。他们利用简易的三角尺、丁字尺，夜以继日地进行计算和设计。经过艰苦的探索，他们终于搞清了机测仪器的原理，并成功制作了首台机测压力自记仪样机。

功夫不负有心人，林俊德负责的项目组首战告捷。1963 年冬天，在河北怀来县燕山脚下的研究所爆轰试验场进行的化爆模拟实验中，这台压力自记仪样机清晰地记录下了化爆冲击波的压力波形，得到了领导和专家们的肯定和好评。化爆实验后，林俊德荣立个人三等功。1964 年 5 月，林俊德光荣地加入了中国共产党。

五

1964 年初，压力自记仪被正式列为首次核试验的重点测试项目。林俊德和二组的同志们全身心地投入改进和批量生产压力自记仪的工作中。林俊德担任组长，负责总体方案和自记仪的机械设计；彭常贤任副组长，协助林俊德工作并负责联系加工；孙有祥负责光电开关部分，梁立银负责动态标定，高万余负责静态标定，而王为编、杨妙秀等则负责其他相关工作。

林俊德（左 1）与二组战友们在研制调试压力自记仪

与化爆相比，核爆炸时会产生强烈的核辐射、光辐射、电磁脉冲干扰和地震冲击等，这对测试仪器提出了更高的要求。尤其是要解决仪器的“动力”问题。机测样机原本采用的是小型稳速电机作为“动力”，但在核试验中，为了防止电磁干扰，是不能采用电缆输送指令的。为了解决自记仪的“动力”问题，林俊德日夜苦思冥想，几近“入魔”。一天，他在北京城里办事，乘车途中忽然听到电报大楼整点报时的钟声，灵感顿时涌现。他联想到自己在查阅的许多资料中，航空仪、气象仪、地震仪等许多仪器都是采用钟表式发条作为动力。于是，他大胆设想，决定采用钟表式发条来作为压力自记仪的动力。这个设想很快得到了领导和同志们的赞同和支持。

六

1964 年 6 月，林俊德和项目组的同志们携带了 30 套压力自记仪，踏上了执行首次核试验任务的征程。

核试验场研究所的驻地营区，实际上是一片荒无人烟的茫茫戈壁滩。那里的气候干燥，昼夜温差极大。在场区，食宿条件十分艰苦。有时，还会突然遭遇铺天盖地的沙尘暴。

在这样艰苦恶劣的环境条件下，林俊德和项目组的同志们每天一早就奔赴距爆心仅数公里的各个力学测试点，去布点、安装、调试数十个压力自记仪。他们每天的工作都要有详细的文字记录。他们头顶烈日，一次又一次地调试仪器并做好记录，检测冲击波开关的可靠性，防止仪

1964 年，在核试验场区，一室二组的战友们正在安装调试压力自记仪

核爆后，取样人员冲进核爆区回收试验数据

器的误动作，充分估计零后回收仪器时可能发生的种种问题等。同时，他们还要穿着闷热难耐的防护服，在戈壁滩上反复进行在爆区作业时的特殊训练。

由林俊德和项目组自行研制的钟表式压力自记仪在首次核试验中取得了令人瞩目的成功。试验结束后，压力自记仪项目组荣立集体二等功，项目负责人林俊德也荣立了个人二等功。

七

黄建琴，是位 1963 年从南京大学毕业的女大学生，毕业后被分配到基地研究所第一研究室。她端庄文静，为人随和谦逊。1964 年，黄建琴参与执行首次核试验任务，在戈壁滩上研究所的营区里，与一群女大学生们共同生活，她们住在被称为“木兰村”的营区帐篷里。每次执行任务，她总是听从领导的安排，任劳任怨、勤勤恳恳地完成自己应做的工作。后来，这群参与首次核试验的女大学生们，被大家亲切地称为“核大姐”。

几位“核大姐”重返首次核试验爆心时的合影：黄建琴（左 1）

1965 年，研究室指导员将林俊德叫到办公室，介绍给了黄建琴。两人坐在一起，谈论着工作和学习，但很快便陷入了沉默。有趣的是，当林俊德的妹妹从福建来北京看望哥哥时，她坚持要见见未来的嫂嫂。于是，林俊德便约了黄建琴，三人一同前往天坛公园游玩。

1967 年，林俊德与黄建琴结为夫妻。他们的婚礼简单而朴实，只是将各自的东西搬到一起而已。婚后，他们育有一个女儿和一个儿子。林俊德依然保持着办公室、宿舍两点一线的生活节奏，忙于科研工作和执行任务。而黄建琴则是一位贤妻良母，她一边工作，一边承担起家务重担，悉心照顾着丈夫和子女。

八

1966年冬，我国首次氢弹试验即将进行。

由于测量仪器需要在高空低温环境中工作，林俊德和二组的同志们背着仪器，登上附近的山坡，在深夜和凌晨最冷的时候进行实验。为了更真实地模拟高空环境，他们还特地爬上海拔3000米的山顶，进行了一晚上的实验。最终，他们赶在试验前成功研制出了高空压力自记仪，为我国飞机投放氢弹核试验提供了重要的测试手段。

1967年6月17日，首次氢弹核试验的蘑菇云

林俊德正在地下核试验坑道中工作

1967年6月17日，中国第一颗氢弹爆炸成功。林俊德带领回收小组在爆心附近步行几十公里，成功回收了高空压力自记仪和空测方案的全部测量数据，圆满完成了首次氢弹核试验爆炸数据的采集任务。在后来的多次空投核试验中，都采用了林俊德的高空压力自记仪和飞机空中布点测试弹的空测方案，取得了准确可靠的多点实测空中超压数据。

1969年9月23日，我国首次地下核试验在基地核试验场进行。按照地下核试验的要求，林俊德和二组的同志们改进设计了适应地下核试验的压力自记仪，并设计研制了地下核试验应力波测量等十多种测量仪器。这些仪器为我国研究地下核试验的工程设计和安全认证提供了重要数据。

九

1976年10月，我国迎来了科学技术发展的春天。1978年，基地召开了科学技术大会，对在核试验中有突出贡献的单位集体进行了表彰。钟表式压力自记仪项目组作为受表彰的集体之一，其项目负责人林俊德本应是理所当然的领奖代表。然而，林俊德却再三推却，最终让奚乃林代表项目组上台发言和领奖，领回了“甲02项目先进科技集体”的奖旗。

林俊德总说：“工作是大家干的，功劳是集体的。”

经过多次核试验的验证，压力自记仪因其操作简便、仪器精确、数据可靠而受到了各参试单位的广泛应用，知名度也大为提高。有一天，领导安排八一电影制片厂来二组进行采访，摄制有关压力自记仪的研制、调试和数据处理等过程的影片。面对这一机会，林俊德依然保持谦逊，让奚乃林出面接待。就这样，奚乃林、杨妙秀等二组的同志在八一厂制作的《岁月如歌》栏目里留下了宝贵的镜头。

林俊德总是说："工作是大家干的，功劳是集体的。"他事事处处都抢着干工作，却总把荣誉让给别人。当压力自记仪出名后，各参试单位相继应用，每次执行任务前后都有一些科技同行来学习操作仪器、研究探讨冲击波形、数据处理等。林俊德再三叮嘱大家："工作再忙，也要耐心传授给人家，我们要谦虚谨慎，相互学习，共同提高测试水平。"

几十年来，从科研项目选题到实施，从数据处理的核算到试验总结文章的审定和修改等，无不凝聚着林俊德的心血和精力。他工作起来再苦再累也无怨言，但一遇到荣誉、表扬、上镜头的机会，他就想方设法谦让给别人。无论是总结表彰大会还是科技授奖仪式，林俊德总是把成绩归功于大家，并感谢大家的帮助。

十

林俊德参与了中国全部 45 次核试验，每一次核试验，他都率领他的团队携带他们自主研发的压力自记仪，深入核试验场进行冲击波测量的布点、实施测量以及数据回收工作。他们精确计算出每次核试验的当量数值，为核武器的设计和改进提供了坚实有力的科学依据。

基地总工程师林俊德（左 1）与基地司令员、副司令员、科技委主任等在核试验场

1996 年 7 月 29 日，在核试验场，进行了中国最后一次地下核试验

历经多次核试验的严格验证，压力自记仪被证实是核爆炸冲击波全波形的野外测量利器。这款纯机械仪器操作简便、性能稳定、测量精确且数据可靠。其抗震、抗核辐射、抗光辐射以及抗电磁波干扰的能力均表现出色，是一种测量冲击波超压力、确定核爆炸当量的可靠测量仪器。

1996 年 7 月 29 日，中国在核试验场成功进行了最后一次地下核试验，标志着我国核武器发展战略目标的圆满实现。林俊德参与了中国的每一次核试验，他利用压力自记仪等测量仪器，详细记载了每次核试验的冲击波超压数据，为核武器的设计、改进和发展提供了至关重要的科学依据。林俊德为中国的核武器事业作出了卓越的贡献。

十一

自 1960 年入伍起，林俊德在核试验基地度过了 52 年的岁月。他始终坚守在科研技术工作的第一线，从技术员到副研究员、研究员，一步步成长，并担任了多项科研技术工作的领导职务：项目组组长、研究室副主任、主任，研究所科学技术委员会副主任，基地科学技术委员会副主任，以及基地总工程师。1993 年，他晋升为少将军衔，2001 年更是被评为中国工程院院士，这是对他卓越贡献的最高肯定。

在林俊德的军旅科技生涯中，他荣获了多项国家科学技术进步奖与国家发明奖。其中，1985 年的“大气层核爆炸空中冲击波光冲量测量技术和系统”荣获国家科学技术进步奖三等奖；1987 年的“自励式高速锥阀”和“测量冲击波的钟表式压力自记仪”分别获得国家发明奖四等奖和三等奖；1988 年的“大气层核爆炸现象研究”更是荣获国家科学技术进步奖一等奖。此外，他还获得了 20 多项军队科技成果奖，这些荣誉充分证明了他在科研领域的杰出成就。

林俊德一生心无旁骛，专注于事业和学问。他不仅勤于核试验研究，还认真做好核试验的理论性工作。每次核试验后，他都会撰写试验总结报告并归档，为后人留下了宝贵的科研资料。他还撰写了《地下核爆炸力学》和《地下核试验工程》两部专著，为核科学领域的发展作出了重要贡献。尽管荣誉等身，但林俊德却淡泊名利，心怀坦荡。成为院士后，他坚持不要秘书，免费讲学，多次谢绝社会上个人奖项的推荐和客座教授的聘用。对于不属于专业范畴的社会活动，他一律不参加，始终保持着对科研事业的纯粹热爱和执着追求。

林俊德参加了我国全部 45 次核试验

林俊德，心无旁骛干事业，
一心一意做学问

干惊天动地事，做隐姓埋名人。林俊德以他对攀登科学技术高峰的孜孜不倦追求，以他公而忘私、无私无畏的高尚品德，践行着献身国防科研事业的誓言。他用实际行动诠释了对党、对祖国、对人民的无限忠诚和深厚情感。

十二

2010 年，黄建琴察觉到林俊德明显消瘦，常常在半夜胃痛。她多次劝他去医院检查，但他总是以工作繁忙为由没有去。直到 2012 年 5 月 4 日，林俊德被北京解放军 301 总医院确诊为癌症晚期。主治医生提出了化疗的建议，但林俊德却婉拒了，因为他坚持要赶回西安继续工作。

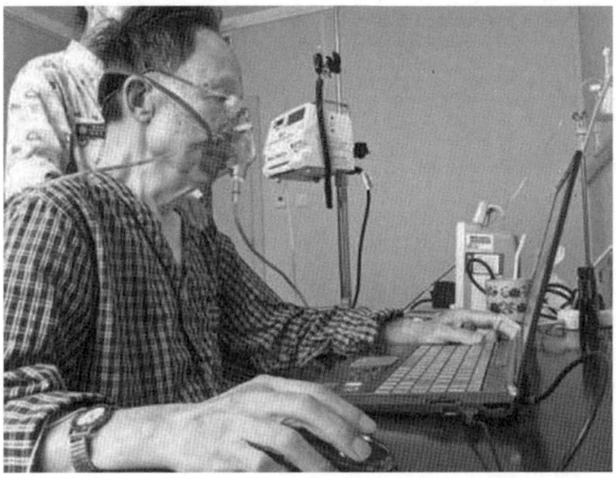

2012 年 5 月，住院期间，林俊德坚守在
笔记本电脑前，工作到生命的最后一刻

2012 年 5 月 23 日，林俊德被转到西安唐都医院。第二天，他便将工作台和笔记本电脑都搬进了病房，坚持继续他的科研工作。他说:“如果不工作，活着又有什么意思？我现在需要抢时间，把手头的工作做完。”在病房里，他一边接受保守治疗，一边争分夺秒地撰写科研报告。然而，5 月 26 日，他的病情恶化，被转入重症监护室。经过救治，病情有所缓解。第二天，林俊德便提出转回普通病房，因为他要继续争分夺秒地工作。尽管身上插着各种导引和监测的医疗管线，他仍然伏案在病房的工作台上，认真地敲击着键盘，移动着鼠标，整理着他的科研工作报告。

2012 年 5 月 29 日晚，林俊德的几位研究生学生前来医院探望。他一方面感谢大家的探望，一方面发表了一番肺腑之言来与大家共勉:“我不善于交往活动，只实事求是地搞科学。咱们花钱不多，但做事不少。咱们讲创造性、讲实效，为国家负责。马兰精神很重要，它代表着艰苦奋斗和无私奉献。希望大家能继承马兰精神，让国家和人民尊重我们。人的能力和时间都是有限的，但只要努力，都能做出成绩，体现出自己的价值。我一辈子只做了一件事，就是核试验，我很满意。一辈子支持我的就是诚恳，我从不侵害别人的利益，对别人宽容，对自己严格。我本事有限，但总是尽心尽力。谢谢大家！”

2012 年 5 月 31 日，坐在电脑工作台前的林俊德已经手握不稳鼠标，眼睛也看不清电脑屏幕了。黄建琴劝他躺下休息一会儿，但他却说：“坐着吧，不能躺，一躺就起不来了。”中午时分，林俊德终于疲倦地躺下了。在弥留之际，他以极其微弱的声音跟妻子黄建琴说：“后事一切从简，不要给组织添麻烦。死后把我埋到马兰。”

2012 年 5 月 31 日 20 点 15 分，林俊德先生与世长辞。

后记

2013 年，遵照林俊德的遗嘱，他的骨灰被安放在马兰革命烈士陵园。

在这片陵园里，长眠着数千名英勇的马兰先烈，包括朱光亚、张蕴钰、程开甲、马国惠、林俊德、乔登江、陈达，以及还有许多不知姓名的无名英雄。为了建设祖国的核盾牌，为了祖国的繁荣昌盛，半个多世纪以来，他们在茫茫的戈壁大漠上，艰苦奋斗，勇攀高峰，奉献了自己的青春年华和聪明才智，乃至人生中最宝贵的生命！

马兰革命烈士纪念碑

蓝天、白云、雪山、戈壁滩，还有那绽放的马兰花，以及高高耸立的马兰革命烈士纪念碑，犹如一把利剑穿云入霄，昭示着马兰先烈的精神。这种精神将永远鼓舞着我们前进，为中华民族伟大复兴而努力奋斗！

结语

林俊德曾说：“我一辈子只做了一件事，就是核试验，我很满意。”

林俊德把自己的青春和生命融入戈壁大漠，把全部心血和智慧奉献给祖国的国防事业，为国防和军队现代化建设作出了卓越贡献。

林俊德，他的名字将永远镌刻在共和国的史册上！

中央电视台“2012 年度感动中国人物”组委会给予林俊德的颁奖词是这样的：

“大漠，烽烟，马兰。平沙莽莽黄入天，英雄埋名五十年。剑河风急云片阔，将军金甲夜不脱。战士自有战士的告别方式，你永远不会倒下！”

全军挂像英模——林俊德像

纪念董寿莘教授

黄志方

董寿莘（1917—2004），1917 年 7 月出生，男，汉族，天津人，中共党员，教授，航空发动机及核工程专家。1936 年考入南开大学，1937 年转入西南联大航空系。1941 年从西南联大毕业后，参加航委会航空发动机厂筹建工作。1944 年赴美进修，在美国莱康明发动机厂任实习工程师。1947 年回到清华大学航空系任教。1952 年赴朝鲜板门店参加停战谈判，任翻译。1953 年到北京航空学院工作，担任发动机系首任系主任，后又担任核动力系主任和火箭系主任等职。1962 年，奉调到国防科委第 21 训练试验基地，先后担任基地研究所副所长、基地副参谋长，为我国核武器试验作出了重要贡献。

1964 年 10 月 16 日，中国第一颗原子弹爆炸成功，震惊了世界，改变了国家的前途命运。在成功的背后，有无数优秀的科技工作者，付出了无尽的艰辛、努力和汗水，他们是科技战线上的无名英雄。在众多的无名英雄中，有一位名叫董寿莘的航空发动机及核工程专家。

一

董寿莘，1917 年出生在天津，1930 年考入南开中学。在南开中学就读期间，他学习刻苦，还积极参加天津学生的爱国救亡运动。1936 年，考入南开大学化工系，两年后转入西南联大航空系学习。

1941 年，大学毕业后，董寿莘来到位于贵州大定县的航委会航空发动机制造厂，终日忙碌于基建、设备等各类建设工作之中，直到 1943 年才进入设计科协助总工程师处理技术工作，并成功攻克了“活塞环热变形”“离心浇铸”等技术难题。1944 年，董寿莘赴美国深造，在宾夕法尼亚州的威廉斯堡城，于莱卡明发动机厂担任实习工程师，深入学习并掌握了发动机制造技术。1947 年，学成回国后，他进入清华大学航空系任教，先后承担了“发动机设计”“发动机实验”“航空概论”“机械制图”等多门课程的教学任务。

二

1953 年，北京航空学院成立，董寿莘被调入该校工作。他积极参与建校的各项事务，并先后担任该校发动机系主任、核动力系主任、火箭系主任等职务。在担任发动机系主任期间，他注重向苏联专家学习交流、师资力量的培养、教学质量的提升和实验室的建设等工作，为发动机系的创立和发展作出了重要贡献。在他的领导下，1956 年成功建立了 5 个教研室及实验室，显著增强了发动机系的规模和师资力量。

1960 年 5 月，北京航空学院核动力系正式成立，董寿莘担任核动力系主任。他提出“以专业科研带学科”的教学方法，围绕即将建立的大型实验设备，有针对性地对学生开展专业教学工作。在他的提议和推动下，核动力系共开设 12 门专业课，并编写了相关教材，同时开设了相应的教学实验。此外，董寿莘还亲自担任“航空核反应堆运行”专业课的讲授工作。

三

1962 年，为了加速我国自行研制原子弹的建设进度，董寿莘被调到国防科委第 21 训练试验基地，担任基地研究所的技术副所长（期间一度兼任研究所第一研究室主任）。他负责核爆炸的实验技术准备工作，主管爆炸力学和试验的工程设计，以及筹建实验工厂等工作。

1963 年秋，在所长张超，副所长程开甲和董寿莘等基地研究所领导的共同主持下，在河北省官厅水库附近的化爆试验场，进行了一次为首次核试验准备的联机试验预演。这次预演是将分散研制的技术装备集中起来，进行一次全面的联机试验，同时也是对研究所科研人员的一次集中演习。预演取得了圆满成功！

1963 年秋，基地研究所进行化爆模拟试验人员的合影：
董寿莘（前排右 5，胸挂望远镜的中立者）

1964 年，在董寿莘、陆祖荫、杨裕生等人的带领下，负责首次核试验中核爆炸取样的同志们经过广泛的调研和反复的论证，提出了地面取样盘、炮伞取样和飞机穿云取样等三种方法，来保证核试验中取样工作能够成功进行。1964 年 10 月 16 日，在马兰基地罗布泊核试验场区上空，我国第一颗原子弹爆炸成功！

四

1965 年，为准备进行地下核试验，董寿莘陪同程开甲，带领研究所的几位科技人员，乘火车前往河北承德考察一个铜矿的地下爆破开采。他们亲身感受了地下爆破工程中产生的震动效应和冲击波强度，并结合化爆试验和理论研究，迅速制定了地下核试验的初步方案。

1965 年 12 月底，为了地下核试验的顺利进行，在南山进行了一次化学爆炸验证试验。

五

1972 年，董寿莘接到通知，开始参与大型钻机的研制工作。1975 年，他受命主持地下核试验的平洞岩石掘进机的设计工作，并同时参与了大直径深井硬岩钻机的研制工作，还主持了深井全注水的试验工作。他带领科研团队研制出适用于地下核试验的大钻机和小钻机，而且许多早期核试验的项目和论证也是由他提出的。

基地司令员张蕴钰在回忆录中讲到竖井式地下核试验时，他说："要解决打井的钻机，任务交给基地 21 研究所承担。该所副所长董寿莘是工程机械专家，他查阅了苏联、美国钻机的微缩卡片资料，并译成中文。这是个工作量很大、很辛苦的工作。"

1978 年 7 月，经国防科委批准，决定引进西德威尔特公司的大型移动式深井钻机。并由董寿莘带队，赴德意志联邦共和国办理了大型深井钻机引进的工作。

1978 年 10 月 14 日，进行了首次竖井式地下核试验，并取得了满意的结果。

六

1984 年，董寿莘奉命调回北京，担任国防科委情报研究所的顾问，三年后离休。1988 年和 1989 年，他连续两次荣获国家科技进步奖，这是对他长期在国防科技领域辛勤付出的肯定。2004 年，董寿莘因病在北京逝世，享年 87 岁。他的一生都在为国家的国防科技事业奋斗，他的离世无疑是一次巨大的损失。

董寿莘长期工作、生活在戈壁滩的艰苦环境中，但他始终以国家利益为重，坚守在茫茫戈壁滩上从事核爆炸试验工程的设计和研究。他对国防科技事业怀着至死不渝的精神，为我国核武器试验事业作出了重大贡献。他的奉献精神和卓越成就将永远被铭记。

结语

有很多参试人员，他们的名字甚至都不被人知晓，但他们在“隐姓埋名”中干了“惊天动地”的宏伟大业之后，他们又回归平凡，做着平凡的事，过着平凡的生活。他们没有耀眼的光环，也没有被鲜亮地记载下来，仿佛那些曾经的辉煌都与他们没有丝毫关系。

“艰苦奋斗干惊天动地事，无私奉献做隐姓埋名人”，这句话，正是董寿莘崇高思想境界的生动写照。他就是这样一位在建功立业后选择默默无闻的无名英雄，同时也是一位为人师表、德高望重的长者。

我们永远怀念勇攀科学高峰、甘当无名英雄的董寿莘教授！

纪念陆祖荫教授

黄志方

陆祖荫（1926—1992），生于1926年1月，江苏常熟人，中共党员，物理学家，研究员，教授。1946年毕业于西南联合大学物理系，1947年在清华大学攻读流体力学研究生。1950年在中国科学院近代物理研究所从事核乳胶研制和中子物理研究。1957年通过首批副博士考试，被派往苏联列宁格勒物理技术研究所和莫斯科物理研究所进修二年。1962年奉调入伍，参与中国核试验基地研究所组建工作，并担任研究所第三研究室主任，组织领导了该室核物理测量和核化学分析的科研工作，为中国核试验事业作出了重大贡献。1979年转业到清华大学，创建了近代生物学及生物医学工程研究所，并担任研究所所长，在生物物理领域进行开拓性研究。1986年奉调中国科学院高能物理研究所，为正负电子对撞机工程作出贡献。1992年6月23日，在北京因病逝世。

一

1926年1月，陆祖荫诞生于江苏常熟的一户书香门第之家。他的父亲陆近仁，早年毕业于东吴大学，后远赴美国深造，在康奈尔大学获得博士学位，曾任教于东吴大学和清华大学，是我国昆虫学领域的著名学者。而他们的叔父陆宝麟，则是我国杰出的医学家，中国科学院院士，于军事医学科学院担任要职。

1931年，陆祖荫踏入苏州振华小学的校门，随后进入东吴大学附中继续学业。抗日战争期间，因父亲受聘为昆明清华大学农学院教授，陆祖荫一家历经辗转，最终定居昆明。在此期间，他入读昆明南菁中学（现为昆明市第三十中学），并顺利完成了中学阶段的学业。

1942 年，陆祖荫以优异的成绩从昆明南菁中学毕业，并成功考入西南联合大学物理系。在西南联大的求学时光里，他与李政道、杨振宁并肩作战，被誉为物理系的“三杰”。他与李政道关系尤为亲密，不仅是同宿舍的室友，更是经常一同探讨学术、相互学习的挚友。在校期间，他自发加入学生会医疗队和读书班，坚决反对国民党的腐败行径，并积极参与学生运动。

西南联大同学合影，左起：楼格、李政道、叶铭汉、陆祖荫

1946 年，陆祖荫以出色的成绩从西南联大毕业，并荣获留美奖学金。然而，他毅然选择留在国内继续深造。1947 年，他顺利考入清华大学物理系研究生，师从周培源教授，专注于流体力学领域的研究。

二

1950 年 2 月，陆祖荫积极响应国家科技发展的需求，毅然放弃了即将获得的硕士学位。经钱三强教授的推荐，他转调至中国科学院近代物理研究所，投身科研工作。

在中国科学院近代物理研究所，陆祖荫有幸在何泽慧教授的指导下，专注于核乳胶的研制和中子物理的研究。核乳胶作为一种重要的原子核科学探测器，在研制过程中，陆祖荫凭借出色的才能，成功改进了制作方法，显著提高了工作效率。1956 年，何泽慧、陆祖荫、孙汉城三人携手合作，终于成功研制出核乳胶，并因此荣获 1956 年中国科学院奖（自然科学部分）的三等奖。鉴于陆祖荫在核乳胶研制中的卓越贡献，1956 年 12 月，他被晋升为副研究员。同年，经过组织的严格审批，陆祖荫光荣地加入了中国共产党。

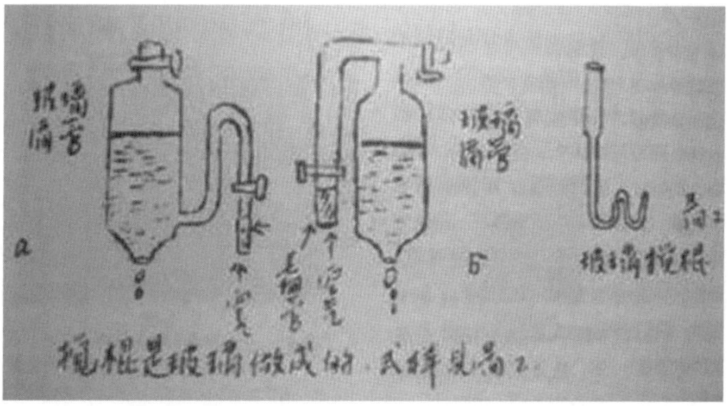

陆祖荫手绘的“核乳胶研制”示意图

1957 年 3 月，陆祖荫顺利通过了我国首批副博士的考试，并于同年 10 月获得派往苏联深造两年的机会。在苏联期间，他首先在列宁格勒物理技术研究所进修原子核物理实验技术，随后于 1958 年 9 月转至莫斯科原子能总局物理研究所，专注于快中子反应堆的研究。

1959 年 3 月，陆祖荫学成回国，回到了改组后的中国科学院原子能研究所。在中子物理研究室，他担任了室主任助理的职务，与研究室的同事们共同努力。经过三年多的不懈奋斗，他们成功建立了一个较为完善的快中子实验室，并对原子弹研制中的某些关键环节进行了富有成效的探索与研究。

三

1962 年 11 月，陆祖荫正在原子能研究所的快中子物理实验室中忙碌地进行试验，突然接到了所长钱三强的紧急电话：“现在国防科委有一项至关重要的任务，急需一位核物理专家，我推荐了你。任务非常紧迫，请你明天上午就去报到。”陆祖荫怀着既好奇又兴奋的心情，第二天便前往总参西直门招待所。他走进一间小办公室，向在那里等候的技术负责人程开甲报到，并见到了吕敏、忻贤杰、孙瑞蕃三位同事。

程开甲向各位传达了国防科委领导的指示：“经过国务院和中央军委的批准，国防科委决定成立一个核试验研究所。我们的任务是在一年半的时间内，将这个研究所建立起来，并做好第一次核试验前的所有准备工作。”

不久之后，筹备组又调来了董寿莘、王茹芝、杨裕生、乔登江等 24 位技术骨干。程开甲为大家做了明确的分工：王茹芝负责力学方面，孙瑞蕃负责光学方面，陆祖荫则负责核物理和核化学方面，忻贤杰负责电子学方面。在程开甲的领导下，核试验研究所的筹建工作和第一次核试验的准备工作紧锣密鼓地展开了。

四

1963 年 7 月 12 日，国防科委第 21 研究所在北京正式宣布成立。张超担任所长，李俊杰、程开甲、董寿莘担任副所长，秦国才担任政委。该研究所下设五个研究室，分别由以下人员担任室主任：第一研究室王茹芝，第二研究室孙瑞蕃，第三研究室陆祖荫，第四研究室忻贤杰，以及第五研究室由程开甲兼任室主任，乔登江担任副主任。在 1963 至 1964 年间，研究所又从各大重点院校中调集了两三百名优秀毕业生，充实到各个研究室中。

随着研究所组织机构的完善和人员的壮大，程开甲立即向陆祖荫布置了两项重要任务。第一项是尽快对预期的核试验可能引发的地面放射性沾污程度进行准确估计；第二项是负责核物理和核化学方面的4个重大项目以及30个课题的试验方案制定和工作进度的规划。

面对党和国家的深切信任和厚望，陆祖荫感到无比荣幸和自豪。尽管任务艰巨且繁重，但他下定决心要勇往直前，坚决完成任务！在陆祖荫的精心组织和领导下，第三研究室迅速成立了核试验取样队、链式反应动力学组、地面沾污测量组和放射化学分析组。各组分工明确，各司其职。在大家的共同努力下，各项工作都进行得有条不紊，为研究所的进一步发展和核试验的成功奠定了坚实基础。

五

1964年5月，经过核试验研究所科技人员的日夜奋战，成功完成了爆炸第一颗原子弹的准备工作。同年6月，全所参试人员陆续进驻核试验场，执行首次核试验任务。在场区的各个工号，科技人员们安装调试了仪器设备。8月底，一切准备工作就绪；9月初，进行了全场最后一次联合试验。

六

1964年10月16日下午3时，随着倒计时的一声“起爆”，刹那间，一片耀眼的闪光腾空而起。只见一个明亮而巨大的火球在迅速地增长升高，不停地翻滚着，犹如火山喷发的熔岩，由火红变成暗红，再由暗红变成灰红，最终化作一柱硕大无比、顶天立地的蘑菇云，直冲云霄。在核试验场观看的人们沸腾了，他们激动地欢呼着，跳跃着，洒着泪水拥抱在一起，将帽子抛向天空，庆祝这一历史性的时刻。

第一颗原子弹爆炸蘑菇云

核爆后参试部队冲入核试验区域取样

七

1964 年 10 月 19 日，八一电影制片厂拍摄的首次核试验纪录片送达北京。这是一份未经剪接、没有配音说明的原始资料片。当天深夜，陆祖荫和一位参谋被紧急召唤至八一电影制片厂，得知周恩来总理将亲自观看这部片子，并请他们为总理作原始资料片的解说。

夜深人静之时，周总理神采奕奕地走进放映厅，与他们一一握手，并亲切慰问。周总理落座后，陆祖荫有幸陪坐在周总理身边。一边播映纪录片陆祖荫一边解说着。陆祖荫与周总理交谈自如，毫无拘束之感。放映结束后，周总理与陆祖荫等人一一握手，感谢他们的工作和精彩讲解，并鼓励他们再接再厉，努力工作。这是陆祖荫与周总理的第一次亲密接触。

陆祖荫与周总理的第二次接触是在 1965 年 5 月 14 日第二次核试验之后。1965 年 10 月 30 日，周总理特意在人民大会堂新疆厅宴请了参加第一次和第二次核试验的主要参试人员。

八

1965 年 1 月，毛泽东主席对中国国防事业作出重要指示——原子弹要有，氢弹也要快。在我国成功爆炸第一颗原子弹之后，氢弹的研制步伐也随之加快。而判断氢弹爆炸是否成功，关键在于测量中子能量，以确定是否产生了核聚变反应。

在 1966 年 12 月 28 日的氢弹原理爆炸试验中，他们成功测到了核爆时的快中子能谱，判断这是核聚变反应，为我国氢弹设计提供了可靠的依据，进一步加快了我国氢弹研制的进程。这一重要项目在 1978 年荣获了中国科学院重大科技成果奖。

1967 年 6 月 17 日，我国第一颗氢弹爆炸成功！

九

在 21 所工作期间，陆祖荫致力于培养一批专注于核试验的科技干部。从 1963 年研究所的组建，到 1964 年首次核试验的成功，这一过程中，他们面临着没有核试验经验、缺乏仪器设备实验室以及可参考的技术资料的严峻挑战。然而，正是在这样的环境下，陆祖荫与三室的科技骨干吕敏、杨裕生等人携手并进，共同提出了成套的测试方法，成功研制出上百台仪器设备，并培养出了上百名能够胜任核试验测试任务的科技干部。他们圆满地完成了各次核试验任务，展现出了卓越的科研能力和坚韧不拔的精神。

陆祖荫总是将年轻的科技人员推向科研工作的第一线，让他们担任课题组长或项目负责人，以此来锻炼和培养他们的领导能力和科研实力。后来，许多从第三研究室走出来的干部在 21 所或基地担任了重要的领导职务。其中，吕敏、杨裕生、钱绍钧、陈达、邱爱慈等人更是凭借出色的科研成就和卓越的领导能力，成为中国科学院院士或中国工程院院士。此外，钱绍钧、范如玉还先后担任了基地司令员，为我国的核科学研究和国防事业作出了重要贡献。还有多位优秀的干部晋升为共和国的将军，他们在各自的领域都取得了显著的成就。

在21所工作期间，陆祖荫的科研成果多次获奖：

1978年，“氢弹空爆核试验装料锂的燃耗测定”获国家发明三等奖；

1985年，“利用铀同位素的核诊断技术”获国家科学技术进步三等奖；

1985年，“严重分凝条件下的放射化学诊断”获国家科学技术进步二等奖；

1988年，“大气层核爆炸现象学研究”获国家科学技术进步一等奖；

1989年，“裂变燃耗放射化学诊断方法”获国家发明二等奖。

十

1966年，陆祖荫被撤销了研究室主任的职务，长期无法从事他热爱的技术工作。

1973年，陆祖荫在恢复工作后不久，因身患多种疾病而住进了基地医院接受治疗。然而，由于治疗不当，他的病情急剧恶化，医院甚至发出了三次病危通知。幸运的是，后来经过中医研究院岳美中大夫的精心医治，他的病情逐渐得到了好转。尽管如此，这次疾病仍然给他留下了多种后遗症。

尽管多年来经历了无数的挫折和病痛的折磨，但陆祖荫对核试验工作的深厚感情却从未减退。在住院养病期间，他依然坚持思考，提出了一系列新的核试验方案。他满怀期待地准备在病愈之后，立即返回核试验研究所，继续他热爱的科研工作。

十一

1979年，考虑到陆祖荫的身体状况已不适宜在边疆工作，在国防科委领导的亲切关怀下，安排他转业到清华大学工作。

在清华大学，陆祖荫带领一批年轻教师，成功创建了近代生物学及生物医学工程研究所，并担任该研究所所长。他在生物物理领域进行了开拓性的研究工作，为学科的发展奠定了坚实基础。此外，他还创建了清华大学生物系生物物理研究室，并担任研究室主任。在校期间，他承担了多个国家自然科学基金项目，并多次赴国外参加国际学术会议，积极与国际学术界进行交流与合作。陆祖荫为清华大学生物系生物物理研究室的建立和清华大学近代生物学及生物医学工程研究所的创立作出了重要贡献。1986 年，他因卓越的学术成就和贡献被提升为清华大学教授。

1986 年，陆祖荫被调回中国科学院高能物理研究所，担任研究员。他同时兼任北京正负电子对撞机工程领导小组顾问，对设计、预制研究提出了许多有益的建议。他还亲自参与了某些探测器的预研工作，为对撞机工程的建设作出了重要贡献。

十二

1992 年 6 月 23 日，陆祖荫因多种疾病突发被紧急送往医院，但遗憾的是，终因抢救无效而与世长辞。在陆祖荫临终前的日记中，记载着许多关于科研工作的思路和设想，这显示出他一直坚守在工作岗位上，直到生命的最后一刻。他的敬业精神和对科研的热爱令人深感敬佩。

结语

陆祖荫一生积极响应国家的需要和安排，将全部精力投身于国家的科学和国防科研事业之中。他品性正直谦逊，淡泊名利，以身作则，作为师长，他诲人不倦，深受敬仰。无论是在边疆的艰苦环境中，还是面对工作和生活中遭遇的挫折和病痛，陆祖荫始终对党的事业忠心耿耿，他艰苦奋斗，无私奉献，勇于攀登科学的高峰，为我国的“两弹一星”

核物理、核试验事业作出了不可磨灭的重大贡献。

我们永远怀念这位勇攀科学高峰、淡泊名利、甘当人梯的杰出科学家——陆祖荫教授！

缅怀孙瑞蕃教授

黄志方

2021 年 3 月 17 日

孙瑞蕃，男，汉族，出生于 1921 年 11 月 8 日，上海人，中共党员，教授，研究员，物理学家，光学专家。

1939 年毕业于上海新民中学。1943 年毕业于西南联合大学。毕业后，先后执教于贵州大学、上海交通大学、清华大学和哈尔滨工业大学。1956—1958 年，赴苏联莫斯科钢铁学院进修，获副博士学位。1958 年底，回国继续执教于哈尔滨工业大学，担任物理研究室主任。在哈尔滨工业大学执教时，曾先后荣获“哈尔滨市劳动模范”“黑龙江省劳动模范”等光荣称号。1963—1981 年，由哈尔滨工业大学奉调入伍，从事核试验工作。在基地研究所担任第二研究室主任、研究所副所长。他是我国核试验光辐射测量的奠基人；是核试验光辐射测量、光学照相测量、X 光测量、激光应用、地下核试验针孔照相等科研项目的主要开拓者之一，曾荣获全国科学大会奖 2 项、国家科技进步奖一等奖 2 项、二等奖 1 项，以及部委级科技进步奖多项，为我国核武器事业发展作出了卓越的贡献。由孙教授担任首任室主任的基地研究所第二研究室，1993 年荣获中央军委授予“勇攀科技高峰研究室”光荣称号。

1981 年调入国防科技情报研究所，从事情报资料研究工作。1984 年在北京离休。

离休后，1988年荣获国防科工委颁发的“献身国防科技事业”荣誉证书和证章。1988年受聘为西北核技术研究所“百焦耳级高功率准分子激光器研制”项目技术顾问，深入研究高功率准分子激光理论和技术，指导项目组攻克了多项关键技术。1995年该项目荣获部委级科技进步奖一等奖。

2018年3月，以97岁高龄为上海马兰战友回忆录文集《战斗在罗布泊的上海人》一书题词：“贺核试验基地六十周年庆：弘扬马兰精神，建设科技强国。九秩晋七 孙瑞蕃 2018.3.16”，并为该书撰写了一篇文章《绝无仅有的照片》。2019年10月，以98岁高龄出席了基地研究所二室战友在北京召开的“两弹一星历史研讨会”。2020年9月，由西北核技术研究所和“激光与物质相互作用国家重点实验室”组成的编辑组，编撰出版了《润物细无声——孙瑞蕃先生百岁诞辰·激光光学手稿文集汇编》。

2020年9月27日因病在北京逝世，享年99岁。

孙瑞蕃教授是我国著名的物理学家、光学专家，是核爆炸高温光辐射测试领域的开拓者和奠基人。

孙瑞蕃教授长期工作、生活在戈壁滩艰苦环境中，他始终以国家利益为重，居住在天山深处，工作在茫茫戈壁滩上，致力于核爆炸物理学光学的研究和测试。他对国防科技事业始终怀着孜孜不倦、坚忍不拔的精神，生命不息，奋斗不止，他是我国国防科研战线上无私奉献的楷模、勇攀高峰的学者。

孙瑞蕃教授离休后，继续投身于光学物理前沿科学的探索之中。他孜孜以求，精益求精，深入研究高功率准分子激光的理论和技术，充分展现了他无私奉献的爱国情怀，严谨求实的科研作风，以及淡泊名利的高尚品质。

孙瑞蕃教授在工作中与战友们、同事们相处融洽友爱。他为人师表，平易近人，与战友们、同事们一起工作、生活的情景历历在目，彼此间建立了深厚的感情和友谊。他是一位品德高尚、德高望重的长者。孙瑞蕃教授对我国核试验事业和光学物理学的贡献，彪炳史册！

我们永远怀念尊敬的孙瑞蕃教授！

叶落归根，魂归故里。孙瑞蕃教授的一生，是无私奉献、光明磊落的一生，是勇攀高峰、功绩卓著的一生。今天，我们遵循孙瑞蕃教授的遗愿，将他的英灵安葬于上海至尊园“两弹一星”核试验纪念园区。愿孙瑞蕃教授在天之灵安息！孙瑞蕃教授永垂不朽！

2020 年 10 月出版的《润物细无声——孙瑞蕃先生百岁诞辰·激光光学手稿文集汇编》。

缅怀忻贤杰教授

徐冠荣

人往往在失去记忆前容易勾起坦诚、真挚和温馨的回忆。为了那忘却的纪念，我常常在梦中惊醒，彻夜难眠。1963 年 8 月至 1969 年 12 月我的军旅生活、学习和工作期间的点点滴滴总能在我脑海中再现。回首往事不仅仅是怀旧，更是一种激励和鞭策。

一、罗布泊电子人的主导者——忻贤杰教授

第一次见忻贤杰教授，是在 1964 年元旦。那时，军训结束后，我与杨慎智、陈如水等四十多位战友一同被分配到了 21 所第四研究室，担任工程技术人员，从事电子应用技术和自动控制实验等科研工作。这一转折点，揭开了我人生新篇章，我开始了在戎马戈壁、马兰风云、通县大院、红山脚下的职业生涯和军旅生活。

在欢迎我们的座谈会上，时任第四研究室主任的忻贤杰教授发表了鼓舞人心的讲话。他鼓励我们在室领导的指导下，充分发挥自己的专长和潜力，把各项工作做到最好。他要求我们为核试验作出军人应有的贡献，为党争荣、为国争光、为民争气、为军队争威。

（一）以小看大，大中求细

电子学专家

忻贤杰，一位杰出的电子学专家，被誉为中国核武器试验控制系统的创始人及核爆炸电磁脉冲远程定位系统的奠基者。他深度参与了制定

中国第一颗原子弹爆炸试验的总体方案，提出了控制系统的设计原理，并亲自领导与组织了控制系统仪器设备的研发、检测和生产工作。在他的努力下，核控制系统成功引爆了中国第一颗原子弹，并确保了上千台测试仪器按照既定程序顺利运行，圆满完成了测试任务。

忻主任有着独特的人格魅力、渊博的学识、高尚的品质和低调的人生态度。在很短的时间里，为我们这些刚走上工作岗位的技术人员，营造了紧张而有秩序的工作氛围，发挥室领导的集体力量，用他战友般的情谊、学识、品质和敬业精神，为我们树立了榜样。忻主任与我们打成一片，做了大量有实效的规划、摸底、谈心和协调工作，提出在学习中从事科研、在科研中追求规范、在规范中培育能力、在能力中开展工作。

正如张蕴钰司令员说的："在主控站担任指令长的忻贤杰同志，他学术一流、功底深厚，与人共事平易近人，是个很有权威和声誉的研究室主任，他带领这些科研人员用自己的双手去撞击这个世界，达到预期的目标。"在伟大的核试验事业中，忻贤杰教授功不可没，永远是我们的学习榜样。

忻贤杰，1946 年毕业于浙江大学，23 岁任核物理系副教授。1950 年被调入中国科学院近代物理研究所担任核电子学组组长。曾在苏联科学院物理技术研究所进修热核动力学，回国后担任原子能科学研究院受控核聚变研究室主任。为了留苏学习，忻主任在短短四个月内就熟练掌握了俄语。这位拥有英语、德语、日语、俄语四门外国语功底的学者，在工作台、书架和枕头边上都堆满了书籍和资料。他能阅读和翻译其中的核心信息，吸收养分、为其所用。然而，他从未在战友面前显露自己的才华，只讲普通话。尽管才华横溢，他却极为低调。

1963 年 7 月 12 日，第 21 训练基地研究所成立。在此期间，忻贤杰与程开甲、陆祖荫、吕敏共同提出了"关于第一种试验性产品国家试验研究工作纲要"和"急需安排的研究课题"等纲领性文件。他们提出，为了完成首次核试验任务，需要开展 28 个研究项目、73 个研究课题，并涉及 23 个协作单位的系统工程。这一方案得到了国防科委、基地和九院等上级领导以及同仁的首肯、褒奖、认同和批复：这是“以我为主，丢掉洋拐杖，走自己的路”的好方案。

在核试验研究所，程开甲（左２）与忻贤杰（左３）
等科技人员在讨论核试验方案

最高的评价

忻贤杰于 1977 年 11 月被提升为基地研究所副所长，继续在学术上指导四室的核电磁脉冲项目工作。1982 年，因病调回北京原子能研究院工作（转业地方），并历任原子能所副所长、原子能院科技委副主任等职务。

周总理在第一颗原子弹成功爆炸后的第二天，在全国人民代表大会上所作的政府工作报告中对我国研制的第一代控制系统给予了高度评价。

人才难得，成果丰硕

为适应氢弹空爆试验的需求，忻贤杰设计并研制了第二代控制设备，该设备具有可靠性高、灵敏度高、节能省电以及能远距离测控的特点。同时，他提出了“三取二多数决策”的容错技术方案，以及“绝对零时”的时统方案，这些创新极大地提高了核爆炸电磁脉冲信号的确认距离。此外，他还发明了“反罗兰 C 双曲线定位”法，利用核爆炸电磁脉冲信号实现了对大气层内核爆炸的监测能力，为中国核试验事业作出了显著的贡献。

协作单位，锋芒显露

“如果一贯老练、厚道、沉着和低调的忻主任，严肃的脸上露出了笑容，那就表明成功在握；如果让从不失守、具有善心、良知、真爱和道德底线的忻主任哼起岳飞《满江红》的旋律，那就说明事情有了结果。这就是一代老科学家的风度。”这是十院第19所总工程师葛叔平和我交谈中，对忻主任的一段评价。

为了执行核试验任务，与十院第19研究所协作时，忻贤杰清楚地知道协作单位要付出的代价——时间紧、任务重，工作量大。而且在特定的环境下，仪器设备要稳定、可靠，这台被称为核试验场区“神经中枢”，承担着引爆原子弹和启动上千台测试仪器的控制设备，其性能和质量直接影响核试验的成败。

（二）以小看精，精益求精

在工作中，忻主任经常教导我们要关注细节，不要忽略任何所谓的小事。他强调，要养成良好的学风，因为经验总结往往都是从点滴小事开始的，要“以小看精，精益求精”。忻主任还特地让我准备一场关于“八线示波器”专用记录仪器的专题讲座。为了这次讲座，忻教授与我进行了三次简短的谈话，每一次都让我历历在目，受益匪浅。

第一次谈话，他主要是三点：一是要讲述“八线示波器”在整个控制系统中的重要地位和作用；二是要清晰阐述其工作原理和操作要求；三是要现场回答同志们提出的问题，促进学术交流、研讨、沟通和共勉，使这种良好的学风成为现实。在他的指导下，我很快地写出了讲座的初稿。

第二次谈话，忻教授对我的讲稿首先是给予了肯定，其次也指出了其中的不足之处，最后他要求我重写。他非常中肯地提出了三点建议：一是要尽量使用学术语言，做到简单明了、干脆利落；二是要讲述操作不当时可能带来的后果，比如卡片、振子选用不当、胶片走光等问题；

三是要对精密仪器进行深入的剖析，甚至可以“大卸八块”，以实现现场互动培训的效果。在他的建议下，我又费劲地写出了讲座的修改稿。

第三次谈话，我带着“八线示波器”和修改后的讲稿，在实验室进行了实际操作汇报。忻主任鼓励我说：“不要着急，慢慢讲，你准备得很好。”在他的鼓励下，我站在实验室的讲台上，一口气讲了两个小时，进行了实际操作演习，并回答了战友们的各种提问。这次经历让我深受鼓舞，也更加明白了关注细节和精益求精的重要性。

（三）以小看巧，巧中求准

1964 年 8 月底 9 月初的某一天，在试验场区的一座特大帐篷里，召开了一场由张爱萍副总长主持、张震寰秘书长等领导同志参加的四室“团结大会”。

会上，忻主任在检查工作中谈到了事故出现的概率问题，他指出了在制定方案以及研发、测试、检查和生产过程中，对环境考虑不足的问题。他进一步强调，无休止地进行整机测试、系统调试、地区联试和场区联试，只会导致劳民伤财、劳而无果的结果。他提到，在发展阶段中，设备会经过试用期、磨合期和适应期，就像钟表一样，过了适应期就会进入稳定阶段，运行得越来越准确。据不完全统计，设备的技术故障率高达 27%。为了消除各种隐患，确保在核试验之前解决所有问题，他们对系统设备进行了 140 多处不同程度的修改和整治，使设备进入了正常工作的稳定期。

会议经过短暂的休整后，首长们再次聚在一起，经过协商，继续开会。张爱萍作了总结发言，主要内容有三点：首先，他高度评价了忻主任，认为他是一个学术上不可多得的人才，是一个不穿军装的军人，也是一个优秀的室领导。他肯定了四室特别是忻贤杰同志的工作，并要求大家排除万难去争取更大的胜利。接着，他非常严肃地说：“你们每一项工作都要为场区党委负责、为中央军委负责、为毛主席负责。”其次，他讲了一个猴子埋儿子的典故，表示非常同意忻贤杰同志提出的事故概念分析。他鼓励大家对自己的工作要有自信心，并表示场区党委会认真考虑忻贤杰主任的忠告。最后，他对参与工作检查的同志给予了表扬性的结论，并指出非正常事件绝不允许再次发生。

“团结大会”的召开打开了人们的心结，同志们的工作劲头更加高涨。可以说，“团结大会”的召开是正确的、及时的、必要的，它体现了“以小看巧，巧中求准”的精神。

（四）以小看实，实中求果

因为有了第一次核试验的成功经验和深刻教训，我们首先针对戈壁滩自然环境的制约因素，对今后场区执行任务的时间跨度作出了新的选择，主要是为了避开炎热盛夏所带来的种种困难。其次，原子弹起爆后，我们对其对人类生存环境的灾害性影响有了亲身经历，并掌握了相关数据。最后，我们根据自动控制设备的要求，进行了新的方案认证和培训。

在核试验场主控站调试测控天线

忻主任和龙副主任在总结过去的同时，也考虑着今后工作的发展方向。一方面，他们致力于维护现有设备，确保不带问题上场执行任务，并随时采取措施加固容易发生问题的薄弱环节；另一方面，他们加强对新技术的学习，及时寻找更适合场区试验的新设备方案，制作了第二代、第三代，直至第六代的自动控制设备，以适应从塔爆方式向空爆、地下试验方式的转变。

他秉持着“以小看实，实中求果”的理念，使我们受益匪浅。这一理念极大地扩展了我们的学术视野和范围。在首次空爆试验中，这一理念使得高空、地面指令接收系统的可靠性大大提高。我们采用了频率编码信号，使得宽、窄的防干扰措施得以有效实施。此外，他还将“三取二”多数表决体制应用于控制系统中，提高了防不动和误动的能力，从而大大提高了系统的可靠性。这也是“以小看实，实中求果”理念所带来的必然成果。

这就是我笔下的电子学专家，自动控制的领军人物，罗布泊电子人的主导者——我们的良师益友忻贤杰教授。他是一位在戈壁战斗了二十多年的巨人，托起了核试验的蘑菇云。他的一生虽然没有军衔和奖章的装饰，但他却一点一滴地顽强塑造了科技的硕果，一字一句地朴素写下了光辉的一生。

二、入伍，下连当兵，退伍

（一）入伍

张爱萍副总长常常赞誉忻贤杰主任是学术界不可多得的人才，是不穿军装的军人，更是一位杰出的室领导。这是对忻贤杰教授人格魅力和事业成就的极高评价。

在第一次核试验成功爆炸后，部队回到了北京。从各大院校调来的精英们都被授予了军衔，唯独忻主任因是中国同盟会的成员，按照中央军委的规定未能入伍，但他依然保持着军人的本色。这位不穿军装的军人与我们一样，除了坐火车时能享受软卧待遇外，没有其他任何特权和特殊照顾。

他能喝几口小酒，但从不抽烟，他认为吸烟有害健康，用他的话讲："花钱买罪受，得不偿失。"他偏爱清香的浓茶，静下心来时乐意与同志们探讨学术发展的问题。他从不谈及家事，公私分明，生活极为简朴。

无论是在北京的通县、戈壁场区还是红山脚下，他总是与同志们亲密无间。为了培养年轻人，他总是将他们推上前线，不遗余力。他严肃的脸上很少露出笑容，但遇到难题时总是沉着应对。即使有人犯错，他也从不怒斥，他是一位难得的好领导，更是我们的良师益友。

在戈壁场区，他与我们同甘共苦，出门时坐解放牌大卡车，并总是将司机室让给身体较弱的女同志。每天从场区 21 所驻地到主控站，他都坚持坐班车来回。他喝的是孔雀河的水，尽管这常常导致他拉肚子，他吃的也是带着细沙的米饭。

忻主任常常独自在帐篷里工作到深夜，苦思冥想，勇攀学术高峰。在这个飞鸟不敢来、鬼不落脚的艰苦地方，他经受了夏天的酷热和冬天的严寒，坚守着"黄沙百战穿金甲，不破楼兰终不还"的信念。

1965 年，忻主任执行完第二次核试验任务后，从新疆返回北京。他选择退出民主党派同盟会组织，并提出了入伍申请。当晚，基地党委就来电批准了他的入伍申请，国防科委首长也来电热烈祝贺他参军。基地研究所再次任命他为第四研究室主任。第二天，忻主任就穿上了军装，开启了他新的人生篇章。

（二）下连当兵

1. 下连当兵前的日日夜夜

45 岁的忻教授到 124 团二营六连挂职副连长的消息很快在红山传开了，这更多的是出于大家对忻主任的关爱和信任。

2. 下连当兵的三件小事

忻主任与我们一同来到了南山平洞前的营房。在方案、课题和项目的提出与执行过程中，我们起初并未意识到这项任务的前期工程是如此巨大。

第一件小事——推渣石矿车

忻主任与我们并肩作战，一起推渣石矿车。在长达千米的坑道中，我们每天需要来回数次，将重达几吨、堆得像小山一样的矿车从作业面推到山洞外，这确实是一项非常累人的工作。尤其是上坡时，全靠人力硬推，异常吃力。下坡时，忻主任更是辛苦，45 岁的他，已经登不上矿车，只能慢跑追赶，等到下一个上坡时，他才气喘吁吁地赶上来。四室的同志们，特别是六连的战士们，都不忍心让忻主任干这种重活，最多只让他在一个坡道上帮忙推一下，也不让他跟着跑。然而，忻主任就这样硬挺了半年多，从未有过怨言。

第二件小事——封堵作业

下连当兵的后期，我们对山洞的三个作业面进行了连续作战的封堵。水泥由搅拌机机械作业产出，封堵时则需要两排人工组成的传输带，一桶一桶地向上堆积，工作量极其繁重。而且，由于人们都集中在一起，空气又不流通，条件极其艰苦。我们硬是靠人工将高 4 米、宽 5 米的山洞用水泥堵死。

第三件小事——“杀猪庆功”

人们常说：“没有张屠夫，照吃带毛猪。”在欢送我们结束连队半年有余的告别会前夕，我有幸当了一回杀猪的下手。忻主任笑着说：“这辈子是第一次经历这种场面，要不是来到连队当兵，也不可能目睹和经历这种场面。”

在告别会上，六连连长发表了几句真心话：“看来你们这些知识分子并不臭，你们不是人们想象的那样肩不能挑、手不能提、五谷不分的书呆子。你们有一颗忠于党和人民的心。特别是跟忻主任在一个连部工作，感到非常愉快，我们合作得非常默契。我要对忻主任在整个施工过程中提出的安全问题表示感谢。”

就这样，我们在最好的赞扬声中回到了红山。

（三）退伍

1969 年，我们脱下军装，解甲归田，复员回到地方，很少再听到有关忻主任的消息。怎会想到，在我们离开后，忻主任竟被免去研究室主任职务。

关忻主任从 1962 年调入 21 所，1963 年任四室主任，在 1969 年被免去职务，直到 1977 年才恢复工作，任基地研究所副所长。这对于风华正茂、学业有成、事业成功的忻贤杰来说，失去的工作时间竟长达 8 年之久。

1982 年 12 月，在忻主任临走前，基地党委批准了他的入党申请，他终于成为一名真正的共产党员。

2005 年，我才得知忻主任已于 1988 年在北京病故的消息，享年仅 64 岁。

以上就是我对忻贤杰教授事迹的回忆。忻贤杰，一个共产党员、人民的好干部、我们的好领导，我终生的良师益友。忻贤杰教授，安息吧，愿您一路走好！

忆乔登江院士

朱焕金

乔登江（1928年3月—2015年5月），核科学技术专家，1997年当选为中国工程院院士。1952年毕业于南京金陵大学物理系，先后在该校物理系、南京师范学院理化系和苏州江苏师范学院任教，讲授理论物理。1963年调入核试验基地研究所，先后担任研究所第五研究室副主任、主任，研究所副所长，研究所科学技术委员会主任，基地科学技术委员会副主任和国防科委“抗核辐射加固技术专业组”副组长、秘书长。1999年被聘任为华东师范大学教授、博士生导师。2015年5月在上海病故，享年87岁。

乔登江长期工作、生活在戈壁滩艰苦环境中，从事核爆炸现象学、核爆炸物理学、核武器效应以及核技术应用的研究。他对核爆炸火球的发展规律，核爆炸冲击波、光辐射、早期核辐射、核电磁脉冲的传播规律，放射性沾染规律，以及核试验中的安全与防护等方面，进行了深入的研究，并作出了重要贡献。作为研究成果，乔登江主编了多部核科学技术专著，包括《核爆炸效应参数手册》《核爆炸物理概论》《地下核爆炸现象学概论》《高空核爆炸》等。他还曾获得全国科学大会奖2项，国家科技进步奖一等奖1项、三等奖2项，国家自然科学三等奖2项，国家技术发明四等奖3项，以及部委级科技进步奖一等奖4项、二等奖5项。

一、握笔从戎，投身国防科技事业

1928 年 3 月，乔登江出生在一个手工业家庭，家境虽贫寒，但父母还是在他到了上学年龄时，毅然将他送入学校接受教育。1937 年，“卢沟桥事变”爆发，当年年底日寇占领南京，并实行了长达一个多月的大屠杀，这场浩劫给刚刚步入少年的乔登江心灵留下了无法愈合的创伤。抗日战争胜利后，乔登江就读于南京市第五中学。1948 年春天，他凭借优异的成绩考取了南京金陵大学物理系。在校期间，他积极参加中国共产党地下组织举行的爱国主义的学生运动，并在南京解放前夕光荣地加入中国共产党。20 世纪 60 年代初，为了加强核武器研制部门的工作，中央组织部从全国各部门抽调一批技术专家，乔登江也被调到第 21 试验训练基地研究所。他到任后，被任命为理论研究室副主任，负责主持核爆炸效应和核试验安全的研究工作。1964 年 5 月，乔登江率领科技人员奔赴核试验场，负责试验场区的安全参数预测、核效应和核防护等工作，为 1964 年 10 月 16 日中国首次核试验的圆满完成作出了重要贡献。

1966 年 10 月，研究所从北京通县西迁到新疆马兰。从此，乔登江在新疆核试验基地度过了 20 多个春秋。在此期间，他参加了包括地面、空中以及地下的平洞、竖井等 20 多次核试验，成功解决了核试验效应和安全中的关键问题，为人员、物资和测试设备的安全，以及取得准确试验数据提供了可靠保证。此外，他还对高空核爆炸的现象学进行了系统的研究，特别是在高空核爆炸环境和抗辐射加固实验技术研究方面，取得了卓有成效的成果，为战略导弹抗辐射加固技术研究提供了基本依据。他的卓越贡献也得到了认可，先后于 1972 年担任理论研究室主任，1982 年担任研究所副所长，1986 年担任核试验基地科学技术委员会副主任等重要职务。

二、拓展了核爆炸物理学领域的研究

乔登江于 1963 年春来到北京，当他知道自己将从事核武器的试验工作后，倍感担子沉重，责任重大，他对重要的国防科研任务充满了热情，具有高度的责任感和自觉性。尽管他的专业是理论物理，数理基础扎实，但对核武器是陌生的，对核爆炸产生的各种现象也知之甚少。然而，他没有辜负国家和人民的期望，毅然将核爆炸理论和核试验安全作为自己的专业，不断钻研提高，拓宽研究领域。

乔登江（左 4）与战友们在核试验工程坑道中

在繁忙的研究与领导工作中，他执着地收集整理试验现场的各种实测数据，从浩瀚如海的数据资料中探索规律，归纳总结了大气层核爆炸诸多现象的变化过程。为了防止大气层核试验结束后大量试验数据丢失，在我国即将结束大气层核试验之际，他及时组织理论研究和现场试验测试人员，主持编写了《核爆炸效应参数手册》。此后，在进一步分析研究这些数据资料的基础上，他采用数值模拟和理论分析方法，对核爆炸早期的物理现象，以及核爆炸产生的效应参数进行了深入研究。经过数年的不懈耕耘，他编著了《核爆炸物理概论》。

地下核试验是将核装置置于地表以下的试验，爆炸周围的环境是不同类型的岩石或土壤，与大气层核试验的环境有天壤之别。如何保证试验顺利地进行，必须解决埋深、堵塞和测试布点和效应试验中的安全等技术问题。地下核试验后，他运用自己长期工作积累的核爆炸物理和核爆炸现象学的知识，指导各有关单位对地下核试验效应数据进行系统总结，提炼了许多规律性的认识，在此基础上，他与其他两位专家合作编写了《地下核爆炸现象学概论》。

高空核爆炸造成的辐射环境，对于抗辐射加固技术研究有着重要意义；同时，高空核爆炸引起的空间辐射环境变化，对卫星和通信等也产生重要影响；进行中空、高空核爆炸环境研究，对中国发展核武器的战略决策有着重大影响。在程开甲先生的领导下，乔登江参加并具体指导该小组对国外高空核试验进行深入的调研，收集了大量美苏历次试验的测试数据。在此基础上，他运用长期对核爆炸物理学的研究成果，结合特殊的高空环境，开展了大量的数值模拟计算和理论分析工作，系统地总结了高空核爆炸产生的诸多现象，编写了《高空核爆炸》专集。

三、发展了核试验安全理论与方法

核武器的发展，要求核爆炸测试技术不断精进，以便更精确地测量武器内部核反应各个阶段的物理过程及表征这些过程的特征参量。然而，大气层核试验，特别是空中核试验受试验环境的制约，已经不能满足这一要求。相比之下，地下核试验能够近距离对核装置进行探测，加之国际上反对大气层核试验污染环境的呼声日益高涨，这也促使中国必须尽快转向地下核试验。但是地下核试验面临诸多技术挑战。其中首要问题仍然是试验安全。地下核试验是将核装置置于距地面一定深度的井下或洞内，可以通过竖井与平洞两种方式来实现。各类测试系统被布置在距离核装置几米到几十米的范围内，测试信号通过电缆传输到地面的接收系统进行记录。核装置和各类测试、控制系统安装调试好后，再根据具体要求对竖井或平洞实施回填或堵塞，以防止爆炸物抛出地面或从平洞中冲出，确保具有高放射性的爆炸物全部被封闭在地下，实现全封闭式的地下核爆炸。

乔登江在理论上运用弹塑性力学和流体力学原理，深入研究了核爆炸高温高压气体膨胀及其与岩石的相互作用过程，以及岩石内强冲击波传播过程中平洞或竖井回填物与岩石壁的相互作用机制。他论证了平洞试验实现自封堵塞和竖井试验实现回填堵塞的可行性，提出了地下核试验安全埋深的最小抵抗线的选择原则，并制定了适用于不同介质的安全标准，从而为中国地下核试验的安全提供了有力保障。

四、主持核武器效应与防护研究

核试验的目的主要包含两个方面：一方面是要测试核武器的性能，以便改进武器设计和生产工艺，为核武器的发展提供支持；另一方面是研究核武器效应及其规律，为战争时使用和防护核武器提供服务。乔登江是中国核爆炸理论与实践相结合的典范，他对核试验事业怀有深厚的情感，并十分珍视核试验中获取的每一个数据。每次试验结束后，他总是敦促研究人员到效应研究单位了解情况，收集试验资料，并及时进行汇总。他曾多次参加全国性的核武器效应研究总结会议，为核武器效应研究在理论上的提升作出了贡献。

随着中国大气层核试验临近结束，面对大量零散的效应理论研究成果和现场试验资料可能因停止试验而散失的情况，乔登江出于对核试验事业的高度负责精神，及时组织人员，全面系统地对大气层核武器效应资料进行了归总和分析。他对核爆现象与核爆方式的关系，以及核爆炸各种效应参数的传播规律进行了深入的理论研究与系统总结。在此基础上，他主持编写《核爆炸效应参数手册》。

五、开展抗辐射加固技术和新技术武器毁伤效应研究

为了提高战略核导弹弹头在高空核爆炸环境下的生存能力与突防能力，1982 年国防科工委成立抗核加固技术专业组（该组于 1987 年更名为抗辐射加固技术专业组），乔登江担任专业组秘书长、副组长等职务。在此期间，他制定了抗辐射加固技术研究指标，指导并参与了多项重要研究，包括弹头抗 X 射线、抗激光的力学效应研究，电子器件和系统的抗中子、抗 γ 辐射研究，以及抗电磁脉冲的理论和实验技术研究。为了深入研究核爆环境对弹头各系统的毁伤效应，首先必须准确了解环境参数。为此，乔登江经过多年的调研，完成了高空、中高空核爆炸环境参数的计算以及毁伤规律的研究，并编写出版了《高空核爆炸》。这一成果为高空核爆炸现象学和战略导弹的抗辐射加固技术研究提供了重要的理论依据。

乔登江院士的爱国热情是他为事业奋斗终身的动力，核试验事业为他提供了施展才华的广阔舞台。他始终以国家利益为重，长期单身居于天山深处，坚守在茫茫的戈壁滩上。他对国防事业孜孜不倦、坚忍不拔的精神，以及“生命不息，奋斗不止”的高贵品质，使他成为国防科研战线上“勇攀科学高峰的学者，无私奉献的楷模”。

怀念我的父亲宁培森

宁燕芸

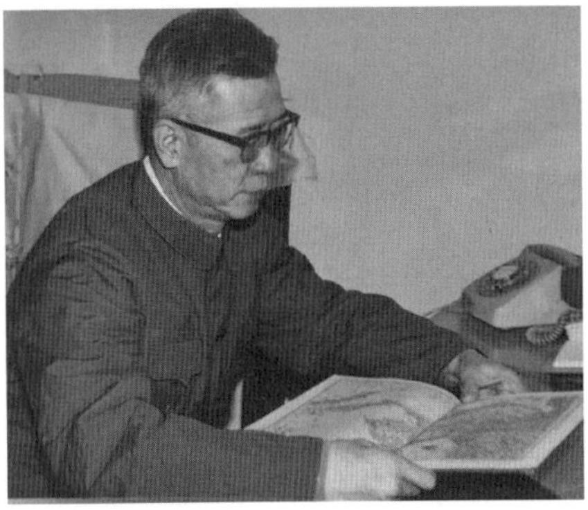

又到初春，春暖乍寒，清明来临之时，倍加思念我的父亲宁培森。人的故事不过一条生命长河，父亲的一生，如果不记录下来，他就真的从这个世界上消失了。

1925年8月25日，父亲出生在天津的一个富裕家庭宁家大院，当时也算是天津的名门望族。父亲的曾祖父宁星谱，是天津华商会会长，天津总商会特别会董。

天津市重点保护文物——宁家大院

在这样家庭出身的父亲，既没有娇生惯养的习惯，也没有少爷的作风，他拥有的只是刻苦学习的精神和积极向上的态度。他凭借天津第七名的成绩被公派到日本留学。然而，在日本学习期间，由于中日战争的爆发，我父亲毅然决定返回祖国。回国后，他又以优异的成绩考入当时的北洋大学（即现在的天津大学）。1949 年毕业后，他服从国家分配，被派往兰州铁路设计院工作。

20 世纪 50 年代，在兰州铁路设计院工作的父亲，作为专家团的成员前往苏联进行技术交流。在去苏联之前，他以刻苦学习的精神，用短暂的时间迅速掌握了俄语，到了苏联后，他已经能够与苏联专家用俄语交流并充当简单的翻译。父亲 40 岁左右已经成为兰州铁路设计院的副总工程师。

1965 年夏，宁培森（左 1）与一室科技人员在
马兰招待所讨论核试验方案

20 世纪 60 年代初，我们意识到必须要发明制造自己的核武器。1962 年秋，由钱三强点将，核武器研究所副所长程开甲和中国原子能研究院专家吕敏等六位专家、教授，作为首批人员调入我国核武器试验基地研究所。随后，又有 24 位专家教授加入这一行列，其中包括理论计算学科的乔登江、放射学科的杨裕生、冲击波学科的王茹芝、俞鼎昌等，而我的父亲宁培森也是这 24 位中的一员，他作为机械学科和地下工程学科专

家被召集而来。他们都是从全国全军有关科研院所和高等院校中选拔出来的杰出人才。我父亲宁培森与他们一同成为我国核试验基地科学技术队伍的奠基人，是我国核试验现场核爆炸测试技术的开拓者，是我国核试验各领域学科建设和总体技术发展的领路人。他们为我国核武器研制、试验和发展作出了创造性的巨大贡献。我父亲参加了第一次地下核试验坑道的选点工作，负责测试项目布点和总体方案的确定，并亲自前往工程现场进行设计，对现场施工进行指导。在试验现场，他还组织实施了两次地下模拟试验，成功验证了核试验坑道安全埋深公式的正确性，同时也验证了在正确坑道形式和堵塞方法下，可以把核爆炸控制在地下空腔内。

宁培森（右2）与一室科技人员蒋林元、张晓民、李庆山等在核试验现场

总装备部作战试验局原副局长邱学臣曾表示：宁培森是研究所正式成立初期的室主任，他为研究所力学研究室（一室）的组建和力学测试系统的建立，以及核试验力学测量技术的研究和试验现场实施作出了重要贡献。他参与组织了我国第一次地下核试验的多个关键环节，包括坑道选点、现场工程设计、化爆模拟试验、测试项目布点、总体方案确定以及现场实施等全局性的、关键的工作，他在地下平洞式核试验工程中发挥了重要作用。宁培森主任领导的一室，在核试验任务中取得了显著成果。他们承担了核爆炸冲击波的研究、地震研究、化爆模拟和现场测量等多项任务。几十年来，他们从无到有，协同努力、集智攻关、不断

创新，建立了一整套完善可靠的核试验冲击波测试系统，并形成了国家唯一的核爆炸冲击波和地震测试体系。这一体系为我国核试验速报当量、核爆炸人员防护、测试设备和工程设施、人防工程的安全等提供了可靠的科学依据。宁培森和一室，为国防建设作出了突出贡献。

我的父亲宁培森和母亲李传骧

由于工作的保密性质，父亲和母亲李传骧分居长达十年之久。直到1974 年，我们全家才随父亲搬到了红山。那时的红山已基本建设完成，房子也盖好了，因此我们并未经历太多的艰苦。因为工作的保密性，父亲从来没跟我们说过他所从事的工作，对此我也知之甚少，其中的艰辛和曲折，我们是不知道的。父亲母亲在兰州相知相爱。母亲毕业于湖南湘雅医学院，后被分配到兰州铁路医院工作，成为一名医生。后来，她随爸爸去了新疆，在红山门诊部担任军医。

不管工作多么忙，父亲都从未放松对子女的教育。我哥哥高中毕业后去农村插队两年，又在工厂工作了两年，1978 年恢复高考时，他仍以21 基地考生中第一名的优异成绩，从新疆考入了北京邮电大学。1977 年，父亲调入北京国防科委工程设计所工作，直到离休。2001 年 3 月，爸爸因病与世长辞。我的父亲母亲都较早地离开了我们，这也将成为我一生的遗憾。

人生的路是自己走出来的。父亲一生淡泊名利，甘愿隐姓埋名，终生从事国防科研工作。他没有虚度年华，他和他的战友们一起用自己的辛勤劳动，为社会的发展和国家的繁荣而默默地奉献着。

如今，我们见证了祖国的繁荣昌盛。父亲母亲，你们安息吧！

怀念我的父亲——陈达院士

陈伟芳

陈达，男，1937 年 7 月出生，江苏南通人，大学学历，中共党员，研究员，中国科学院院士，少将军衔。1963 年毕业于清华大学工程物理系，同年 9 月入伍，历任 21 基地研究所七室副主任、主任，研究所科学技术委员会主任，以及南京航空航天大学教授等职。先后获国家发明二等奖 2 项、三等奖 1 项，国家科技进步二等奖 2 项，部委级科技进步奖一、二等奖 6 项，光华科技基金一等奖 1 项。1992 年享受国务院政府特殊津贴。1993 年被授予少将军衔。2001 年当选为中国科学院院士。长期从事核试验科学研究，为我国核试验发展作出了重要贡献。2016 年 7 月在南京病逝，享年 80 岁。

1937 年，父亲出生在江苏南通的一个贫困家庭，那是一个中华民族正深陷重重灾难的年代。爷爷是个手艺人，挑着担子走街串巷地卖一些糕饼、麻团来养活一家人。也许是吃尽了没文化的苦，也许是江南人特有的聪慧和前瞻，再苦再难爷爷都没有放弃过对父亲的教育，虽然没有“凿壁偷光”的壮举，但父亲确实有过在邻居家的烛光下刻苦学习的经历。

1957 年，父亲以优异的成绩考入清华大学。然而，由于家贫，爷爷再也凑不出父亲上大学的费用。为了不再增加家里的负担，父亲决定放弃学业，去上海做钳工。这件事情被父亲的小学老师、时任县教育局副局长的曹金琪先生得知，于是由政府出资贴补了大部分费用，父亲才得以顺利进入大学深造。也因此，父亲一生都感激党和国家的培养，他常说："没有共产党就没有新中国，就没有我成为科学家的这一天。"

在清华大学，陈达（左 1）与同学们在一起

1963 年，父亲从清华大学毕业，为了报答党和国家的培养之恩，他毅然放弃了留校任教的机会，响应"到祖国最需要的地方去"的号召，成为地处戈壁荒漠的中国核试验基地一员，并决心把自己所学的知识奉献给养育他的祖国从此踏上了投身"干惊天动地事，做隐姓埋名人"的漫漫人生征途。1964 年 10 月 16 日，罗布泊上空升起了巨大的蘑菇云。面对这一壮观的场景，父亲和他的战友们穿上厚重的防化服登上卡车，不顾个人安危奋不顾身冲向爆心取样。为了攻克燃耗测试技术的难关，父亲接受了上级交给的这个艰难任务。他夜以继日地研究实验，最终成功创建"增长法"诊断技术方法，为我国核武器发展作出了重要贡献。

父亲性格温和，平易近人，我常常问自己到底怎么写才能表达出我最敬爱的父亲形象。"平和、豁达"这两个词最先映入我的脑海。在新疆的那段葱茏岁月中，我度过了幸福的童年和青少年时光，父亲的微笑一路伴随着我成长。书桌旁，总有父亲的身影陪我温习功课；餐桌上，父亲用自身的经历教育着我们，让我们明白什么是礼仪，什么是修养，什

1963 年陈达大学毕业，被分配到核试验基地研究所工作

么是品格。父母工作的放化楼在远离居民区的山坳里，夜里常有狼叫声。每当父亲加班夜深未归，母亲便会不放心想去接他，但又不敢一人走夜路。于是，她便会拿着棍子，带着我和哥哥壮胆，一起去迎父亲。夜深人静时，父亲在昏黄的灯光下伏案工作的背影，是我每晚起夜时都能看到的情景。初时，我不能理解为什么父亲每天这么辛苦地工作，直到他一个又一个地获得发明奖，我才明白，一切辛苦的付出都是值得的。如今，往事已变成尘封在记忆中的梦，而父母深沉的爱是我唯一鲜明的记忆。

陈达（坐者）与青年学生们在一起

2001 年，65 岁的父亲退休离开部队，回到故乡继续发挥余热，来到南京航空航天大学。进校初期，不少人都怀疑这个 65 岁的老人是否还有精力在地方大学做出新的成绩。然而，父亲凭借不服老的坚韧劲，在南京航空航天大学大有作为。初到南京航空航天大学就创立了核医学物理系，将研究方向从用核作为杀伤性武器转变为研究用核技术治疗癌症病

人，实现了从一个兢兢业业的核武器专家到悬壶济世的医学工作者的跨越。他将自己的一生都奉献给了祖国的核事业，这不仅是一位科学家的使命，更是父亲对自己生命价值的不懈追求。父亲在给他的外孙出国留学的寄语中写道："自立、自信、自强、自爱，学有所成、才思敏捷，处事机灵、注重安全，健康体魄、根植中华。"父亲一生爱国，更教育子孙后代无论走到世界哪个角落都要记住自己的根！

2016 年夏天，父亲永远地离开了我们，离开了他深爱的工作岗位，长眠在马兰基地的烈士陵园里。阔别多年，又回到了这块他曾抛洒青春热血的土地上，这里有他的首长和战友，我想父亲是欣慰的。在这块神秘的土地上，他的学生们继承了他未竟的事业，守家护国的使命生生不息地传承着。

空中升腾的蘑菇云和太阳交相辉映，点亮了罗布泊的天空，极度美丽壮观却又极具危险性，然而却有那么一群人无怨无悔地扎根在这片不毛之地，从事着最神圣的事业。他们是奇迹的缔造者，是我们国家的骄傲，而我的父亲正是他们中的一员。父亲更是我心中永远的骄傲。

我的父亲倪元兴

倪　燕

倪元兴（1938—1998），1938 年 5 月出生于江苏省镇江市，大学本科，中共党员，研究员，大校军衔。1961 年 7 月毕业于清华大学，同年被分配到 21 基地和基地研究所工作，历任技术员、项目组组长、研究员、研究室副主任等职务。从 1964 年参加中国第一颗原子弹核试验，直到 1996 年参加中国最后一次地下核试验，共参加核试验 30 余次。荣立三等功 1 次。荣获国家科学技术进步奖 1 次、二等奖 2 次，国防科工委科学技术进步奖二等奖 5 次、三等奖 5 次。享受国务院政府特殊津贴。1994 年担任研究所二室副主任时，该室荣获中央军委授予“勇攀科技高峰研究室”荣誉称号。1998 年 12 月因病治疗无效，在北京逝世。

我的父亲倪元兴，1938 出生于江苏镇江。我的祖父祖母原本居住在南京，1937 年底，日本人打到了南京，祖父带着怀孕的祖母逃难到镇江。在逃难的路上，父亲出生了，当时祖母高龄难产，幸好同路的一位西医帮忙接生。父亲也真是命大，虽然头皮被产钳夹破，但是母子平安，皆大欢喜。父亲出生的时候，祖父已 48 岁，祖母 38 岁，作为家里的独子，祖父祖母对他的爱怜有加。父亲不负祖父祖母的厚望，一天天长大，聪明、健康、英俊，尤其是学习很好，是镇江第二中学的“学霸”。父亲自主学习意识很强，凭着自己的努力，带着祖父祖母的祝福，以出色的成绩考入了清华大学。那一年，是 1955 年，父亲 17 岁。父亲在长江边长大，每天看着江上船来船往，一心想在清华大学学习船舶制造。没想到在政审阶段，被工程物理专业录取。上了大学，就是国家的人了，国家让学习工程物理专业，那是荣誉。学校征求意见时，父亲坚决服从国家需要，把工程物理专业作为自己一生研究的方向。当时交通不发达，许多学生的家境贫寒，因此在上大学的六年里，每到假期，他们都会勤工俭学，为自己筹备下个学期的学费和生活费。刚上大二时，父亲收到了家里的来信，祖父去世了。祖母为了让父亲安心读书，尽管已五十多岁，仍决定到采石场做零工，支持父亲完成学业。毕业那一年，是 1961 年，父亲 23 岁。

刚毕业时，国家正在组建核试验基地研究所，而父亲学习的专业是那里需要的。组织来征求父亲的意见，他毅然选择入伍，听从祖国的召唤，到祖国最需要的地方去。父亲的事业，就是从这一年起步的。当时他拿着介绍信、入伍通知书，到地处北京郊区的通县马蹄楼报到。几个月后，他和战友们登上军用专列，乘着闷罐车一路向西，颠簸了两个星期后，来到了马兰基地，来到了红山。从此，他在戈壁滩上、在大山深处，默默奉献自己的青春和汗水，为铸造祖国的核盾牌作出自己的贡献。三年后，父亲参加了中国第一颗原子弹核试验，荣立三等功。那一年，父亲 26 岁。

倪元兴在核试验场区执行任务

在红山，条件十分艰苦，但父亲和那里的人们一样，都怀揣着为祖国伟大事业奉献的信念，日子过得忙碌而踏实。一转眼，父亲已到而立之年，而他身边的同事们大多已成家立业。两年后，父亲按照祖母的意思，经人介绍，在乌鲁木齐基地的招待所里，父亲认识了大学毕业后被分配到新疆昌吉工作了两年的母亲。父亲和母亲开始相亲，同为江南人，又都身处新疆，父亲以诚相待，话虽不多，母亲却感到父亲是自己可以相守一生的人。经过几次相处，双方都感觉很好，于是半年后，父亲和母亲决定结婚。父亲把自己多年省吃俭用积蓄的六百元交到了母亲手里，在当时，这是一笔巨款。那一年，是 1970 年，父亲 32 岁。

母亲怀孕了，好消息传到了家里，71 岁的祖母欣喜之情难以言表，她执意让母亲回镇江待产，并亲自照顾。母亲回镇江时，已经怀孕九个月，父亲因工作繁忙，实在走不开，没能送她。在母亲分娩前夕，父亲终于赶到了镇江家中。第二天，在镇江市人民医院，我的哥哥顺利降生。那几天，父亲抱着自己的儿子，天天都是笑呵呵的。那一年，是 1971 年，父亲 33 岁。

一年后，祖母在家里不慎跌倒，因脑出血不幸离世。父亲远在红山，等接到消息后带着怀着我的母亲赶回镇江时，已经是一个星期以后。所有后事已由邻居帮忙料理完毕，父亲忍不住失声痛哭。祖母一生为父亲着想，不愿给他添一点点麻烦，却给父亲留下了一生的遗憾。几个月后，我在马兰出生，父亲儿女双全。那一年，是 1972 年，父亲 34 岁。

父亲在镇江的牵挂没有了，他的根深深地扎在了戈壁，全身心地投入工作。1973 年，他加入了中国共产党。从 1964 年中国第一次核试验开始，直到 1996 年中国宣布停止核试验，父亲参加了 30 余次核试验，他始终坚守在执行核试验任务的前沿阵地。他历任专业组组长、研究室副主任等职务，荣获大校军衔和技术四级研究员的职称。在他担任研究室副主任期间，研究所二室荣获了军委颁发的“勇攀科技高峰研究室”荣誉称号。几十年里，在父亲的研究领域和专业方向上，他取得了很多重要的科研成果。他先后获得国家科学技术进步奖一等奖 1 次，二等奖

2次，国防科工委科学技术进步奖二等奖5次，三等奖5次，享受国务院颁发的政府特殊津贴。

20世纪80年代末，父亲成为硕士生导师，他尽心尽力地为每一名学生开题、辅导、修改论文，将自己毕生研究的成果毫无保留地传授给学生们。他说："只要人家孩子愿意学，我就尽力教。国家的事业总是要有接班人的。"58岁时，父亲即将退休，他接受了所里的一个任务，也是他一直想做没有时间做的事情：编写一本专业教材，留给后人。他一诺千金，一年后，他完成了30余万字的教材书稿。然而，在完成书稿的同时，父亲却病倒了。累积多年的损伤终于暴发，他被查出了血液病。在病床上，他最牵挂三件事：一是他的教材还需要校核和印刷；二是他的学生马上要毕业答辩了；三是他要当外祖父了，他想见到自己的第三代。对于前两件事情，他托付给了几十年的老同事、老战友黄龙生叔叔。在黄叔叔的指导和主持下，父亲的最后一名学生把教材书稿整理完成，并由吕敏院士为教材撰写了序言。至今这本教材仍然保留在研究所里，发挥着其应有的作用。很可惜，父亲没能看到他倾注心血的教材成为铅字印刷出版便离去了。而父亲离开的第二天，我的孩子出生了，父亲成了外祖父。那一年，是1998年，父亲60岁。

1993年中央军委授予基地研究所二室
"勇攀科技高峰研究室"光荣称号，领奖人倪元兴（左1）

父亲所从事的事业，是伟大的，是崇高的，是神秘的，但在我眼中，这些只是他生活的一部分。在他的生活中，还有我的母亲，我的哥哥和我，我家的菜地，我家的鸡鸭，我家的柴火，我家的菜窖，我家的锅灶，还有数不清的事情，这些所有的事情才是父亲生活的全部。父亲长得又高又瘦，有着白净的皮肤、和善的眼睛，更重要的是，他儒雅、沉着、从容，随时有一种气定神闲的气场，只需要脱掉军装，换上长衫，怎么看都是一介江南书生。这位江南书生，戎马一生，穿了一辈子军装。父亲的便服很少，内穿的衣服上还打着补丁，他的节俭已经成为一种习惯，成为刻在骨髓里的习惯。这位江南书生不论遇到什么困难，总有办法解决。在戈壁深山，他学会种菜，学会引水，学会扎篱笆，学会挑担，学会打理菜窖，学会抡斧子劈柴，学会满手抹着红泥做咸鸭蛋，学会自制番茄酱，甚至学会停水时把小河当成天然洗衣机。这位江南书生爱好广泛，他不仅喜欢看各类文学名著，还喜欢金庸小说，最喜欢看拳击比赛。这位江南书生最向往的事，是退休后可以和爱人一起，规划几条路线自助旅游。

在我的记忆深处，总有着几个画面：父亲出差回家，笑眯眯地看着我和哥哥争抢他从北京带回来的稻香村点心；父亲手把手教我给番茄挑虫；父亲拿着铁锹带我去引水；父亲和我在路边信手抓知了；父亲和我一起看拳击比赛和电视剧《宰相刘罗锅》；我早上五点起床去上课，父亲做好早饭，送我出门；父亲教我游泳，水性好的父亲就像一条白色的大鱼，缓缓地、平静地向我游来；父亲马上要去北京治病，在家里吃的最后一顿饭是韭菜馅饺子，尽管化疗让他的胃口不好，但他仍吃得心满意足。在我的耳边，总有着几个声音：父亲拍着我的屁股说“该起床了，看你两条大长腿”；父亲和我说“要学会自立”；我和父亲的最后一次通电话，他沙哑着嗓子对我说“我很好”。

父亲的日常才是他真实的生活，这些画面还真真切切在我的眼前，这些声音还真真切切在我的耳边，我总是觉得他只是去了很远的地方，我也只不过是很久很久没有见到他了。

父爱如山，父亲是对我影响最大的人，他言语不多，但他用行动教导我要诚实、勤勉、正直，让我懂得只有付出努力才会有所收获，只有诚实守信才能做到坦然面对。父亲是一个平凡的人，他只是中国千百万劳动人民中的一员，他只是中国千百万军人中的一员，他只是中国千百万科技人员中的一员，他只是中国千百万参加“两弹一星”事业的人们中的一员，但是，正是这千百万人创造了和推动着中国的历史。

父亲离开二十多年了，我对他的想念却越来越强烈，父亲最喜爱的诗是《临江仙·滚滚长江东逝水》，谨以此诗作为本文的结尾，来纪念我的父亲。

临江仙·滚滚长江东逝水

明·杨慎

滚滚长江东逝水，浪花淘尽英雄。是非成败转头空。青山依旧在，几度夕阳红。

白发渔樵江渚上，惯看秋月春风。一壶浊酒喜相逢。古今多少事，都付笑谈中。

第三编

托起“蘑菇云”的马兰人

长相思·首次核试验当日夜

张蕴钰

1964 年 10 月 16 日

光巨明，
声巨隆，
无垠戈壁腾立龙。
飞笑触山崩。

呼成功，
欢成功，
一剂量知数年功。
敲响五更钟。

托起“蘑菇云”的人们

张向阳

六十年前，即1964年10月16日，中国在罗布泊上空成功进行了第一颗原子弹试验，继美国、苏联、英国、法国之后，跻身世界五大核大国之列。

核武器的研制与试验是一项庞大的系统工程，它不仅推动了中国军事工业的迅猛发展，还极大地促进了我国科学技术、工业生产以及国民经济的全面进步，使我们的祖国更加繁荣昌盛，军队更加坚不可摧，确保了中国政权的稳固和社会主义经济的飞速发展。

我在部队服役30年，每每回顾那“激情燃烧的岁月”，重温那艰苦、危险的工作和生活，真是心情激动，感慨万千。

一、艰苦奋斗，无私奉献

中国核试验基地在大漠深处的戈壁滩上，这里风沙又大又多。每年约有三分之一的时间都在刮大风。刮起风来，飞沙走石，天昏地暗，连眼睛都睁不开。扬起的风沙打在脸上很疼，解放牌汽车上的漆都能打掉，使绿色的汽车变成了白色。晚上刮风沙，早上起来帐篷里、被窝里、嘴里、眼睛里、鼻孔里和耳朵里全都是沙子。风很大时，能把人和帐篷都吹跑了，汽车都开不动。伙房根本无法生火做饭和烧开水，大家只能吃饼干、咸菜、喝冷水。风不很大时，虽然可以做饭，但是由于风乱刮，不但经常要吃夹生饭，而且菜、饭里的都有很多沙子，大家都不敢细嚼，只能是囫囵吞枣地咽下去。更可怕的是，龙卷风时有发生，巨大的旋风会把人卷到天上去，掉下来就没命了。

在核试验场区搭建帐篷安营扎寨

沙漠中用水十分紧张，特别是淡水更是贵如油。我们在核试验场区吃的、用的都是孔雀河的水。水里面有大量的盐、碱和矾，喝起来又咸、又苦、又涩，难以下咽，但是口干舌燥，不喝又不行。这水不仅口感不佳，更糟糕的是喝了之后还会引起腹泻。由于饮水有限，我们的嘴唇常常干裂起泡，痛苦不堪。即便如此珍贵的水，也要定量供应，大风天更是难以保障。洗脸、刷牙都成了奢望，洗澡更是无从谈起。

戈壁滩上时而高温时而严寒，气候非常难熬。夏天，晴空万里，骄阳似火，空气干燥，沙石炙人。中午的气温高达 40 摄氏度，帐篷里的温度更是攀升至 43 摄氏度。那时候没有空调，仅有的几台电风扇都是对着仪器吹。地表温度更是惊人，高达 70 多摄氏度，足以在石头上煎熟鸡蛋。而到了冬天，最冷时气温骤降至零下 30 多摄氏度、滴水成冰，很多同志手、脚和脸都生了冻疮。新疆的气候多变，非常干燥，很多人经常流鼻血。昼夜温差极大，可达几十摄氏度。当地流传的谚语“早穿皮袄，午披纱，晚上围着火炉吃西瓜”是对这种气候最生动的描述。我们在大沙漠中执行任务，平时工作和生活则是在山沟里。生活非常单调，每天就是上班、吃饭、睡觉，几乎没有文化生活可言，连广播都收不到。唯一的乐趣就是每个月能看上一部旧电影。在这里，一年四季都很难吃到新鲜的绿叶蔬菜。夏天从远方运来的蔬菜往往已经枯黄或萎蔫。冬天则长达半年之久，我们只能依靠自己挖的地窖储存的老三样——白菜、土豆和萝卜度日。开春时蔬菜耗尽，我们只能以粉条、海带和豆芽为食。所吃的猪肉大多是冷库里存放多年的冻肉，主食则以玉米面和全麦粉为主。

时任核试验总指挥的张爱萍上将也与我们一同奋战在这片大沙漠中。他曾写下一首诗：

我们战斗在戈壁滩上，不怕困难，不畏艰险。
任凭天公多变幻，任凭风卷沙石扬。
头顶烈日，明月作营帐，饥餐沙砾饭，笑谈渴饮苦水浆。

这首诗便是对当时艰苦环境的真实而生动的写照。

我们是军人，肩负着实现国防现代化的使命。尽管生活条件艰苦、工作繁重，但同志们都能默默承受。然而最让我们心痛的是我们的孩子们。他们的童年过得很艰辛，好东西吃不到、好玩的没有，只知道山、沙漠和戈壁滩，学校的教学质量也不高。我们中的许多家长都是双军人家庭，毕业于北京大学、清华大学、中国科学技术大学、复旦大学、中国人民解放军军事工程学院（以下简称哈军工）等重点大学。然而由于我们的任务都是搞科研，没有精力顾及孩子的教育。学校的老师大多由随军家属兼任，缺乏正规的师范教育。因此我们的孩子成为被耽误的一代，许多子女都未能考上大学。由于学历不高，他们在后来的就业中也遇到了许多困难。因此许多子女都说：“爸妈为国防建设献了青春献终身，把我们子女也都献了出去。”

二、“原子弹要有，氢弹要快”

中国的核武器试验工作，一直是贯彻、执行毛主席和党中央的战略部署。为了加强领导，成立以周恩来总理为主任，贺龙、李富春、李先念、薄一波、聂荣臻、罗瑞卿、张爱萍、刘杰等为委员的专门委员会。该委员会遵循毛主席指示：“原子弹要有，氢弹要快”；“在今天的世界上，我们要不受人家欺负，就不能没有这个东西。搞一点原子弹、氢弹、洲际导弹，我看有十年工夫完全可以”；“要大力协同，做好这件工作”和周总理的“周到细致，严肃认真，稳妥可靠，万无一失”等重要指示精神，具体领导实施了我国的核武器的研制和试验工作。

20世纪60年代初期，三年困难时期刚刚过去，国民经济状况有所好转。然而，经费仍然相当紧张，能支出的军费有限。加之西方大国的封锁，国内的科技水平相对落后。同时，国防科委21研究所刚刚组建，人力、物力、财力都相当有限，所需的先进设备和器材也缺乏。科技人员绝大部分是刚毕业的大学生，新调来的专家以前也没有从事过核试验工作，因此大家都缺乏经验。特别是1959年苏联专家撤走时，带走了所有图纸和资料，给我们的核试验工作造成了极大的困难。

为了使中国的“蘑菇云”早日升空，经国防科委批准，哈军工原子工程系首届核武器测试分析专业的学员提前半年毕业，投入首次原子弹试验的准备工作中。我们41名学员毕业时没有放假，直接在1962年底就到国防科委21研究所报到。由于时间紧迫、任务繁重，我们立即被分配到各研究室开始工作。到了1963年暑期，又有10多位专家和300多名大学毕业生陆续来到国防科委21研究所报到。

由于核爆炸的测量条件非常恶劣，所有的仪器和探头都必须能够承受强电磁波、强核辐射、强光辐射、强震动、强冲击波以及风沙雨水的考验，才能取得可靠的测试结果。当时，国内没有适用的测试仪器和探头，而核大国又不愿意向我们出售。为了进行核试验，我们秉承“一不怕苦，二不怕死”“下定决心，不怕牺牲，排除万难去争取胜利”的精神，自力更生、艰苦奋斗、白手起家、土法上马、土洋结合，依靠自己的力量去研制核试验所需的各种仪器和探头。

三、研制压力自记仪

国防科委21研究所是专门从事核武器爆炸测试与研究的单位。由于刚刚组建，该所尚无法独立完成核试验的全部测试任务。遵照毛主席“要大力协同，做好这项工作”的指示，国务院和中央军委作出决定：主要的测试任务由21研究所承担，并要求21研究所派遣人员前往中国科学院的力学所、光学所、物理所、自动化所、电子所、声学所、原子能所，以及二机部九院、北大、清华和哈军工等单位进行协作，共同研制测试仪器和探头。当时，哈军工承担了光冲量、冲击波等测量任务。为此，21研究所一室派遣了周忠海、刘地利、张向阳、华瑞珍、崔国荣、张业和等人员前往哈军工进行协作，他们于1963年4月抵达哈军工，并参与了三个测试项目的工作。

在核试验场安装调试压力自记仪

对国防科委下达的任务，哈军工领导十分重视。他们调集了精兵强将参与研究试制工作，并决定由海军系的花栅教员（大尉军衔）全面负责该项目的工作。花栅教员首先进行了文献资料的调研，并提出了设计方案。随后，他前往上海、北京等地的磁带机厂学习和请教。回到哈尔滨后，他又调集了原子工程系的胡秉光、车吉仁、郭令秀等教员以及刘春阳技师参与项目工作。根据他们的专业特长，进行了如下分工：华瑞珍负责探头的设计与调试；胡秉光、张业和负责放大器的设计与调试；车吉仁和另一位同事负责振荡器和光电起动器的设计与调试；郭令秀负责机械设计；刘春阳负责磁带的回放和胶片的洗印。由于我本人是哈军工核武器测试和分析专业的毕业生，对核测试情况较为熟悉，因此还负责了数据的分析和处理工作。

经过长时间的努力，我们最终确定了设计方案，并进行了设计加工制造。同时，我们还需要四处奔波以获取所需的器材和设备。样机制造完成后，我们进行了调试、动静标定以及各种环境试验，还前往松花江畔进行了化爆试验。通过各种试验后，我们进行了总结，并认为项目仪器达到了设计要求。最后，我们将仪器送往工厂进行批量加工生产。经过检查合格后，这些仪器被运送到新疆核试验场，用于核爆炸参数的测量。

四、原子弹爆炸前的化爆试验

1963 年 10 月 3 日，我们抵达了北京通县。经过一天的休整后，于 10 月 5 日搭乘由 21 研究所组织的车队，前往化爆场。这次大型化爆试验是根据国防科委的指示，由 21 研究所负责组织并实施的。主要的参与单位包括：21 研究所、中国科学院（力学所、电子所、光学所、声学所、原子能所）以及二机部九院。这次试验是对几年来准备工作的全面检验，也是正式原子弹爆炸前测试工作的预演。

此次化爆试验受到了中央军委和国防科委首长的高度重视。国防科委张震寰秘书长和胡若嘏局长等领导亲临现场进行指导。全国范围内执行首次核试验任务的测量项目都参与了这次试验，这使得它成为国内规模空前的大型化爆试验。在 21 研究所张超所长，以及李俊杰、程开甲、董寿莘副所长，秦副政委，还有各研究室的领导的带领下，研究所所有参试人员都积极参与了这次试验，几乎是全员出动。

1963 年 10 月 7 日和 8 日两天分别进行了化爆试验，并取得了很好的效果。根据中央军委的指示，大家要做好一切准备，随时待命，前往新疆执行首次原子弹试验任务。

1963 年研究所进行化爆模拟试验人员的合影：
张向阳（左 9，后排高个子）

五、核试验基地

各项准备工作都完成后，我们将仪器和探头用防震海绵仔细地捆好并装箱。随后，我们乘坐军用专列前往新疆核试验基地。路上需要走 8 天，所有人员都住在闷罐车厢内，吃饭则在沿途的兵站解决。我们远离了亲人和大城市，将在这艰苦的地方工作和生活一辈子。能够去新疆执行首次核试验任务，我们深感肩负重任，使命光荣而神圣，内心充满了骄傲和自豪。

到了马兰核试验基地后，我们稍作休整。第二天，车队又向核试验场进发。到场区后，我们自己动手搭帐篷、开箱检查仪器、设备和探头是否正常，并进行各种环境试验。

为了确保“零时”后能够进入沾染区回收测试记录，在“零时”前我们每天都要穿着厚重的防护服和防毒面具进行几小时的训练。训练结束后全身都是汗，又没有水可以洗澡，那种浑身难受的感觉可想而知。为了能够确认是否是真的“核爆炸”，我们需要在原子弹爆炸后的第一时间穿上防护服、戴上防毒面具，勇敢地冲进沾染区取回记录胶片和磁带，并进行及时的冲洗和回放。当拿到能够证明是“核爆炸”的第一手参数时，我们要立即向首长和专家报告。因此，我们是冒着生命危险、承受着核辐射的伤害去冲向沾染区取得核试验的测试数据和记录的。作为学核物理的专业人士，我们深知核辐射对人体的严重危害。但是为了完成党和人民交给我们的任务，我们明知山有虎却偏向虎山行。

六、国防科委第 21 研究所

从事核武器研试工作的国防科委 21 研究所，是国家确定的绝密单位，其保密工作要求极为严格，制定了十分明确的保密制度。平日里，连写信都要经过领导的检查，而在执行任务期间（有时长达 8 个月之久）更是不能与外界通信。由于研究所的女同志很少，绝大部分男同志都选择在内地寻找女朋友。然而，由于工作地点在新疆，路途遥远，结婚后每年仅有一次探亲假，这使得大部分女孩都不愿意找我们这样的对象。加之组织上对女方的政审也相当严格，不少已经交往的女朋友因政审不合格而不得不中止关系。

从事核武器试验和研究工作是一项极其艰辛的任务，它不仅可能危及自己的生命，还可能对子孙后代造成影响。但是，我们这些参与试验的人员，在各级党组织和领导的教导下，发扬了我军的光荣传统，一不怕苦、二不怕死。我们怀着为国防现代化奉献一辈子的革命精神，以大局为重，克服了难以想象的困难。我们自力更生、发奋图强、敢想敢干，攀登世界科技高峰，创造了一个又一个奇迹，出色地完成了党和人民交给我们的核试验任务。

七、“要大力协同，做好这件工作”

核试验工作是一个复杂的系统工程，需要军内、军外众多单位的大力协同才能顺利完成。根据国务院和中央军委的指示，由国防科委 21 研究所、中国科学院多个研究所等单位共同组成了核试验测试大队。同时，由海军、陆军、空军、炮兵、防化兵、工程兵、铁道兵、二炮、通信兵、解放军医学科学院、八一电影制片厂以及国务院各部委联合组成的核试验效应大队，也先后进入了核试验场。

在核试验场区，取样队穿着防护服进行训练

根据新疆核试验场区的气象条件，党中央和中央军委决定在 1964 年 10 月执行第一颗原子弹的爆炸试验。为了完成这项艰巨的任务，各路大军从 1964 年春节后便陆续进驻核试验场，在指定地点安营扎寨，并开始了紧锣密鼓的准备工作。

核试验测试大队的同志们不畏艰难，顶着烈日，迎着风沙，在试验场上布设测量点、安装测试仪器和探头、铺设电缆和供电线、调试仪器，并进行动静标定和全场联试。他们的目标是在原子弹爆炸时，能够准确测量到各个方向、各个测点的数据，为原子弹的改进提供可靠的数据支持。

与此同时，核试验效应大队的同志们也在不同距离和方向上修建了各种建筑，包括工厂、学校、楼房、铁路、桥梁、码头、隧道、高压线铁塔等。他们还摆放了飞机、军舰、大炮、火箭、导弹、坦克以及各种轻武器和弹药，同时还放置了火车、轮船、汽车和各种机械、物品。此外，他们还准备了很多大小不同的铁笼子，里面分别装着各类动物，并用铁盘子装上粮食、种子和蔬菜。这一切都是为了观察原子弹爆炸后，各个方向、不同距离上各种建筑、武器、设备、物品的破坏情况以及对各种动物的杀伤情况，为核防护提供有效的理论数据。

在“零时”前（原子弹爆炸时间称为“零时”），数千人的各路大军已经进驻核试验场，并进行了充分的准备工作。此时的戈壁滩核试验场就像一个即将展开决战的大“战场”，充满了紧张而庄严的气氛。

八、1964年10月16日中国第一颗原子弹爆炸成功了

综合各种因素，国务院和中央军委最终将中国第一颗原子弹爆炸的“零时”定为1964年10月16日15时。当天，天气晴朗，万里无云，地面和高空的风力都很小，完全符合核试验的气象要求。

10月16日上午9时整，所有人员全部撤离铁塔。张蕴钰、李觉两位将军乘车前往地下控制中心，郑重地向张震寰将军（国防科委秘书长、核试验副总指挥）报告核试验准备工作已经完毕。张震寰将军随即向国防科委副主任、核试验总指挥张爱萍上将汇报：全部准备就绪，一切正常，等待“零时”的到来。

八一电影制片厂纪录片中的一个镜头，
张向阳（左1）在核试验场安装测试仪器

“零时”一到，霎时强光闪过，巨雷般的响声随之而来，惊天动地。我们立刻转过身来，眼前一个大火球在快速扩展、变幻、升腾。地面上的尘土和灰烬翻腾旋转急剧上升，很快形成一个巨大的蘑菇云，直冲云霄。顿时，大家激动地欢呼、跳跃，含着泪花互相拥抱，把军帽高高地抛向天空。

此时，速报人员在原子弹爆炸后的第一时间穿好防护服、戴上防毒面具冲向爆炸污染区，回收测量结果（胶卷、磁带）。取样的飞机很快起飞，取样的火箭和高炮也都一齐向“蘑菇云”方向飞去和发射，争取尽快把各种测量结果拿到手，把蘑菇烟云中的放射性物质取回来。

《人民日报》发了号外，向全世界宣布了这一特大喜讯。数天后，由八一电影制片厂摄制的《中国第一颗原子弹成功爆炸》的大型纪录片在全国各地公映。非常荣幸的是，在这部电影里，我竟然看到了一个自己的特写镜头。

九、核试验与参试人员

1965 年 5 月，中国在核试验场成功进行了首次空投原子弹爆炸试验，该原子弹是由轰-6 大型轰炸机投掷的。

1966 年 10 月 27 日，中国成功进行了导弹核武器试验。导弹从国内的二十试验基地，发射到新疆的马兰核试验基地。1967 年 6 月 17 日，中国再次取得重大突破，成功进行了首次氢弹试验，从而成为世界上第四个拥有氢弹的国家。

截至 1996 年中国宣布暂停核试验，中国共完成了包括地面塔爆、空中爆炸、导弹核武器、氢弹、地下核爆炸等在内的 45 次核武器试验。为壮国威、振军威，为祖国的强大和国防的巩固，广大科技人员作出了不可磨灭的巨大贡献。

为打破美国、苏联等国的核垄断，铸就中国的“核盾牌”，成千上万的参试人员奋斗了几十年，为国防现代化建设作出了重要贡献，并受到了党中央、国务院、中央军委以及国防科委领导的高度评价。其中，程开甲院士和林俊德院士是从事核试验工作的参试人员中最杰出的代表。

程开甲院士曾任中国核武器研究院副院长、国防科委21研究所所长以及中国核试验基地副司令员。他是中国核武器理论、设计和研究工作的领军人物之一，为中国核试验理论、试验和测试方式以及测试项目的研究作出了重大贡献。为此，他被中共中央、国务院授予“两弹一星功勋奖章”，并荣获国家最高科学技术奖以及中央军委授予的“八一勋章”。

林俊德院士在戈壁深处的核试验基地艰苦奋斗了53年，参加了我国全部的核试验工作，为中国核武器的发展倾注了全部心血。即使在癌症晚期，他仍以超常的意志坚持工作，最终牺牲在工作岗位上。为此，他被中共中央授予“献身国防科技事业杰出科学家”称号，并被中央军委授予“全军挂像英模”称号。

我在核试验基地工作多年，曾亲身参与第一颗原子弹、第一颗空投原子弹、第一颗氢弹以及第一颗导弹核武器的核试验工作。在首次氢弹试验中，我不幸负重伤，导致身体状况一直不好。1987年，我转业回到上海，继续在工作岗位上发光发热，并曾荣获上海市优秀军转干部、上海远洋运输公司优秀党员和先进工作者等荣誉称号。

回望20世纪60年代，我们国家在面临重重困难的条件下，依然成功研制出原子弹、氢弹和导弹核武器，这一壮举充分体现了党中央的英明伟大和远见卓识。60年代我们成功研制核武器，极大地振奋了中国人民的民族自豪感，有力保障了祖国的安全，同时也是对世界和平的巨大贡献。

“两弹一星”的研制成功，使我们的祖国变得更加强大，我们的腰杆也因此更加挺直，使我们能够自豪地跻身于世界民族之林。岁月悠悠，沧海桑田，几多甘苦，几多奉献。半个多世纪以来，我们为中国的“两弹一星”事业倾注了心血，作出了贡献。

值此纪念中国第一颗原子弹爆炸成功60周年之际，我们深感自豪和骄傲。因为我们曾托起中国原子弹的“蘑菇云”，曾铸就中国的“核盾牌”，为祖国的繁荣富强和世界的和平稳定作出了重大贡献。这份荣誉和自豪将永远伴随着我们。

回忆参加首次核试验

刘镇球

一、在中国人民解放军军事工程学院

1960 年冬天，我结束了在清华大学五年半的学习生涯。我们班的同学在教室里等待着宣布毕业分配方案。当分配方案公布时，我出乎意料地被分配到了国防科委工作。那一刻，我心里很高兴。当时大家的心情都是：赶快参加祖国建设，国家需要你干什么，就去干什么。1961 年初，我到北京的核试验基地驻地。在那里，我接受了严格的保密教育，并得知了我们即将从事的是核试验工作这一神圣使命。

1961 年的夏天，王元才处长回到了北京。他曾在去年带领一批 1960 年毕业的大学生前往哈尔滨的中国人民解放军军事工程学院（以下简称哈军工）学习，而这次，他也将我带到了哈军工。在哈军工，我见到了林俊德、程钢等一众同学，他们已经在这里进修学习了半年时间。我们一同在哈军工的二系（原子工程系）深造，而我有幸在光辐射教研室学习，教研组长是赵伊君老师。

1962 年初，金咸安、刘福堂、黄雄汉三人也相继来到了哈军工，我们一同在光辐射教研室投入了紧张的学习之中。金咸安和刘福堂是清华大学热物理专业的毕业生，他们在清华大学度过了六年的学习时光。1961 年暑假，他们毕业后也来到了我们所在的 21 所。在这里，我们四人共同学习了核爆炸理论与测试的相关知识，并选修了光学、物理、数学、电子技术等一系列课程。大家都深感时间的紧迫，因此都尽可能地多学、学好、学深一些。

1963 年初，我们在哈军工进修的全体学员结束了这段宝贵的学习生活，一同返回了北京。

二、在中国科学院物理所

1963 年初，我们这一批在哈尔滨军事工程学院进修学习的人员回到了北京，并被安排在北太平庄的中央军委测绘学院住宿。所有人都被分配到了三部的各个队伍中，而我与金咸安、刘福堂三人则被分配到了二队。二队的主任是从哈尔滨工业大学调来的孙瑞蕃教授，而在孙主任到任之前，二队的工作曾由三队的吕敏兼管。我还记得当时听过吕敏讲的半导体电路课程。

二队主要负责核爆炸的光学测量工作，包括光辐射测量以及各种高速、低速照相任务。那时，距离我国首次核试验已经没有多长时间了，各个队伍都在为确定测试项目、选定协作单位紧张地忙碌着，为核试验的顺利进行做着最后的准备。由于时间紧迫，且需要研制的核试验仪器设备种类繁多，仅靠我们自己的力量是不够的。因此，各队开始在全国范围内寻找协作单位，主要是中国科学院的各研究所以及相关的大学。二队确定的光辐射测量协作单位主要是中国科学院物理研究所，他们承担了光辐射最小照度测量项目和光冲量测量项目。

1963 年 4 月，我带领周福秋、金咸安、常庆之、吴永铭等人来到了中关村物理所。此时，物理所一室已经成立了专门的研制组，组长是 20 世纪 50 年代从美国归来的女科学家孙湘先生，副组长则是张洪钧老师。光辐射最小照度测量项目和光冲量测量项目都已经配备了专门的实验室和研制人员，且这两种仪器的工作原理和实施方案也已经基本确定。我们队伍的人员到来后，研制工作便全面迅速地开展起来。1963 年 7 月，基地研究所正式成立，原来三部的一队和二队便对应成为研究所的一室和二室，但在部队内部，我们仍然习惯地称呼它们为一队、二队。

物理所的领导对我们的工作极为重视，无论我们提出什么要求，物理所都会立即帮助解决。我们的设计图纸送到物理所的加工厂后，工人们总是能够按时加工和安装好，从来没有延误过。不久之后，最小照度仪的探头样机就做好了，孙湘先生看了之后非常高兴。试验用的仪器也一步步地制作出来了。当时龚志明拿着介绍信到国家测绘局去，一下子就调拨来了十台经纬仪。

1963 年 10 月，我们研究所在北京某处组织了一次原子弹爆炸的模拟试验（化学爆炸），主要是为了检验全场指挥控制系统、各测试项目以及各种测试仪器设备在遥控状态下的工作情况。各个研究室都有很多项目参加了这次模拟试验，其中就包括物理所的最小照度项目、光冲量项目和光谱测量项目。化学爆炸试验进行了多次，爆炸场面极为壮观。

二室科技人员正在安装调试光学测量仪器

经过一年多的紧张工作，到 1964 年 5 月时，物理所三个项目的所有测试仪器设备都已经做好了。最小照度项目还设计制作了冲洗胶卷的野外用暗室，这样核试验后示波器的记录胶卷就可以立即在野外暗室中冲洗出来，以便尽快得到测试结果。物理所的工厂也按时准备了包装用的木箱、海绵等包装材料。看着一大片已经装好仪器设备的大木箱，大家的心情都无比愉快。物理所的工作已经完成了他们的部分，设备运走后我们也告别了物理所回到了 21 研究所的驻地——通县马蹄楼。在此我们要感谢物理所的所有工作人员，因为我国核试验的成功也有你们的一份功劳。

三、首次核试验

1964 年 5 月，二室外出协作的人员陆续返回了马蹄楼。6 月初，在新来的指导员吴凯同志的带领下，二室成员乘火车前往新疆。由于当时没有直达新疆的火车，他们需要在西安火车站转车，之后再经过两三天的行程，才抵达新疆吐鲁番车站。在那里，他们换乘了基地的解放牌卡车一路颠簸，最终到达了基地所在地——马兰。

抵达马兰后，二室的人员住进了几间平房，开始进行入场前的准备工作。当时的马兰已经建设得有一定规模，特别是大礼堂、第一招待所，给人一种气派而现代的感觉。不久之后，我们便乘车进场，依然乘坐的是解放牌低帮卡车，大家坐在车厢底板上。驶出马兰不久，路面状况就变得差了，很快，大家就体会到“搓板路”的厉害了。人被颠得很难受，经过很长时间才到达。在后来的试验场区生活中，这种低帮的解放牌卡车成为我们每天必乘的交通工具，大家也逐渐习惯了这种颠簸。

核试验场光学测控站

核试验场地位于马兰东南方向的戈壁滩上。在那里，一座 102 米高的爆心铁塔已经矗立在那里。生活区则位于爆心西面 50 公里的地方，这里还设有指挥中心和主控站。对于光冲量项目，他们在室外离爆心不同距离的地方分别布设了许多测试点。二室的测试项目繁多，是核试验测试队伍中的一支重要力量。

我们的主任孙瑞蕃教授学识渊博，对工作极其认真负责。每次讲话，他总能将全室各个项目的工作向大家讲得清清楚楚，使每个人都深刻认识到自己所做工作的重要性，从而极大地增强了责任感。大家整齐列队听他讲话，往往会觉得像是在听老师讲课和布置作业，他的话大家都铭记在心、付诸实践。

二室的吴凯指导员是一位优秀的部队政工干部，理论思想水平高超。听他讲话，总能让人精神振奋、信心倍增。他对人要求严格，同时又关心每一个人，处处以身作则，大家都会自觉地向他学习。因为有了吴指导员和孙主任这两位杰出的领导，二室的工作从一开始就拥有了坚强的领导核心，确保了各项工作都能按计划顺利开展下去。

我们在光学站开始安装和调试仪器设备，每天乘卡车往返于光学站与生活区之间。场区的生活条件相当艰苦：喝的是苦水，碱性很强，很咸，几乎人人喝了都会拉肚子；其次，是缺少蔬菜。还有风沙的困扰，戈壁滩经常刮大风，常常让人满身沙土，早晚只能用少量的水漱口、洗脸、洗脚。然而，大家很快就适应了这种艰苦的生活。因为目标就在前方，再苦再累也要克服。大家振奋精神、以苦为荣，一心一意地投入工作中去。

有一次，我们乘车前往爆心东南面的效应试验区，那里的场面真让人吃惊。在那么大的范围内，很有规律地布满了各种房屋、铁路、火车头、桥梁、掩体、战壕以及飞机、大炮、坦克、军人模型等各种效应物，还有各种实验动物的笼子等，从离爆心很近的地方一直延伸到几公里外的地方。整个核试验场区总共有上万人在里面工作，这是一件多么宏伟而艰巨的事业啊！

接下来，我们进行了核试验后的回收工作训练。参加回收的人员身穿橡胶防化服、头戴防毒面罩、足蹬防护靴，组织起来进行拉练。我们在中午的大太阳下乘卡车在戈壁滩上到处行驶，锻炼大家的适应能力，以免在正式执行回收任务时出现意外，确保能够顺利完成回收任务。这是一项非常艰苦的训练，但我们都坚持了下来。

有一天，用车把二室全部人员送到孔雀河去洗澡。卡车在戈壁滩上行驶着，四周是茫茫的戈壁砂石。突然，车子前方的低洼处出现了绿色——那是久违了的、悦目的颜色！大家的精神立刻振奋起来，终于看到河了！两岸绿草遍地，真是太美了！那天，大家都在孔雀河里洗了一次澡。来试验场区已经四个月了，这才是我们第一次洗澡。

在试验场区，经常能看到领导们的身影。张爱萍副总长和我们所有军人一样，总是挎着一个军用帆布包、背着一个军用水壶，在场区到处跑。他找干部、战士了解情况，检查、视察工作，始终与大家同甘共苦。

1964 年 8 月底，整个试验场区进行了模拟“零时”（原子弹起爆时间）的全场综合预演。到了九月中旬，全场完成了首次核试验的全部准备工作。大家都在等待那个最重要的时刻——真正的“零时”的到来。

这个重要时刻，终于在 1964 年 10 月 16 日来临了。上午，我们前往光学站，按照事先制定好的程序，逐一完成了所有“零前”的准备工作。我的头脑里还默默地将所有重要的事情再次仔仔细细地想了一遍，这才安心地和大家一起撤离光学站。下午，我们在距离爆心约 60 公里的山丘上等待“零时”的到来。

下午 3 时，扩音器中传来播报声:“零前 20 分钟……”，“零前 30 秒……”，我们转过身，低着头，静静地等待着。我知道这时我们的仪器正在执行怎样的操作。随着倒计时读秒的声音响起:“9、8、7、6……”，我们闭上了眼睛，“起爆！”瞬间，我们闭着的眼睛感受到了一道闪光。过了几秒，我们回头望去，只见远处棕褐色的半球形烟云在翻滚着、上升着，地面升起的尘柱已经接上了球状烟云，形成了壮观的蘑菇状烟云。整个蘑菇状烟云还在不断地扩大、升高，这正是典型的原子弹爆炸景象啊！

核试验中待命执行任务的参试部队

作为取样回收成果的人员，我们迅速穿上防护服，乘车前往光学站，取回了拍摄的胶卷和其他测试成果。最小照度项目的示波器胶卷立即在野外暗室里进行了冲洗，随后进行了判读、测量和计算。我们立即将测得的核爆炸光学当量值向上级进行了报告。当天，场区的扩音喇叭里播出了周总理祝贺我国首次核试验成功的讲话，大家的心情无比激动。

四、首次核试验之后

自 1964 年 10 月 16 日第一颗原子弹爆炸试验成功以来，我国的核武器事业取得了迅速发展。1965 年，我们成功进行了飞机投掷原子弹的试验。1966 年，导弹核武器试验也取得了成功。

1967 年 6 月 17 日，我国又成功进行了首次氢弹爆炸试验。氢弹的“零时”定在上午 8 时 20 分，那一刻，大家看到太阳仿佛就在大火球旁边，相比之下，太阳竟显得很小很小。在这些年里，每次核爆炸试验的最小照度项目都成功地取得了测试成果，圆满完成了任务。这期间，刘存福、邬舒富、汪全发、王松海等多位同志也参与了该项目的工作。

在核试验场区，我常常仰望星空，看到有卫星在头顶掠过，这些卫星或是美国的，或是苏联的。当时我就在想，中国已经有了原子弹和氢弹，那么中国的卫星什么时候能够上天呢？1970 年 4 月 24 日，我国终于发射了第一颗人造地球卫星。

五、后记

1970 年，我离开了部队，转业至上海一〇一厂工作。在孙瑞蕃主任和吴凯政委的领导下，研究所二室得以成长与发展，为二室的工作奠定了坚实的基础。随着核武器试验的不断推进，二室的领导和战友们攻坚克难，艰苦奋斗，持续研发出越来越先进的测试仪器和记录设备，取得了一次次极具价值的测试成果，为国防科技事业作出了巨大的贡献。

1993 年 5 月 25 日，中央军委发布命令，授予基地研究所第二研究室“勇攀科技高峰研究室”的荣誉称号。这是所有曾在二室工作过的同志们的共同荣耀。

值此我国第一颗原子弹爆炸成功 60 周年之际，我深切缅怀二室的两位老领导：孙瑞蕃主任和吴凯政委！并衷心祝愿我们二室的老战友们健康长寿，阖家幸福！

难以忘怀的战斗岁月

周培春

1963 年 8 月，我从南京大学物理系核物理专业毕业，与顾洪坤、王兆春等 5 位同学一同被分配到国防科委 21 研究所。9 月初，我乘火车从南京抵达北京。抵达后，我先前往小西天报到，次日再乘卡车到达通县大院。在那里，我经历了为期 3 个月的入伍教育和队列训练。这段入伍教育让我深刻领会了革命传统精神，明确了我军全心全意为人民服务的宗旨。我递交了入伍申请，决心为我国的国防现代化事业奋斗，为核试验事业贡献自己的一份力量；同时也树立了隐姓埋名、甘当无名英雄的思想。集训结束后，我通过了保密审查，被分配到研究所三室二组工作，一直从事核爆炸链式反应动力学测量工作。

核爆炸链式反应动力学是核反应过程中的重要参数之一，也是诊断产品试验成功与否的关键手段之一。时任二大组组长的吕敏，正是链式反应动力学项目的创始人。当时，由于美国和苏联对我们实行禁运，凡能用于核试验的许多仪器设备都无法获取，我们只能依靠自己研制。经过与北京原子能研究所的协商，决定由席德明负责，李树德、杨丞杰参与研制示波器。研究所的黄豹也参与了早期的研制工作。在经过深入的调研和实验室试验后，我们解决了几个关键的技术问题，并最终选定由上海嘉定中国科学院上海科学仪器厂负责研制生产。

1963 年 12 月，我与房士良一同前往上海嘉定科学仪器厂，参与样机的研制、生产与调试工作。席德明在技术上总把关，我们团队有明确的分工与职责。大家团结协作，齐心协力，及时交流情况，群策群力，迅速克服并解决问题。工人们下班回家和星期天休息的时间，就是我们加班工作的时间，经常工作到深夜12点，春节也不休息。经过几个月的日夜奋战，1964年3月底，我们完成了样机的制作。同时，科仪厂的技术人员毕永刚等也组装好了另一台样机。样机经过严格的检验、指标测量和可靠性试验，都达到了预定的标准。

考虑到场区特殊环境的需要，我们特地对示波器进行了运输振动试验。1964年4月5日，我们冒着蒙蒙细雨，途经太仓、常熟等地，往返300公里。我和厂里的9位工人师傅一起保护着主机，进行了一次模拟运输的振动试验。尽管三级公路的条件远远优于场区的“搓板路”，但开箱后我们依然发现高频高压线圈骨架出现了散架的情况。我们立即进行了改进和加固，消除了这一隐患。样机完成后，黄豹、房士良和我三人留在厂里，参与第一批五台示波器的生产。时间紧，任务重，科学仪器厂抽调了精兵强将，精心组织生产流程，及时备料、加工，并进行流水作业。五个小组同时安装调试，齐头并进。经过两个月的紧张工作，我们终于在六月底完成了五台示波器的生产任务。示波器被装箱运往北京，在九院花园路的X光机上进行了试验，然后运到马兰，再由马兰机场用直升机运进场区，成功投入了第一次核试验任务。

1964年7月中旬，我随所里第二批参试人员进入场区，并迅速投入安装调试工作中。链式反应动力学测试项目设有两个地下工号，它们分别位于距爆心1.5公里的两个不同方位上，每个工号都配备了三台示波器。在第一次任务中，记录信号示波器方面的工作由黄豹和杨丞杰负责，房士良和我则担任他们的助手；而在第二次任务中，则由房士良和我负责这项工作，王怀文和刘四合成为我们的助手。我们始终遵循周总理“严肃认真、周到细致、稳妥可靠、万无一失”的指示，紧张而有序地进行着安装调试工作，每一步都走得坚实细致。为了确保任务一次成功，我们总是进行反复的试验和多次的演习，及时发现问题并排除故障和隐患。由于示波器使用两种供电方式，我们需要进行交直流两种方式下的灵敏度标定、扫描速度和二次扫描一致性测定、时标频率测定等多项工作，这无疑大大增加了我们的工作量。另外，示波器进入场区后，由于气候干燥导致接触不良，出现了不少故障问题。因此，调试安装工作始终非常繁忙，白天我们要去工号进行工作，晚上则要冲洗胶片、判读数据等。

经过三个月的奋战，在项目组全体人员的共同努力下，我们在1964年10月16日的首次核试验中，成功地用示波器记录到了满意的波形，为九院提供了核链式反应动力学方面可靠的实测数据。项目组圆满完成了核测量任务，并因此荣立了集体二等功。

进场执行任务是伟大而光荣的使命，我们从来都是无条件地服从。在首次任务时，我们住在自己亲手搭建的帐篷里，中午太阳一晒，温度就飙升至40摄氏度以上，热得让人难以忍受；我们喝着从孔雀河拉来的咸水，那水又苦又涩，极易导致拉肚子；场区严重缺水，几个月都不能洗澡；我们坐着矮帮卡车上班，行驶在“搓板路”上，颠簸得肚子疼，好像肠子都要抖出来了；有时风沙刮得天昏地暗，我们在自搭的简易芦苇棚里吃饭，饭菜盆里常常会撒上沙砾子。

我记得在某次任务中，我和李真富等四五个人同时患上了急性肠胃炎痢疾，不得不住进场区医院。领导甚至已经考虑是否要临时从红山增调人员进来替换我们。然而，我们住院不到三天，腹泻还没完全好就返回了场区，继续投入“零前”的准备工作。有两次转场时，我们遇上了风沙，装箱装车时眼睛睁不开，沙子打在脸上生疼。还有一次快下班时，突然刮起风沙，天昏地暗，先上车走的同志已经平安回到了住地，而晚几分钟来不及走的同志，被迫在伸手不见五指的戈壁滩上艰难地度过了一夜。

在场区，我们年轻人一般都是抢着干重活累活。我记得我和陈开惠两人，一前一后地把重120千克、高1.2米的示波器主机，通过有坡度的斜廊抬进或抬出工号。1966年执行任务时，我到工号抬仪器和箱子，不慎伤了腰，而工号又是内热外凉，我坚持干到下班时腰已经根本直不起来了，身体弯成了九十度角。当时场区没有好的医疗条件，我只能在床上躺着休息，用军用水壶灌了热水包上毛巾热敷几天。由于不能得到及时的治疗，我的腰椎骨质增生了，十几年来常常犯腰疼病。虽然场区的条件后来有了好转，我们住进了半地下房子，但在寒冷的冬天，即使生炉子快天亮时仍然免不了要挨冻；再后来，我们坐上了高帮车，乃至客车、旅游车，吃上了不咸的水，也能看上电视了。执行任务的过程中，我们这些年轻人经受了艰苦环境的锻炼和考验，这对我们来说是终身受益的。

1968 年周培春在红山研究所实验室

1965 年初，首次任务结束后，我独自一人前往上海嘉定科学仪器厂，负责联系并改进第二批十台示波器的生产与加工工作。我参与了部分调试工作，直到第二次任务前才返回北京。嘉定上海科学仪器厂前后共生产了五十多台示波器，这些示波器先后在我所和九院的多个项目中得到应用，在数十次试验中都能准确地测到信号，真正成为我国核试验的功勋示波器。

1966 年 10 月，我愉快地随研究所人员乘坐闷罐车由北京搬迁至新疆。虽然第二故乡红山的生活较为艰苦，文化生活也很单调，但我们提倡思想革命化，艰苦奋斗，自力更生，要向前看，尽力克服各种困难，团结互助，努力工作，因此我也毫无怨言。在红山，我参与了十多项任务的准备工作，包括回收成果、撤场后的数据处理和总结报告；我发扬连续作战的作风，经常加班加点；也常常在实验室研读文献资料，调研改进仪器设备，反复试验验证，不断完善控制测试方案，以确保进场后的一次成功。

1986年，我与朱妹玲结婚成家。有几次我们两人一起进场，分别执行各自的任务。为了不影响工作，更好地专心参加核试验，我们的两个孩子出生后都未带在身边抚养，儿子在宜兴老家，女儿在上海外婆家。有好几年，我们一家四口在四个不同的地方过春节，无法团聚。为了改善生活，除了参加队里的生产劳动外，我和许多战友一样，也种菜、养鸡、养鸭。红山作为核试验科研的前沿阵地，我和战友们一起为这惊天动地的伟大事业奋斗了二十多个春秋。

回顾那些难以忘怀的战斗岁月，我先后参加了包括第一颗原子弹、氢弹和中子弹在内的十七次核试验。试验方式包括地面塔爆、空中、地下平洞和竖井等；我参与了从实验室准备、方案制定、现场设备安装调试到零后穿戴防护服防毒面具进沾染区回收成果和仪器设备以及数据测定总结的全过程；我的职责也从当助手、独立承担工作、部分负责逐步提升到担当测试组长、现场测量站副站长、站长及指导员；我从使用设备、改进设备到引进外国先进设备，彻底更新了测试手段并提高了测量精度；在实验室围绕任务需要开展各项科研和预研工作。

在研究所三室二组担任技术员期间，我先后任业务小组长、副大组长。1977年3月，我加入了中国共产党。1979年晋升为工程师，1987年晋升为高级工程师。1964年我获得中尉军衔，1988年9月晋升为专业技术大校军衔。在参加试验任务期间，我荣立集体二等功一次、集体三等功四次。在1966年任务和1976年任务中分别荣立个人三等功各一次。此外，我还获得个人嘉奖二次，1984年被评为个人先进。1985年和1990年，我荣获国家级科技进步二等奖各一项（作为主要完成者之一）；同时获得国防科工委部门级三等和四等奖各一项（作为主要完成者之一）；以及五等奖六项和归档技术报告十余篇。1988年10月，我获得了国防科工委颁发的“献身国防科技事业荣誉证章”。1993年5月，中央军委授予我原所在的研究室为“勇攀科技高峰研究室”的光荣称号。我在边疆特别艰苦地区工作了二十六年，作为第一代核参试人员之一，在千百万人共同奋斗的伟大事业中贡献了自己的一份力量。

珍贵经历　终生难忘

毛克强

1963年8月，我和陈爱玲、沈华杰、张榴村、朱妹玲作为上海航空工业学校的应届毕业生，踏上了开往北京的直快列车。准时抵达北京后，又顺利乘车到达了通县。核试验基地干部处的陈焕和蔼热情地接待了我们。在接下来的几天里，报到处人头攒动，陆续有来自全国各院校的应届毕业生前来报到。稍作休整后，全体新同志在马蹄楼内接受了为期三个月的新兵集训，内容包括政训、军训和保密教育。集训结束后，我们领取了全套军装。记得第一个星期天，所领导周到地安排了近十辆军用卡车，将我们这些身着新军装的人送往北京市区游览。那是我第一次逛王府井。在天安门城楼前，我以毛主席的巨幅画像为背景，毕恭毕敬地拍了一张威武雄壮的军官照。这张照片我一直精心保存着，它成了我一生中第一件珍贵的“收藏品”。

随后，我被分配到了二室的洗印组。1963年底，室领导安排我组几位新同志前往北京新闻电影制片厂学习洗印技术。1964年上半年，首次核试验的准备工作正在紧锣密鼓、有序地进行着。同年7月，我们从北京出发，经过四天三夜的火车旅程，抵达了吐鲁番。刚下车，热浪便滚滚扑来，还未出车站，我们已是大汗淋漓，浑身湿透。到达兵站后，战士们用吐鲁番的大葡萄和新疆的哈密瓜招待我们，大家纷纷感叹：“吐鲁番的天气真热，但吐鲁番的葡萄和哈密瓜也真甜！”不久，基地的车便来接我们了。汽车经过灼热的火焰山，又在茫茫戈壁滩上行驶了大半天，最终到达了马兰。此时，马兰各研究室的参试人员正整装待发，陆续进入试验场区，洗印组也正忙碌地做着准备工作。一天，组长黄晞告诉我，需要配合场区及时做好胶卷处理，于是我随大部队进场“协同作战”。进场后，我室的各个项目组以及中科院物理所、化学所、长春光机所等协作单位的项目组同志们，在各自的工作区域内热火朝天地进行着布点、定位、安装、调试等工作。他们调试着每台探测器与示波器，进行着运行和曝光试验，每天都需要冲洗大量的胶卷。

时值盛夏，戈壁荒漠之上，烈日当空，没有一丝云彩遮挡，太阳无情地炙烤着大地，地表温度高达 50 多摄氏度。特别是到了中午时分，试验场光秃秃的一片，火辣辣的热浪让人难以忍受，酷暑难当。白天冲洗胶卷时，我们不得不把洗印车的门窗全部关闭，顿时，这个又黑又热的车厢就变成了一个“大蒸笼”。在里面操作，气都透不过来，汗流浃背，衣衫全部湿透，甚至可以拧出大量的汗水。而到了晚上，我们更是忙得不可开交，一直要忙到夜里十一二点才能完工。第二天大清早，我们还要把整理好的胶卷分送到各项目组的科技人员手上。为了不影响项目的调试进度，我数个月来任劳任怨，周到服务，得到了大家的一致好评。在场区，场区的保密工作必须做到百分之百的严格，进场区后，我们与外界完全隔断了联系，也不能给家人通信。自进新疆后，我已经有三个多月没有给家里寄过一封平安信了，这可急坏了我的父母亲，他们以为我在外面出了什么大事情。母亲的身体本来就不好，有严重的气喘病，由于思儿心切，病情急剧加重，住进了医院。家人写信到部队求助，询问我的情况和下落。部队收到信后，立即回了信，信中说：“毛克强同志在部队一切很好，请勿挂念。因工作繁忙，不能回去探望，希望保重身体。同时寄上 50 元慰问金。”这件事我知道后，心里很是感激，暗下决心一定要加倍努力工作，回报部队的关爱。

1964 年 10 月 16 日午饭过后，场区的所有参试人员都撤到了白云岗的安全区域，聚集在小山坡上，准备观看原子弹爆炸的实景。下午 3 时整，随着倒计时结束，“起爆”的话音刚落，只听到一声惊天动地的巨响，紧接着是一道耀眼的强光。稍后，我转过身，戴上深度墨镜，向爆心望去，只见火球还在地面上翻滚，色泽已经变暗，瞬间便化作了蘑菇云，升腾而起，奔向空中，气势磅礴，极为壮观。这时，在场的同志们都欢呼雀跃，掌声雷动，一片欢声笑语。之后，我随大部队撤回马兰。取样队立即回收了做试验的仪器设备，各种资料和胶卷也及时被集中到马兰的洗印楼。洗印组的全体同志立刻忙碌起来，楼里彻夜灯火通明，小金龙洗片机运转不停。 第二天，我们接到基地的命令，要印制 10 套用航空摄影机拍摄的、从零时起爆到蘑菇云消散的全程照片，呈送给中央，供毛主席、周总理等党和国家领导人阅看。接到任务后，组长黄晞作了简短的战前动员，一场按时、按质、按量完成照片印制任务的战斗就此打响。全组同志个个精神抖擞，相互默契配合，慎之又慎，精心操作。经过一整夜的努力，我们终于在黎明前圆满完成了任务。这时候，我们已经非常疲劳，但个个脸上都洋溢着喜悦和微笑。在总结阶段，开展了评功活动。由于洗印组工作出色，室内兄弟组一致推荐，我们被授予了集体三等功。同时，场内各项目组的同志也为我请功，给我记了个人三等功。

自 1964 年 10 月 16 日第一次原子弹核试验，到 1967 年 6 月 17 日第一次氢弹核试验，再到 1969 年上半年，我国先后进行了七次核试验。

1969 年 9 月 23 日，我国进行了第一次地下核试验。我记得这次试验进场时，我和孙主任、赵老师被安排在同一个帐篷里。由于进场人员较少，人手紧张，我除了做好本职工作，还要承担联络和传送信息的任务。这次核试验是在一座无名小山中进行的。小山的洞口离我们帐篷不远，步行大约需要 20 分钟。从洞口往里走，是一条狭长的坑道，坑道壁上布满了密密麻麻的线网，它们连接着各种测试仪器。走到坑道末端，是一个圆形空间，酷似一个硕大铁钟的内壁罩在地上，而中心空间就是悬放原子弹的地方。在 9 月 23 日之前，我们完成了全部测试仪器的安装调试工作，洞口也被封堵得严严实实。这天晚上，夜幕降临，天空异常清澈，一轮明月镶嵌在空中，山影轮廓安宁而清晰。我们在观察点静候着零时的到来。晚上 9 时，随着“起爆”声落，小山像发疯似的抖动起来，清澈的夜空瞬间变得灰蒙蒙一片，小山也变得模糊、混沌。这次地下核试验圆满成功了。我们第二天离场前再观望时，发现小山已披上一件“白色外衣”，山脚下偌大的地面全是白茫茫的一片。

光阴荏苒，我参加第一颗原子弹核试验转眼已有 60 年了。当我回想起这段不寻常的经历时，往事历历在目，记忆犹新。似乎还有一种刻骨铭心的励志情怀在心头涌动——我们把一生中最美好的青春献给了祖国的国防建设事业；我们心诚志远，充满激情地付出着，再苦再累也无怨无悔；我们在戈壁滩上为核试验的艰苦付出是值得的。

最后，用一首小诗作为本文的结尾：

春雷巨响六四年，
有幸参加核试验。
亲身经历艰辛苦，
回首难忘珍贵甜。

难忘戈壁滩的岁月

王道兴

1963年冬天，我在家乡应征入伍，当时只知道是去新疆“特种部队”当兵。在库尔勒新兵教导大队经过几个月的军事和技能训练，初步掌握了汽车修理知识。于1964年5月初分配到基地汽车三十六团一营一连当战士。

核试验场区汽车团队为各个参试单位做好人员和物资的运输和保障工作

一

到达连队驻地之后，我才得知全连的指战员们已经进驻了核试验场区。晚饭后，我观看了一场露天电影，随后便搭乘连队用于拉菜的解放牌大卡车，向着三百多公里外的核试验场区疾驰而去。那时，公路主要是由砂石铺就，汽车在颠簸的“搓板路”上艰难前行，我们七个新兵在汽车的大货厢上随着车辆的晃动而摇摆不定。在凌晨两点左右，我们抵达了东大山哨所，经过停车检查之后，再次启程。早上八九点钟时，我们到达了营区，突然间，我望见前方似乎有一片湖泊，在跳跃、在浮动，但总是保持着与我们的车辆若即若离的距离。我心中暗自纳闷，戈壁滩上怎会有湖泊呢？后来我才明白，那并非湖泊，而是烈日炙烤下地面升腾起的热浪所造成的幻觉。

当我来到连队驻地时，映入眼帘的是十多顶大帐篷，它们一字排开在戈壁滩的一处低洼地带，每个班分配一顶帐篷作为住宿。当时的饮食相当简单，主要就是馒头、米饭和玉米粥，蔬菜很少。在马兰基地，每人的伙食费是每天五角一分四厘；而在核试验场区，则提高到了每人每天七角钱。

在罗布泊核试验场，夏季地表温度可达七十摄氏度以上。从马兰基地运来的淡水比汽油还要昂贵，且供应严重不足，因此连队不得不从孔雀河拉来咸水作为饮用水。由于河水中氧化镁和氧化钠的含量极高，这种水又苦又咸。煮绿豆汤时完全无须加盐，而洗脸用的白色毛巾在几天之内就会变得硬邦邦且发黄。正如核试验的现场总指挥张爱萍上将所赋之诗所言："我们战斗在戈壁滩上，……饥餐沙砾饭，笑谈渴饮苦水浆。"

值得庆幸的是，当时孔雀河的水缓缓流入罗布泊湖，而河水中生长着一种大头鱼。副连长带领战士们到河里成功捕获了几十斤的大头鱼，其中大的竟有一米多长。全连的指战员们因此享用了一顿难得的美餐。在我二十多年的军旅生涯中，这是唯一一次品尝到新疆大头鱼，也算是一种难得的口福吧！

为了节省伙食费用，连队可谓是动足了脑筋，积极开源节流，在戈壁滩上想尽办法。其中一项措施就是到盐湖去挖盐。每逢星期日，连队便会派遣十多名战士前往孔雀河上游的盐湖挖盐，而我也参加了挖盐的队伍。我们每个人都带着两个馒头和榨菜，背上一壶水，手持一把军用铁锹，肩上还扛着一个帆布桶。坐在卡车的车厢上，一路颠簸前行，过了老开屏之后，由于没有了道路，我们只好沿着河边的戈壁滩徒步前行。到达盐湖时，眼前是一片白茫茫的湖水，而湖边上则堆积着厚厚的盐层。我们用铁锹铲去上面一层带有灰沙的盐层，露出了白花花的盐。大家不停地用铁锹将盐装进帆布桶里，然后再倒在铺着帆布的汽车车厢上。经过一番努力，我们一口气挖了两吨多盐。除了供连队平时食用外，剩余的盐还被运回马兰驻地，用于冬天腌制咸菜。另外，为了减少煤的消耗，连队还组织战士们到孔雀河对岸的丹霞地带去捡拾柴火。那里的沙丘里到处都是枯死的树干，还有裸露在外的红柳根。据说，这里在古代曾是一片原始森林，但由于气候变化，树木全都枯死并被沙尘掩埋了。我们经过人挖肩扛，终于装满了几卡车的柴火，满载而归。

天有不测风云，即便是在干旱少雨的戈壁滩，也可能会突降大雨。记得那个夏季的一天上午，天空原本晴朗无云，却突然下起了倾盆大雨。雨水迅速汇聚流向低处，不一会儿，戈壁滩上的积水就淹没了连队驻地的帐篷几十厘米，日常用品也都浸泡在了水里。菜窖和伙房的情况更是惨不忍睹，中午的饭菜都成了问题。这也是我多年来在核试验场区遇到的唯一的一场大雨。

茫茫戈壁沙滩，天上无飞鸟，地上不长草，风吹石头跑。夏天烈日炎炎，脚下的砾石滚烫，在这样干热难耐的条件下，连队的指战员们却毫无怨言，全力保障参试单位的用车需求。全连 50 辆车，每天都要保证出车率在 90% 以上。我们修理班的每一个人都不怕脏、不怕累、不怕苦，及时做好车辆的维修保养工作。我们把艰苦当成光荣，想方设法完成修理任务，以确保参试单位的用车需求得到满足。

1964 年 10 月 16 日上午，全连指战员整装待发，前往白云岗参观点。我们戴上漆黑的护镜，面向东方试验场的方向，捂住耳朵等待试验的开始。下午 3 时，一道耀眼的火球闪过天际，紧接着是一声春雷般的轰鸣。当蘑菇云冉冉升起的时候，全连指战员无不欢呼雀跃，激动之情溢于言表。我有幸目睹了我国首次原子弹爆炸成功的壮丽场景！

二

1966 年，我们连队奉命进驻核试验场区，驻地位于黄羊沟。我们的主要任务是为各参试单位运送人员和物资，为核试验任务提供坚实的运输保障。

我记得试爆前一天晚上，随同连长到停车场进行最后一次车况检查。在逐车检查的过程中，我们发现一辆车的发动机前面的水泵存在漏水现象。连长立即要求排除这一故障。我迅速拆卸下水泵，并凭借平时积累的经验和技能，仅用半个小时就换好了水封圈，成功排除了漏水故障，因此受到了连长的好评。

在某次防化训练时，我和一批战友来到了一个特殊的地方——1964年10月16日我国第一颗原子弹成功爆炸的靶心。只见那里102米高的铁塔像一条条麻花般倾倒在戈壁滩上，爆心地面上的戈壁石都被烧焦了。在60公里范围内的各种各样核试验效应物都被掀翻或摧毁，可见原子弹的巨大威力。

1966年12月28日，氢弹原理试验取得成功！

三

1969年，我随连队再次来到南山，配合工程兵在山里挖掘平洞，着手进行地下核试验的准备工作。当时，试验需要一批含铁量高的铁矿石，据说这种铁矿石在高温高压下能够变成金刚石。

接到任务后，连队迅速派出了几辆车前往新疆生产建设兵团农二师所属的铁矿厂拉运铁矿石，我也随车一同前往。车队经过和静县城后，便开始在蜿蜒曲折的盘山砂石路上艰难爬行。道路一侧是陡峭的山崖，另一侧则是深不见底的深山峡谷，而半山腰处则是覆盖着冰雪的险路。为了确保行车安全，汽车的前后轮胎都装上了防滑链条。当我们抵达海拔3900多米高的铁矿石厂时，立即开始装载含铁量高达35%的铁矿石。由于时间紧迫，我们顾不上休息，必须赶在天黑前下山。下山时，汽车全程使用二挡行驶，我们小心翼翼地驾驶着车辆向山下驶去。说实话，当时我的心情紧张到了极点，心都快提到嗓子眼儿了。不过，晚上10时左右，我们终于安全返回了和静县城。

1969 年 9 月 23 日，我国成功进行了首次平洞地下核试验。这也是我第三次有幸参与的核试验任务。

四

在我担任连队排长不久之后，1970 年 10 月，我被调到基地所属的 546 医院政治处，担任组织干事一职。1971 年春天，546 医院又派遣我到核试验场区的医院担任“政委”。所谓的场区医院，实际上就是一个医疗队，他们的驻地是一排简易的砖结构平房。在核试验场区，这样的建筑已经算是相当不错了，比起帐篷来不知强多少倍。

医院的人员配备还是比较全的，有内科、外科医生，而且都是经验丰富的高年资医生；还有护士长、护士、卫生员；司药、化验员；汽车司机、救护车司机；给养员、炊事员等一应俱全。除了收治急诊病人外，医院还开展了急性阑尾切除手术。平时，医院的主要任务是定期到场区的各个单位进行巡诊，送医送药上门。巡诊点包括阳平里气象站、主控站、抽水站、机场场站、通信站、工程兵连队等单位。

场区的生活条件还是很艰苦的，主副食品都是从马兰拉来的，与七八年前相比，并没有发生根本性的变化。然而，大家的精神状态都非常乐观，彼此间十分团结。在工作中，大家不分分内分外，心往一处想，劲往一处使，无怨无悔地为核试验事业作贡献。

在核试验场区，除了经常要面对风沙和烈日的考验外，生活是很寂寞的。这里没有报纸，没有广播，完全与世隔绝。更想不到的是，这里还会遭遇灾难性的天气。某个夏季的下午 4 时左右，突然之间，东北方向黑浪翻滚，狂风卷着沙石铺天盖地而来，一片昏暗。沙尘漫天直向医院方向袭来。当时我们还弄不清是怎么回事，后来才知道这就是沙尘暴。狂风卷着沙石，打得门窗啪啪作响，沙尘飞扬得连气也喘不过来。晚饭也没有办法吃，即使要吃也只能是“饥餐沙砾饭”了。第二天一看，朝北的房屋后墙下已经堆了一米多厚的沙尘。这是我第一次经历沙尘暴，这种经历让我今生今世都难以忘怀。

回忆起曾经在戈壁大漠深处的那段时光，真是刻骨铭心，终生难忘。我进出核试验的戈壁滩五六次，那段经历不仅历练了我的人生，还让我在1965年和1966年分别荣立了三等功。能够为国防建设贡献自己的微薄之力，我感到此生无怨无悔。强军之路令人感怀，所有的付出都是值得的，我深感自豪和荣幸。

回忆往事，感慨颇多，赋诗怀旧：

七秩白发忆烟云，戈壁征程入梦频。
谁解当年苦中味，唯有共舟战斗人。
过眼云烟逝水年，戎边聚散总是缘。
戈壁入梦天山远，马兰解语石不言。
军旅生涯事境迁，个中酸甜苦辣咸。
岁月已逝风华尽，尚留大漠在心间。
刻骨铭心戈壁情，美好时光献军营。
老来乐享盛世福，民族复兴喜飞腾。

难忘的 1964 年 10 月 16 日

徐美娟

每个人都有难忘的事和难忘的岁月，我最难忘的是 1964 年。这一年是我从学生步入社会的一年，有幸到了马兰基地 546 医院，并幸运地参加了我国第一颗原子弹试验。

1964 年 3 月，我毕业于二军大附属护校，学校已经决定分配我到第二军医大学长海医院外科手术室工作。原本去核试验基地的是我的同班同学，但没过两天，该同学因政审不合格而被替换，换上了我。这说明我跟核试验基地有缘吧！第一颗原子弹试验的准备工作，从 1958 年就开始了，而我刚到部队几个月就能参加核试验，这不是很幸运吗？这不让我难忘吗？

我们有 4 位同学被分配到核试验基地工作。到北京报到后，由核试验基地的人接待我们，并带我们前往马兰基地。到了马兰招待所，我深感其气派，那里有宽敞的大厅，有高耸的大楼，内部设施也非常出色。在戈壁滩上能有这样的建筑实属不易。过了几天，我们就开始在医院工作。从招待所到医院，这两个地方简直是天壤之别。医院很简陋：几间小平房作为院办公室，病房则都分布在一个个土坯平房和帐篷内，住着各科的病人。我和宋琴花被分配到了内科，但当时内科与小儿科是合并在一起的，外科则与五官科合并在一起。整个医院被一条小溪分成南北两部分，北边是内科，南边是外科，小溪上有一座小桥，连接着南北两部分。我们被分配到内科，住的是帐篷，而小儿科则是土坯房，五官科是地窖。虽然居住条件很艰苦，但老同志们个个精神饱满，干劲十足，他们对工作充满热情，认真负责。病房条件也很差，小儿科的病房内还需要烧炉子来取暖。每一班都会配一个护理员，帮着烧炉子。然而，一加煤，灰尘就会满屋子飘扬，就像电影里看到的野战医院一样。老天真会跟我们开玩笑。上班不到一周，就下起了一场不小的雨，让我们措手不及。病房内、我们的住处，到处都漏水。我们在五官科工作的同学住的是地窨，全进水了，床都漂浮了起来。我们刚到病房时，有人告诉我们新疆干燥，基本没雨。这场大雨，不知道是在欢迎我们还是在考验我们。反正这是几十年不遇的事情，就让我们这些上海来的小姑娘碰上了。

考验、考验、再考验，这里的蚊子大得吓人。它们在叮人之前不会发出声音，只要被叮上，就会遭殃。我们住在小溪旁，溪水很清澈。上游是乌什塔拉的一个水磨站，用来加工面粉。我们洗漱都是用这里的水。为了保证下游人员的饮用水质量，我们必须把水打上来用。我们刚到医院时正值 1964 年 4 月中旬，溪旁长着绿油油的马兰草，开着美丽的马兰花，非常漂亮。我们洗漱完后就多逗留了一些时间。谁知回宿舍没多久，就感觉身上奇痒无比，发现身上出现了许多大包。我被蚊子咬在了耳朵上，起了一个大包，又痛又痒，还发烫肿胀，把外耳道都堵上了。我没法戴听诊器，因为一戴听诊器就会痛得钻心。我也没法睡觉，必须吃止痛药才能入睡。过了三个星期以后才恢复过来。老同志告诉我，我是被藏在马兰草内的隔年蚊子咬了，因为其毒性大，所以我才会被叮成这样。1964 年 5 月初，医院已建成，但家属区尚在建设中。每天除正常上班外，我们利用空闲时间全力打扫卫生。5 月底，我们搬进了新建的医院，那里有 300 张床位，全新配套。但我们工作人员的宿舍尚未准备好，我们只好因地制宜，住在病房大楼的楼梯旁、侧门外、走廊里。尽管如此，大家都保持着乐观的心态，默默地勤奋工作。

1964 年 6 月中旬，全院大会召开。院长在会上宣布了一个重要消息：我们的部队是从事原子弹试验的（这一信息此前一直保密）。他强调，一定要保密，这是我们的铁律，上不能告诉父母，下不能告诉妻儿。同时，他宣布我们将成立场区医院并进场执行任务。我和宋琴花有幸被选派进场，场区医院由 20 人组成。

1964 年 6 月 28 日早上 6 时，场区医院整装待发。两部大卡车装载着医疗器材和物资，在外科范主任的带领下，我们进场了。进场路是一条由汽车轮子压出来的搓板路，很颠。我们坐在装着被子的卡车里，车子颠簸不停，我们的双手必须紧紧地握着捆被子的打包带，否则很可能被颠出去。中途，我们在张郭庄站（又名甘草泉）停了下来，在这里吃了一顿中饭。饭后，我们又继续赶路，直到晚上 8 时才到达目的地——工程兵 124 团卫生队。那里住着 124 团的伤病员，他们对我们也很惊奇。入伍进场几年，他们从未见过女性进场，因此许多伤病员都出来看我们。这是我有生以来经历的最漫长、最艰苦的连续 14 小时长途跋涉。

我们场区医院建在离 124 团卫生队约 3 公里远的老开屏，那里有两排比较整齐的羊圈，那就是我们医院的所在地。我们以最快的速度清理了羊圈，挖掉了羊粪，并用 X 光片遮挡窗户。医院的外墙上醒目地写着“救死扶伤，实现革命的人道主义”，让人一看知道这里是医院了。

距离我们场区医院 300 米的地方，有一条宽阔的孔雀河，河面宽约 30 米。我记得河上有一座简易桥，桥中间有好几个桥墩，我那时都不敢走上去。男同志们则勇敢地过桥去盐湖背盐。河水看上去还算清澈，但一旦入口，就会发现它又苦又咸又涩。用这样的水洗脸后，脸会紧绷着，还会感到疼。如果喝进胃里，胃会发胀，每个人都会腹泻。医院收治的 30 张病床上的病人中，绝大多数呈现出发烧伴随腹泻的症状。医院刚建起没几天，场区就刮起了大风，能见度不足 5 米，人根本无法逆风行走。沙子、小石头全部被风吹了起来，我们去五分站吃饭时，简易饭厅的芦苇棚已经被风吹飞了。每人发两个馒头，我们只能藏在衣服里拿回宿舍吃，否则就成沙子馒头了。因风大，我们住的土屋的泥土直往下掉。我记得我一觉醒来后，耳朵听不见了，眼睛也看不见了。原来是我侧着睡觉时，耳朵被沙子给堵住了。起床后我发现我的床上除了我睡觉的地方，其他地方全被沙子覆盖了。

1964 年 7 月，大部队陆续进场，包括军事科学院的、效应大队的、第二野战医院等都进来了。人多了之后，住宿也变得困难起来。我们在空地上搭了几顶帐篷作为临时住所。我们改住帐篷后，发现条件更加艰苦。帐篷是由铁杆架起的，里面的床也是双层铁架。戈壁滩的气候在晚上还算凉爽，但我们护士需要倒夜班，白天睡觉。8 月的天气异常炎热，，白天室外温度高达 57 摄氏度以上，石头上都可以烤饼了，帐篷内温度更是高得让人难以忍受。我因为年轻爱睡觉，几天下来发现四肢上出现了许多条形的血印子，微微有些疼痛，原来这是被铁床床架烤出来的。后来让我们上夜班的护士住进了手术室，其实那是一个地窖，没有窗户，很闷，但相比睡在帐篷里还是要好一些。

大家都在拼命干，实在顶不住的人才会住院。而住院的病人中绝大多数是患有腹泻加发热的症状。他们在医院治疗几天后稍有好转就会吵着要出院继续工作。为了解决高烧病人用水的问题，我们想方设法在河床边挖一个洞，让水流进来进行过滤。这样过滤后的水，苦涩程度有所下降，也解决了一些实际问题。

1964 年 10 月 16 日，各路兵马都汇集到了这片无人居住的戈壁滩上共同等待“零时”的到来。下午 3 时，东方响起了巨响，在中国罗布泊上空升起了壮观的核蘑菇云。从此中国拥有了自己的核武器。

回忆起 1964 年的那段时光，让我仿佛重新回到了那个年代。大家对工作都极端认真负责，不计较个人得失，无私奉献着。战友们之间的相互关心、相互帮助也永远值得我怀念和铭记。

马兰基地 546 医院

青春岁月

曹兆宽

1963年至1969年，这六年的时光，我在马兰度过了我的青春岁月。那是一段刻骨铭心、难以忘怀的日子。在核试验基地工作的那几年，每一天都让我魂牵梦萦。那些日子，不仅锻炼了我的意志和能力，更让我收获了无数珍贵的回忆，成为我生命中不可或缺的一部分。

一、赴马兰

1960年7月，我在上海入伍，进入重庆通信兵技术学校无线通信专业学习。1963年毕业后，我被分配到石家庄的“通信兵51分队”，9月下旬，国防科委的干部来到我们这里选拔人才，他们从20多人中挑选了5人，其中包括3名无线通信专业和2名有线通信专业的人才。很幸运，我被选中了。

1963年10月中旬，我们启程经西安到达吐鲁番大河沿。巧合的是，在火车上我们对面坐着一位军人，他也是前往大河沿。在交谈中，我们得知他是基地汽车36团的参谋，探亲结束后返回部队。我们一路相伴，谈笑甚欢，从他那里我们了解到了第21训练基地的性质和任务。我们在大河沿站食宿过夜。第二天一早，在36团参谋的安排下，我们乘坐解放牌卡车前往马兰。从大河沿出发，我们一路下行经过托克逊，再经过库米什，最终抵达了马兰。

二、到达通信工号

汽车将我们送至马兰第一招待所。在不到半小时的时间里，两名战士拉来了一辆胶轮小车，我们迅速装上行李，便前往了通信一分站。那时，我们已经告别了“地窨”般的生活环境，住进了修配厂北面的临时住房。虽然厨房和食堂仍然是土坯房，但生活条件已有了明显的改善。没过几天，我被分配到了无线电接力队。

当时，电话线已经架设到了前沿工号，而在最前面的工号，我们只能通过无线电接力通信进行联络。我们使用的是国产超短波设备，这种设备的定向天线方向性强，保密性也相当好。

当我到达通信工号时，包括我在内，整个队伍只有三个人：王炳清技师、张志瑞（1959 年入伍的兵，负责油机电工）和我。我们的任务是 24 小时值守交换机，充当话务员的角色；同时，每天傍晚我们需要定时开通无线电接力的两个话路，持续 2 小时。仅仅过了两三天，我就有了强烈的成就感。我成为一个真正的通信兵，不仅能胜任交换机话务员的工作，还能熟练地开通无线通信设备，担任值机员。

为保障通信质量，我们特意选择了一个小高地作为营地，虽然离二机部的工程大队稍远一些，但环境适宜。我们的棉帐篷一半用于居住，

核试验场区的工号、帐篷群

一半用作机房，门口还张贴了“机房重地、闲人免进”的告示，以确保设施的安全与通信的稳定。

在通信工号的日子里，我经历过两次难忘的惊喜。第一次是在 1 月中旬，一场大雪降临，积雪厚达 6—7 厘米。每天早晨，我们都会用箩筐装雪，回来后在大铁锅里融化，就这样，我们享用了十多天真正的“甜水”。第二次惊喜则是在春节前，基地派遣了放映队前来慰问并放映电影。听说放映队已经有半年多没来了，这次他们连续放映了三部电影，真是让人过足了瘾。老同志们很照顾我，让我连看了三部电影。当时我可是全副武装，穿着棉衣、棉裤，外面还套着皮大衣，脚上穿着大头鞋，头上戴着皮帽，手上戴着皮手套，还有口罩护鼻。尽管这样，我还是坚持看完了三部电影，其间不时站起来跺跺脚、走动一下以保持身体温暖。然而，第二天早上起来，我的双脚还是发痒，原来是生了冻疮。

我们通信接力站共有 3 人，与二机部工程大队一同驻扎。他们一般不会来我们的帐篷，我们也不太去他们那里串门，除非遇到电话故障，我们才会去他们帐篷进行处理。来访者主要是总参和基地勘测队的人员，因为他们没有固定的住所，需要通话时都会来我们帐篷。其中有几个人特别健谈，他们对场区各地都非常了解，无论是地名由来，还是各种别称如“老开屏”“新开屏”“气象大沟”“黄羊大沟”等，都能一五一十说出来。来我们帐篷的人都是出于工作需要，几乎没有闲杂人等进入。后来，我甚至把“机房重地、闲人免进”的告示都摘了下来，因为我们这里确实没有闲人出没。

三、转前沿工号

1964 年开春后，各施工点都忙碌起来。我被派到施工点工作，我们通信处代表甲方负责监理和验收通信工程；当时，总参通讯兵部派遣了通信工程一团的两个整连在基地进行施工。前沿工号是通信处的重点工程，其中包括了无线收信中心、有线通信机房、交流电直流电机房、话务台、长途台、气象无线收信中心以及空军指挥中心等设施。有线通信机房里安装了国内顶尖的多路载波通信设备，而无线通信收信中心和气象收信中心则配备了当时国内最先进的收信机。空军航线指挥中心是按照当时最新、最高的标准来设计和配置的。我突然意识到，学校里学到的知识远远不够用。不过，由于我具备一些基础知识，所以很快入了门，能够基本胜任工程监理和验收的工作。工程还没有结束，我就被调回马兰通信修理所，参与了航线对空话台设备的开箱检查和调试工作。这套设备是进口的超短波对空话台，它能在使用中实现快速切换的约定，从而极大地提高了通信的即时性和保密性。一周后，我随同这套设备一起被派遣到了另一个前沿工号。

四、另一个前沿工号

另一个前沿工号的发射功率大，天线占地面积广。这个工号曾在许多电影中出现过，令人印象深刻。战士们会推开一扇普通的木门，沿阶梯向下走，然后转动操作手柄，接连打开六道坚固的钢制防护门。下面设有两个机房，一个是无线短波通信发信机房，配备了十余台功率各异的设备；另一个则是与空军配合的长波导航台，以及超短波航天线对空话台。

我负责这些机房的设备安装和调试工作。当机房进入调试阶段时，有时整个机房会陷入一片漆黑。这是因为电源机房的两台发电机需要轮流运行，而工号内的电源切换需要手动进行，但当时并没有任何显示装置或照明设备。为了解决这一问题，我主动安装了一个二路电源来电显示装置，这个装置不仅具有显示功能，还能提供照明。这样，哪一路电源有电，我们就可以迅速切换到哪一路，这个小改进在实际操作中发挥了巨大作用，我也因此受到了嘉奖。

由于保密要求，我们尽量避免使用无线电短波通信。同时，由于有线通信的保障工作做得非常出色，所以在我驻场工作期间，无线短波发信机从未正式启用过。然而，与空军航线配合的两台设备却一直在运转。每次执行任务时，我们都需要提前进场，晚些离场。特别是在“零时”前后的投弹、取样、穿云等关键通信环节，我们都需要进行监听，并详细记录通话内容。每次记录后，记录本都需要签字并上交。

1964 年 10 月 16 日，第一次核试验“零时”前，除了值班人员外，所有人都集中在一个小高地上，背对爆心席地而坐，紧闭双眼等待。当爆炸声响起后，我大胆地先转过身来，大声宣告:“成功啦！蘑菇云！”这时，大家才纷纷站起身，回望那壮观的景象，欢呼声和笑声此起彼伏。而我，由于需要在地下机房值班，直到十几分钟后才得以抽身出来观看这次核试验，终于了却了一桩心愿。

到了 1966 年的导弹核武器试验时，爆心位于我们工号的正南方，地势平坦开阔，距离我们也非常近。因此，无论是冷试还是热试，我们都能全程观看。到了正式的“零时”试验时刻，由于没有空军通信任务，我们只需开启设备作为备用。幸运的是，上级还特地为我们配发了五万倍的墨镜，让我们能够安全地观看导弹核武器试验的全过程。

五、别样生活

1. 单骑走红山

在 1965 年秋天，即第二次核试验之后，我随张志善副司令员参与了和硕县的“社会主义教育运动”。当时，我被分配到六一牧场，该牧场的场部位于塔哈其大队附近，下辖两个农业生产队和两个牧业队。一个月后，为了跟进两个牧业队工作组的工作进展并传达工作队的要求，队部指派我一人骑马前往红山与工作小组会合。于是，我独自踏上了前往红山的旅程。

那天一早，我便出发了，随身携带着被褥和干粮，还借用了场部支部书记的黑白小花马。我沿着公路向乌斯塔拉方向行进。为了体验驰骋的快感，我任由马儿奔跑了二十几分钟，耳畔风声呼啸，仿佛置身于赛马场上。不过，当马儿全身大汗淋漓时，我赶紧勒紧缰绳，让马儿放慢脚步以恢复体力。到乌斯塔拉拐弯，经前龙口，我终于抵达了红山。此时天色已晚，我深一脚浅一脚地在黑暗中摸索前行，翻山越岭，跨水过河。每当看到亮光或烟火，我便会上前问路。幸运的是，在晚上八九点钟，我终于找到了工作小组。

完成第二天的工作后，我再次独自骑马返回六一牧场。当夜幕降临，我才过了塔哈其，来到一个三岔路口。本以为“老马识途”，我放松了缰绳，让马儿自己选择路线。然而，当我们走到一个蒙古包时，我才发现方向错了。于是，我调转马头往回走，很晚才回到队部。这次单骑走红山的经历虽然曲折，但也让我收获了许多难忘的回忆。

由马兰通往红山的山路

2. 红山劳动

1966 年夏天，通信一分站接到了前往红山制作土坯的任务。我和十几名战士一同前往红山基地司令部附近，开始了紧张的土坯制作工作。我们每人每天都需要完成 500 块土坯的制作任务。为了完成这个任务，我们首先挑选了合适的地点，并平整了场地。接着，我们取来泥土进行浸泡处理。到了第二天，我们将浸泡好的泥土甩入模子内，然后搬动模子翻倒在场地内。第三天，我们再将土坯收集起来，整齐地码放在一起。这样的工作流程连续循环进行，以确保每天都能完成500块土坯的生产任务。

在这近两个月的时间里，我从事着高强度的体力劳动。这段经历不仅锻炼了我的体质，更磨炼了我的意志。我深刻体会到了劳动的意义和价值，也学会了如何在困难面前坚持不懈。

3. 趣闻轶事

（1）胡杨树的三个一千年

有许多文章都赞颂胡杨树，称其为一千年不死，死后一千年不倒，倒后一千年不朽。然而，能够亲眼见证这前后三千年变迁的人确实寥寥无几。我有幸从马兰到场区的途中，由经验丰富的老战士引领，去捡拾柴火。我们的汽车行驶到了塔克拉玛干大沙漠的边缘，那里有着真正经历了前后三千年的胡杨树林。这些胡杨林连绵不绝，有的矗立在地表，有的则被沙土掩埋。我们挑选出那些粗细如拳头的胡杨树枝，截成小段后装上汽车。不出半天，我们就能装满一整辆车。在休息的时候，我会在戈壁滩上细看、细翻、细找，竟然能找到许多小海螺壳和蛤蜊壳。这些发现让我感慨万千，真实地看到了“沧海桑田”。

（2）孔雀河抓鱼

有一天，队长张国登问我：“会游泳吗？”我回答：“会。”于是，由通信工程连的张连长带领，我们去了孔雀河捕鱼。由于没有专业的捕鱼工具，只有炸药，我们决定采用炸鱼的方式。在孔雀河水流较急的地方，我们将炸药灌入啤酒瓶中，装上引信，点燃后扔向河中央。爆炸后，小鱼被炸死，大鱼被炸昏，我们需要迅速将它们抓住并扔到岸上。我和另一个会游泳的同志，事先脱得只剩下内衣，裹着皮大衣等待。炸药一响，我们就跳入水中，先挑大鱼抓，然后迅速扔到岸上。每次上岸后，我们都会裹紧皮大衣，喝两口白酒暖和身体。半天的时间里，我们就能收获满满一大箩筐的鱼，足够一个连一百多人美餐一顿。剩下的鱼，我们还会送给通信工程一团的兄弟连队品尝。

（3）工号的蚊子

1964年夏天，施工进入了高潮期，帐篷林立，施工点众多。所有的施工点都从新开屏给水站取水。那时，给水站不仅水源丰富，两岸的芦苇也异常茂盛。因此，蚊子特别多且个头大，它们会跟着取水的汽车一路飞到工号。早晨做操时，下口令的人都不敢张嘴，因为蚊子太多了。为了保护自己，大家都用毛巾围住头和颈部。有一支兄弟部队刚从越南回国，他们穿戴的防蚊衣帽让我们羡慕不已。

回想起六十多年前的那段历程，我常常感慨万千。虽然当时的工作条件异常艰苦，生活枯燥且寂寞，但能够在我国的核试验基地工作和战斗过，我感到无比自豪和光荣！

戈壁滩上农家乐

王国华

1964 年 9 月，我大学毕业后加入了中国人民解放军。由于保密关系，当时只知道自己属于北京国防科委某部。后来才知道这是一支长期战斗在戈壁滩上的承载着共和国核盾牌神圣使命的国防科研核试验部队。北京，只是我们短暂的驻足之地，真正的试验场，在那遥远且广袤的天山戈壁滩——“红山”。

我刚到部队一个多月，就迎来了 1964 年 10 月 16 日那个举国欢庆的日子，我国第一颗原子弹在大西北的土地上成功引爆。喜讯传来，我们集训队里一片欢腾。虽然我们没能赶上执行我国的首次核试验，但是，作为这支队伍中的新的一员，以后的试验任务我们一定也会参加。参试人员回来后，马上就投入紧张的首次核试验的总结工作中，我也被抽调去参加首次核试验的数据处理工作。

在恶劣的自然环境和偏远的地理位置下，我们的生活和工作条件都极为艰苦。在那个交通不发达的二十世纪六七十年代，即使是出差探亲，也需要乘坐颠簸的解放牌大卡车一整天才能到达火车站，之后往往因为一票难求，只能拿着站票，经历三天四夜的长途跋涉才能抵达上海。

饮食也是一大难题。冬天，和大西北其他地方一样，餐桌上总是离不开土豆、大白菜、卷心菜、青萝卜和胡萝卜等看家菜；而在其他季节，因交通不便，新鲜蔬菜更是常常供不应求。

为了解决吃菜问题，有人带头开始开荒种地。虽然也有人质疑这是否符合时局，但大多数人还是用实际行动给予了支持。越来越多的人种起了地，还养起了鸡、鸭。回想起来，我们当时的“大生产运动”正是发扬了延安时期的“自力更生，艰苦奋斗”的精神，是切切实实的“生产自救”，为改善和丰富了我们的生活，稳定军心，增强体质，做好各项工作起了很好的推动作用。和延安时期不同的是，在特定历史条件下，我们的大生产不是领导们发动群众搞起来的，完全是群众自发搞起来的。领导和群众齐心协力，共同谱写着“生产自救”的壮丽诗篇。

戈壁滩上充足的阳光和山上融化的雪水是我们种好蔬菜的必要条件。大部分同志来自农村，有一定的生产经验，我们这些搞科研的人又会琢磨，我们的菜越种越好，鸡鸭也越养越好。我们自己种的西红柿长得真好，一家有七八棵西红柿就足够了。等到西红柿完全长熟了才摘，那是真正的有机蔬菜，真好吃啊！种了蔬菜后，才知道，西红柿和黄瓜是冤家，不能挨得太近，要不谁都长不好。豆角多得吃不完，有的人把豆角晾成干，留到冬天吃。大西北的土豆长得真大。有一次过年，我带了一个三斤重的土豆回上海，令家人们吃了一惊。

红山“美人桥”全景

说起家禽来，我家的鸡群也是戈壁滩上的一道亮丽风景。鸡的品种很重要，营养要跟上，鸡窝还要隔热好。从老乡家里买来的那只大白鸡作为鸡群的首领，不仅威武霸气还以它的王者风范守护着我们的家园。开饭时它要第一个吃，它吃完了才让别的鸡吃。它下的蛋不仅个头最大，而且数量也最多，一年可以下二百多个。有一次我去喂鸡时，鸡圈里突然蹿出一只硕大的老鼠，大白鸡见了，非但没有躲避，反而冲了上去，以迅雷不及掩耳之势叼住了老鼠的脖子。这哪是只鸡啊，简直就是只鹰！其他鸡群随即一哄而上，都去啄那只老鼠。大白鸡体强力壮，又身先士卒冲锋在前，真是个好领导！我在一边看呆了。我明白，亲历此境，可遇而不可求，不会有第二次了。

在戈壁滩上我们用自己的双手创造着美好的生活，将苦难转化为甜蜜，将挑战变为机遇。那段难忘的岁月虽然已经远去，但那份坚韧不拔的精神与珍贵的记忆，将永远铭刻在我们的心中。

马兰——我的第二故乡

叶上蓁

每当我听到“日落西山红霞飞，战士打靶把营归”的歌声时，我就想起马兰这一戈壁大漠中的明珠，我国核武器试验基地。在那里我度过了27个春秋，贡献了我一生中最美好的年华。

时光留不住，但往事的回忆却如春潮常在脑海里奔涌。在茫茫的戈壁大漠中，一队身着戎装的学生娃娃兵，迈着笨拙的步伐在操场上练队列，在靶场上练瞄准，然后列队进入新搭建的草棚中就餐，嘹亮的歌声在荒漠上空回响。当时基地派出强大的领导班子来组织训练我们成为核武器试验的工程师和研究员。我们穿着戎装就得有军人风度军人气概，不管是出操、打靶、整理内务都是严格按条例执行的。领队的和做政工的都是八路军、新四军老干部。我被分在三部三处，部长和政委都是三八式干部，处长是八路军老报备员出身，管后勤的是新四军老干部。他们以身作则，把我党我军的优良传统传带给我们学生出身的军人。

1959年，为了筹建基地，第一批先头部队从敦煌出发，踏上了前往罗布泊的征途。没有住的地方，他们就挖地窖，搭帐篷；没有水喝，他们就喝孔雀河的苦水。就这样，他们以坚定的决心在戈壁滩上扎根，开创了艰苦创业的新篇章。

我是1961年进疆的，有现成的地窖可居住，有马兰的甜水可喝，已是十分幸福了。那一年，国家正经历经济困难时期，我们的饮食中也包含了一半粗粮。大家最爱吃的粗粮食品是“两面焦”。那是用玉米面做成的饼子，在锅上烙制，直至两面焦黄，吃起来香喷喷的十分可口。

我们于1961年9月份到达马兰，住在离马兰不远的农场地窖里。刚到农场不久，一场纷纷扬扬的大雪便悄然而至。为了应对冬季的严寒，我们组织安排了冬防工作，前往戈壁滩红柳丛砍伐一星期柴火。由于那时运煤的车都派不出去，只能靠大家砍柴来做饭和取暖。照明则用的是一台旧的柴油发电机。很快迎来了国庆节。在戈壁滩过第一个国庆节，有的同志不禁开始思念家乡。后勤的同志们设法弄到一车皮大黄鱼，我们作业队也分到了百余斤。但炊事班的同志全是甘肃、陕北农村来的新兵，他们没吃过鱼，也不知道鱼要怎么烹饪，就将鱼头鱼尾剁了，内脏一挖，也不去鱼鳞，就在大锅中煮了一大锅鱼羹，但大家仍是高高兴兴地吃了这顿国庆会餐。

1964年，我们执行首次原子弹爆炸试验。我们夏初就进入场区，住在帐篷里。那时马兰到场区的输水管道尚未安装，吃的水全靠汽车拉，用的水则就近从孔雀河里拉回来。有时甜水供应不上，就只好喝苦水，喝得大伙全都拉肚子。夏天戈壁滩上白天奇热，黄军装穿在身上，不出半个小时全变白了，那是因为出的汗水在干燥的空气中迅速蒸发，留下一层白花花的盐分。每个人的喉咙都干得冒火，军用水壶的水一口气就能被喝光。那时，从马兰后勤运来了一批西瓜，按人头发放。大家不仅把瓜肉吃了，连瓜皮都被全部啃到肚里，因为瓜皮的滋味总比喝苦水强多了，连总指挥张爱萍将军也带头啃起了瓜皮。大家同心协力，终于顺利完成了第一次核试验的全部测试工作。除了干燥炎热和缺水，戈壁滩的夏天最可怕的是风暴。五六级的大风经常刮，风口的风力经常超过八九级。地表的沙土被全部刮走了，裸露出一大片卵石，大的像西瓜，小的像鸡蛋，在风沙作用下都滚光溜圆，像干涸的河床，一眼望不到尽头。真所谓：“一川碎石大如斗，随风满地石乱走。”风暴来临时，我们要做的第一件事就是加固帐篷，以防帐篷被风刮跑了。大家在狂风中睁不开眼，只好紧紧地拉住帐篷绳子，与狂风搏斗。刮风天，不要说风暴，即使是五六级的风，也让大家无法上厕所。那时的厕所是用苇席在戈壁滩上围起来的，到处透风。因此，不论你朝哪个方向，站着或蹲着，小便总是溅到脸上或裤子上。那时我处有个陆工程师，他从小在上海长大。刚开始到戈壁滩上生活时，他苦不堪言。然而，在他入党时，同志们甚至把他习惯了戈壁滩的厕所也作为了一个优点。过了夏天，紧接着冬天就来了。戈壁滩的秋季特别短，好像没有似的。在那里的地窖里，我们靠烧火墙来取暖。但烧火墙有两个缺点：一是半夜里必须起来添柴加煤，否则到第二天早晨天还未亮时，大家都会被冻醒，有的人的脚甚至会被冻伤；另一个缺点就是火墙不能有小裂缝，一旦漏气就可能导致煤气中毒，引发大事故。

那时的道路状况极差，戈壁滩上的汽车多跑几趟，就把地面压成了一条路。这种路高低不平，就像洗衣服的搓板一样。在这种路上颠簸一天，全身的骨头架子都像要散架似的疼痛。我们往返于马兰和场区之间，不仅没有吉普车可坐，连面包车也没有。我们只能站在解放牌卡车的大车厢上，一连颠簸十几个小时。

然而，在党中央、国务院和军委的关怀下，我们的生活和工作条件逐渐得到了改善。从阳泉到场区的输水管被敷设起来了，道路被修筑得

红山研究所办公大楼全景

平坦了，营房也被建造起来了。各种设备和各学科的实验室都逐步建设完善，而且新的大学生和中专生也源源不断地被输送进来，成为朝气勃勃的生力军。当我最后因病要离开这片戈壁沙漠时，心中不禁充满了依依不舍之情。我留恋这荒凉沉寂的大漠，留恋那些剽悍善骑的蒙古族牧民，以及勤劳淳朴的维吾尔老乡。

我们部队的首长历来十分珍重军民团结的情谊。他们规定部队不与民争利、不与民争水，并将小水库的管理权交给了地方政府。每年夏秋之际，正是老乡们农忙的时刻，我们都会去帮助他们割小麦。我们部队有个王副部长，他是随王震将军进军新疆的老军垦战士。当他离休时，他说服了老伴，选择不回河北省老家，而在新疆安家落户。他对这片布满星星绿洲的荒漠怀着深深的眷恋。我从心底里敬佩他。

我现在虽然回到上海居住，但我的第二故乡——马兰，仍然让我魂牵梦绕。我希望有一天能再回去看一看，那个我奋斗了半辈子的地方！

我们是马兰人红山人

黄志方

2019年5月11日

应21所科技处战友上海聚会筹备组的邀请，今天有40多名21所科技处战友从全国各地赶来上海参加聚会，前来参加聚会的还有40多名上海、无锡的战友。我谨代表上海马兰战友联谊会200多名战友，向来自全国各地的研究所科技处领导和战友们，向原二室战友21基地司令员马国惠、原一室战友21基地研究所政委杨雅清、原一室战友33基地副司令员吴中秋等战友，以及今天到会的上海、无锡战友们，表示热烈的欢迎！

日前，周茂生约我在会上向战友们汇报一下上海马兰战友联谊会的概况：

大约在1987年、1988年，经研究所一室张玉英、张向阳、王思德等战友的积极活动和联络，于1989年在上海市人防办召开了第一次上海马兰战友会，纪念第一颗原子弹爆炸成功25周年，有百余名上海马兰战友参加了纪念会；后来在1994年、1999年、2004年又多次召开了相应的纪念大会；2006年、2007年上海市民政局组织我们登记和评残，战友会的张玉英、张向阳又积极叮嘱、动员战友们去参加体检和评残。截至2015年，上海马兰战友评残人数已有百余人，约占总人数的56%，其中研究所的比例较高，约为88%。

从2014年张玉英因病住院之后，战友会的工作交接给黄志方、周茂生、曹兆宽等战友。2014年，战友会组织了第一颗原子弹爆炸成功50周年纪念大会；2016年，组织了上海至尊园核试验纪念碑园区的建设，有200多位上海马兰战友的名字光荣登上了核试验纪念碑；2017年，组织了第一颗氢弹爆炸成功50周年纪念大会；2018年，组织编撰了核试验回忆录《战斗在罗布泊的上海人》，全书约86万字，有120多位核试验的亲力亲为者撰写了文章，这本书在上海乃至全国都有着一定影响。

上海马兰战友联谊会是一个友爱团结的群体，许多战友都说：“参加上海马兰战友会的活动，就好比回到了家，回到了马兰红山。”

始于20世纪60年代，在罗布泊戈壁滩上集合了一群中华民族的优秀儿女——马兰人红山人。我们是马兰人红山人，我们不惧戈壁滩的恶劣气候环境，住的是帐篷，吃的是“老三样”——土豆、萝卜、大白菜。我们战斗在戈壁滩上，肩负着党和人民的重托，冲锋陷阵，冒死取样，艰苦奋斗，勇攀高峰，发扬“马兰”精神，成功地进行了一次又一次的核试验，为中国的“两弹一星”事业作出了重大贡献。

我们在那特殊的环境中，执行着特殊的任务，建立起了特殊的战友情谊。我们在马兰红山建立起来的战友情谊，是牢不可破、天长地久的！

2019年5月研究所科技处战友在上海聚会合影

春雷声声马兰村

——战斗在罗布泊的难忘岁月

黄志方

二十世纪五六十年代，在祖国大西北的戈壁滩深处，有一个神秘的罗布泊核试验基地，那里汇聚了一群中华民族的优秀儿女，一群中国军人和年轻的科学家，他们共同在这片土地上进行了一系列核试验。罗布泊之声响彻大地，为中华民族伟大复兴树起了一座光辉灿烂的历史丰碑。

艰苦奋斗干惊天动地事，无私奉献做隐姓埋名人。战斗在罗布泊的中国军人和年轻的科学家，是中国“两弹一星”核试验事业的开拓者、亲历者、见证者。他们在平凡的生活中从事着不同寻常的工作，处处展现着无私无畏的奉献精神，事事蕴涵着可歌可泣的光辉业绩。

一

罗布泊，位于中国新疆塔里木盆地东部，也即塔克拉玛干大沙漠最东缘。罗布泊曾是中国第二大内陆咸水湖，古湖泊面积超过 1 万平方公里，如今已经干涸，干湖区地面呈台阶形，干湖以西的湖积平原，地表覆盖着三四十厘米厚的坚硬盐壳，即一望无际的戈壁滩。

罗布泊地区，位于中国最大沙漠——塔克拉玛干沙漠的东部，该沙漠面积达 33 万平方公里，是世界上著名的干旱中心。罗布泊地区的气候异常干燥且炎热，夏季酷暑难耐，最高温度可达 70 摄氏度以上；而冬季则严寒刺骨，最低气温可降至 –20 摄氏度以下。昼夜温差极大，可达 40

一望无际荒无人烟的戈壁滩

摄氏度以上。此外，该地区的平均年降水量极低，不超过 100 毫米，且常常遭受突发大风引发的沙暴尘天气的侵袭。

在干旱的罗布泊戈壁滩上，有一条源自博斯腾湖，流经库尔勒、尉犁，穿越戈壁滩，最终注入罗布泊的孔雀河。这条名字美丽的河流，全长达 700 多公里。然而，到了 20 世纪 70 年代，孔雀河流经戈壁滩的下游段已经趋于干涸。

罗布泊，地上无寸草，天上无飞鸟，气候异常恶劣，荒无人烟。古往今来，有多少英灵在这片土地上逝去。1980 年，科学家彭加木在罗布泊地区神秘失踪；1996 年，探险家余纯顺在尝试穿越罗布泊时不幸衰竭而亡。因此，罗布泊历来被世人称作“死亡之海”，而罗布泊地区也被视为“生命禁区”。

二

二十世纪五六十年代，在中国共产党领导下，我国在罗布泊、罗布泊地区开创了史无前例、惊天动地的“两弹一星”核试验事业。1955 年 1 月，党中央正式通过了核武器研制计划。

1959 年 6 月 13 日，经中央军委批准，中国共产党中国核试验基地党委会正式成立，这标志着中国核试验基地的正式诞生，也拉开了中国“两弹一星”核武器试验的宏伟帷幕。1962年11月，为了专门协调研制原子弹的工作，中央成立了专委会，由周恩来总理担任中央专委会主任。

三

1958年12月，中国核试验基地首任司令员张蕴钰将军率领一支勘测队，从甘肃省敦煌出发，西出阳关，途经玉门关、白龙堆、雅丹地带，直达罗布泊。最终，他们选定了广袤无垠的罗布泊戈壁滩作为核试验场。当勘测队行至博斯腾湖时，湖边蓝盈盈的马兰花吸引了他们的注意，张司令员说道：“这里就叫马兰村吧”。马兰村从此得名。

核试验基地马兰村鸟瞰

自1959年起，张蕴钰将军先后率领十数万中国人民解放军官兵和科技人员，进驻罗布泊地区。他们战天斗地，艰苦奋斗，在这片神秘而又神圣的土地上创建了军事禁区——中国核试验基地，又称马兰基地。基地内建设了一个罗布泊核试验场区，道路纵横，地域广阔，占地面积达10.2万平方公里（相当于一个浙江省的面积）。同时，还建设了一个具备办公楼、军营、礼堂、学校、邮局、工厂、机场等设施的马兰村，作为军事指挥中心。在天山深处的红山，还建设了一个拥有办公楼、试验室、实验楼等的科研中心——核试验研究所。至1963年底，中国核试验基地已初具进行核试验的建设规模。

春雷声声马兰村，核弹巨响震寰宇。自1964年至1996年，中国核试验基地进行了一系列的核试验：1964年10月16日成功进行了我国第一颗原子弹核试验；1966年10月27日成功进行了第一次导弹核武器试验；1967年6月17日成功进行了第一颗氢弹核试验；1969年9月23日成功进行了第一次地下核试验。直到1996年7月30日，中国宣布暂停核试验。在这三十二年间，马兰基地——罗布泊核试验场区先后进行了45次核试验。

四

“春风不度玉门关，西出阳关无故人。”20世纪60年代初，正当中国人民解放军进驻罗布泊地区，拉开核武器试验的帷幕之际，在中国上海这座国际大都市中，成百上千优秀的上海籍儿女，以及从全国各地陆续来到上海的新上海人，肩负着国家的使命和人民的重托，告别了繁华的大上海。他们之中，有的直接参军，踏上了戈壁滩的征途；有的经历了国内著名大中专院校的培养，毕业后也陆续加入马兰基地核试验的大军之中；还有的是从上海各科研单位抽调的中高级科研人员，他们成为基地研究所核试验科研的技术骨干。

1960年、1961年从清华大学（以下简称“清华”）毕业的刘镇球、倪元兴，1961年从华东师范大学（以下简称“华师大”）毕业的范景德、叶上蓁，以及1961年入伍的年轻的上海姑娘石明媚、徐美娟，他们来到了罗布泊核试验基地，参与了马兰基地的早期建设，并参加了1964年10月16日的中国第一颗原子弹试验及以后多次的核试验。

1963年，一大批科技人员调入初建的基地研究所：1943年西南联大毕业的孙瑞蕃，1950年浙江大学毕业的史君文，1952年金陵大学毕业的乔登江，1952年浙江大学（以下简称“浙大”）毕业的杨裕生，1953年复旦大学（以下简称“复旦”）毕业的陆兆达，1956年北京大学（以下简称“北大”）毕业的叶立润、钱绍钧，以及1958年位于哈尔滨的中国人民解放军军事工程学院（以下简称“哈军工”）毕业的沈贤达。他们成为基地研究所各研究室的技术领导和技术骨干。

1963年，还有一大批从各大中专院校毕业的学子加入：来自哈军工的张向阳、郑根松、陆为令、杨志勤，来自清华的陈达、孙亚今、徐继彰，来自北大的马波，来自复旦的冒广根，来自南京大学（以下简称“南大”）的周培春，来自上海外国语大学的姚经国，来自南京无线电专科学校的戴心求、徐冠荣，来自上海航空工业学校的毛克强、朱妹玲，以及来自重庆通信兵技术学校的曹兆宽。同时，还有1963年入伍的王道兴、石春香，以及来自第二军医大学的陈宝珍、黄玉英。

这一大批1963年来到基地和基地研究所的中青年科技人员，充实了研究所初建时的技术力量。他们参加了1964年10月16日的中国第一颗原子弹试验及以后多次的核试验，成为核试验科研工作的中坚力量。

第一颗原子弹核试验的铁塔

1964年，一批优秀的大学毕业生加入了我们的队伍：从清华大学毕业的周新嵩，从哈军工毕业的徐瑞俊，从南大毕业的王延安，从西安交通大学毕业的陈渭清，从武汉大学毕业的汤美华，从哈尔滨工业大学毕业的刘艳苏，从成都地质学院毕业的刘素文，从复旦毕业的王国华、季刘成，从上海交通大学（以下简称上海交大）毕业的王浩权，从华东纺织工学院毕业的张玉英，从上海机械学院毕业的卞阿巧、俞鸿宝、张彩霞，以及1962年从上海电影学院毕业的刘希鹏等。

这一大批1964年来到基地和基地研究所的大中专毕业生，参加了1965年5月14日的中国第二次空投核试验及以后的多次核试验。

1965年，又有新一批大学毕业生加入：从中国科学技术大学（以下简称中国科大）毕业的黄志方、周大华，从南大毕业的施振平，从清华毕业的李荣翔，从复旦毕业的蔡亚英，从同济大学（以下简称同济）毕业的袁继洪，从总参测绘学院毕业的尤振民，以及1965年入伍的空军飞行员汪亮。

这批1965年来到基地和基地研究所的大学毕业生，很快就参加了1967年6月17日中国第一颗氢弹试验及以后的多次核试验。

20世纪60年代初，核试验研究所从很早就开始了地下核试验的组织和技术准备，他们有：

1964年从中国科大毕业的李孝兰、程兆年；从北大毕业的归心根；从北京地质学院毕业的王绍华；从长春地质学院毕业的赵明珍；

1965年从清华毕业的张利兴；从哈军工毕业的王腾蛟；

1966年从清华毕业的朱凤蓉；从华东化工学院毕业的支永山、徐信昌；从长春地院毕业的侯瑜玉；

1968年从清华毕业的王洪；

他们参加了1969年9月23日第一次地下核试验，并多次参加以后的平峒式、竖井式地下核试验。

从20世纪60年代末到70年代，又有许多大中专毕业生来到基地研究所，参加了以后的多次核试验：

1966年从上海交大毕业的柳耐飞；从同济毕业的王思德；从西安军事电讯学院（以下简称西军电）吴中秋；从哈军工毕业的王珏；从上海电机制造学校毕业的宋杰；

1967年从兰州大学毕业的郎恩德；从北京工业大学毕业的张艺；从上海轻工业学校毕业的李毓恒、刘国兴；从长春化工学校毕业的张凤兰；

1970年从西军电毕业的周茂生；1978年从中国科大毕业的邢雯霏；1986年从武汉工业大学毕业的徐宾、从武汉工学院毕业的龚慧如；

以及1972年入伍的赵春红；1974年入伍的童学正、孙建强；1975年入伍的崔元名、朱志文、汪景鲁、王宝兴；1981年入伍的邹长明。

五

自20世纪60年代到90年代，长达三十多年的时间里，一群战斗在罗布泊的上海优秀儿女，从繁华的上海滩走向茫茫的戈壁滩，从黄浦江畔来到孔雀河边。他们质朴忠诚，勤奋好学，吃苦耐劳，很快融入光荣的马兰核试验部队之中，成为无私无畏的上海籍马兰人。

他们隐姓埋名，无私拼搏，不畏酷暑严寒，住帐篷，战风沙，渴饮苦浆水，饥餐沙砾饭，发扬“艰苦奋斗、勇攀高峰”的“马兰”精神，在罗布泊核试验场参加了历次的中国核试验，为铸造共和国的核盾牌，贡献出宝贵的青春年华，乃至生命。

抗击塔里木沙尘暴抢建营区帐篷

1964年10月16日，中国首次核试验时，工程师史君文担任了核试验主控站的“零前”报时工作。在他准确有力的倒计时报时声中：“10、9、8、7、6、5、4、3、2、1、0，起爆！”我国第一颗原子弹爆炸成功了！如今，在影片、电视中，我们依然可以看到史君文报时的风采和形象。当1964年10月16日中国第一颗原子弹爆炸成功后，场区指挥部发出通知，回收取样人员可以进场取样。郑根松等航空取样组人员穿上防护服，乘上飞机，穿越到烟尘滚滚的蘑菇云中取样；杨裕生、陈达、陆为令等地面取样队成员身着防护服，冲入离爆心只有750—1000米范围内的重度核污染区，取回各种测试样品；刘镇球等光学测量组人员穿好防护服乘车进场，取回核爆时拍摄的胶卷和其他测试成果；徐冠荣等控制组的取样人员也冲向爆心，从工号里取回摄影胶卷盒。

1965年5月14日，中国进行了第二次核试验，由上海姑娘石明媚担任“零前”报时工作。当她铿锵有力地报出10秒倒计时：“10、9、8、7、6、5、4、3、2、1、0，起爆！”靶场上空顿时出现一片强烈的闪光，紧接着一轮耀眼的大火球缓缓升起，逐渐演变成一朵壮丽的蘑菇云，这朵蘑菇云在不断地翻滚、扩大、上升。此后，石明媚还担任过多次核试验的报时工作。在1965年5月14日中国第二次核试验的“零后”半小时，陈渭清和战友们穿上防辐射衣，头戴防毒面具，脚穿长靴，乘上吉普车，驶向试验点的地下掩蔽体。他们的试验点离爆心只有半公里，是高强度辐射区。在那里，他们取回效应仪器，返回实验室后立即进行分析，以便综合得到核试验的相关数据。与此同时，汤美华等取样队负责将取样设备安装在不同的运载工具上，他们准确地计算出穿越蘑菇云的时间，将核爆炸后的产物取样，分装于铅罐中，然后火速运抵实验室进行分析测量，以得出实际爆炸当量。

1966年10月27日，中国进行核弹头导弹核试验时，叶上蓁等取样队员正在取样飞机上执行取样任务，“向东望去是一个巨大的蘑菇云。机长迅速爬高，并通知我们准备穿云取样。忽然间舱内一亮，强烈的伽马辐射使舷窗的玻璃发出橙色光芒，并且蘑菇云中大量的一氧化氮和二氧化氮进入机舱，我们都被一片红色的云雾包围。两分钟之后，飞机穿过烟云，取样任务完成，并向二百八十多公里外的某预定机场飞去。在机场降落后，地面部队迅速打开取样器，分装样品并用铅罐密封，第二天起飞运往北京。”在 1966 年 12 月 28 日的氢弹原理试验中，核爆之后，范景德等核辐射测量组成员坚守在“东一站”工号。尽管遭受了严重的核污染，但他们仍然完成了核爆炸近区的放射性测量任务，并取得了在简易工事内坚持 30 多小时的抗核辐射污染的实践经验。当取样飞机在机场停下时，施振平等取样队员穿着防护服，快速奔跑到飞机旁。他们手捧搪瓷盘，用长把镊子夹着取样滤布从机身上收集烟云粒子（放射性沾染物），并将取得的样品交给实验室进行分析测量和测试数据。与此同时，徐瑞俊等效应观察组成员冲入了热浪滚滚的爆心，拍摄了“零后”最早的各种建筑物和武器损坏情况，以及各种动物受到伤害的大量珍贵照片。

第一颗氢弹核试验蘑菇云

1967 年 6 月 17 日，中国第一颗氢弹爆炸成功。“蘑菇云升起后没多久，远处地面冲击波形成的黄土浪紧贴着地面滚滚而来，最后消失在眼前的地面上。这时，白云岗两侧的汽车发动机隆隆作响，如同箭出弦一般地快速出发。各个回收车队，向着蘑菇云周围的测点同时挺进。五六条黄土尘浪向着远方延伸，又朝同一侧向飘曳。最前面的是防化团的侦察大队，紧随着的是研究所各个项目组的取样回收车队。”

1969 年，刘国兴在实验室对氢弹试验的钚-239 进行分析时，由他操作两个样品的溶解。他胸前放置了 2 厘米厚的铅玻璃，脸部戴着防护罩，全身着防护服，头部位置还放着射线剂量笔。到样品溶解结束时，剂量测试笔已显示满刻度。张彩霞则长期从事进场用的测试仪器、探头等的标定工作，经常在实验室与 X 光源、中子源、γ 射线源及强紫外光源接触。即使在实验室门口测量，还有约 5 伦琴 / 时的剂量率。

在 1970 年代的一次触地核试验中，核爆后，郎恩德等效应调查组成员数次奉命深入“零后”场区 500—1500 米的范围。“到处都是核爆后形成的熔渣，黑油油，亮晶晶，每块熔渣里都含有致命的放射性！核爆炸给地面造成了极其严重的核污染，因此也是宏观调查工作最艰苦、受放射性剂量最多的一次”，他们认真实测了核爆炸弹坑的几何尺寸并记录了周边的宏观效应，出色地完成了调查任务。1970 年 4 月 24 日，在酒泉卫星发射基地，中国第一颗“东方红”人造卫星发射成功。发射前，在卫星发射基地气象台工作的上海姑娘彭凤绍为了给卫星发射提供准确的气象预报，连续几个月和战友们不分昼夜地加班。他们随时掌握气象动态，不断作出以发射首区、卫星入轨区为重点的长、中、短期天气预报。上到周恩来、钱学森等领导，下到靶场司令员、政委等工作人员，都无不关注着卫星发射当天的气象预报。1970 年 4 月 23 日，彭凤绍明确报告：“明天，4 月 24 日，气象条件基本满足卫星发射要求。”彭凤绍的报告从气象条件上确保了第一颗人造卫星的发射成功。

1977 年 9 月 17 日飞机空投核试验中，空军飞行员汪亮驾机穿越蘑菇云取样，“蘑菇云烟雾缭绕，在斜阳的辉映下，呈现通周一片火黄、金光闪闪，还带有少许五彩斑点。飞机带着颠簸，在蘑菇云中始终保持着直线飞行，1 分钟、2 分钟，10 公里、20 公里，记载核辐射的剂量表从低往高走，出云了；为了取得更多的样品，我操纵飞机对准蘑菇云再次穿越，又出云；我锁好取样器，检查剂量表，此时的辐射剂量已超过 10 伦琴。向指挥部报告了采集剂量，超额完成了任务，可以放心返航了。”

六

战斗在罗布泊的上海籍马兰人，无私无畏，发扬着“一不怕苦，二不怕死”的革命精神，冲锋陷阵，拼死取样。他们的所有努力，都是为了从核试验中获取力学、光学、核物理、核化学等各种关键参数。这些参数经过测量、计算、分析和诊断，旨在验证核武器设计的合理性，并为核武器的改进和发展、使用方式、效应评估以及安全防护等方面提供重要的科学数据和技术支撑。

几十年来，他们为中国核武器试验事业的发展作出了卓越的贡献。绝大多数人成为各个科学技术领域的教授、研究员和高级工程师，更有一些人荣获了中国科学院院士、中国工程院院士的崇高称号，以及成为共和国的将军。

七

青春无悔，生命无怨。如今回到家乡故土的，那些曾经战斗在罗布泊的上海籍马兰人，大多已是七老八十的白发老人。尽管他们曾经为中国的核试验事业作出过重大贡献，但他们依然守口如瓶、默默无闻，从不提及以往的功绩和辉煌，过着平静而平凡的日子。

然而，正是他们在罗布泊核试验场进行的一系列核武器试验，发扬了“马兰”精神和“两弹一星”精神，极大地弘扬了共和国的国威军威，极大地提升了共和国的国际地位，为中华民族伟大复兴树起了一座光辉灿烂的历史丰碑。

让我们永远记住那个年代！那些曾经战斗在罗布泊的勇士们，他们是共和国的英雄！他们是共和国的脊梁！

第四编

马兰人诗词选编

有一种花儿名叫马兰，
你要寻找她，请西出阳关。
伴着骆驼刺，
扎根戈壁滩，
摇着驼铃，吹着鹰笛，
敲醒了黄沙漫卷灰蒙蒙的天。
一代代的追寻者，
青丝化作西行雪，
一辈辈的科技人，
深情铸成边关恋。
青春无悔，生命无怨，
莫忘一朵花儿叫马兰。

——选自歌曲《马兰谣》

张爱萍将军诗词选编

作者：张爱萍　编者：黄志方

编者按：值此中国第一颗原子弹爆炸成功60周年之际，特选编中国第一颗原子弹核试验总指挥张爱萍将军诗词十五首，以志纪念。

—— ★ ——

十六字令（三首）·塔架[1]

一九六四年六月十六日　戈壁滩

（一）

塔，
立地顶天披彩霞。
沉戈壁，
从此放华光。

（二）

塔，
暴雨狂风任凭它。
金钢体，

① 为我国第一次原子弹试验之塔架。

挺立战黄沙。

（三）

塔，
百炼千锤聚精华。
冲天塔，
喜报飞天涯。①

★

赠核试验场防化部队

一九六四年九月四日　戈壁滩

养兵千日今朝用，
首战告捷见硬功。
核弹辐射敢抵挡，
爆心来去自从容。

① 为我国第一次原子弹试验之塔架。

—— ★ ——

我们战斗在戈壁滩上

一九六四年九月二十七日

我们战斗在戈壁滩上，
不怕困难，
不畏强梁；
任凭天公多变幻，
哪管风暴沙石扬。
头顶烈日，
明月作营帐。
饥餐沙砾饭，
笑谈渴饮苦水浆。
我们战斗在戈壁滩上，
自力更生，
奋发图强。
敢想敢干，
突破尖端，
攀登科学技术高峰。
为祖国争光，
人类解放。
毛泽东思想永放光芒！

清平乐·我国首次原子弹爆炸成功

一九六四年十月十六日　戈壁滩

东风起舞，
壮志千军鼓。
苦斗百年今复主，
矢志英雄伏虎。

霞光喷射云空，
腾起万丈长龙。
春雷震惊寰宇，
人间天上欢隆。

赠核试验场工程兵部队

一九六五年四月二十八日　戈壁滩

铁臂飞架千条河，
金斧劈开万重山。
白手起家战戈壁，
工兵史册添新篇。

春雷颂·第二次原子弹爆炸成功

一九六五年五月十四日　戈壁滩

瀚海晴空，
玉龙乘东风。
万朵红霞灿苍穹，
春雷再显神通。

热风漫卷乌云，
三军竞展奇能。
英雄喜添新翼，
任我天下腾飞。

春雷颂·第三次原子弹爆炸成功

一九六六年五月九日　戈壁滩

长风鹏搏，
浪激孔雀河。
晴空一声天地愕，
烈火燎原磅礴。

矫龙飞舞巡天，
扫清九霄乌烟。
奇迹频年新创，
险峰无不可攀。

无　题

一九六八年春节　囚室

怒火万丈，
困囹圄激愤满腔！
顾生平，
向往大同，
矢志从党。
历艰经险不畏惧，
入死出生未彷徨。
叹而今罪加反革命，
祸天降。

御冤情，
无处张。
受凌辱，
身名戕。
殃及妻儿女，
愧痛难当！
感慨欲歌歌忘曲，
悲怀忿恨恨更长！
待何日昂首蔑奸佞，
慰亲伤！

得寒衣

一九六九年冬　囚室

独处得寒衣，
老泪频滴，
亲人晰晰在眼里。
千针万线补心底，
唯有知己！

抱病度难期，
岁月艰难，
更兼苦苦育儿女。
骨肉安危无消息，
何时解迷！

口　占

再赴基地进行地下核试验，故友重逢，口占一绝。

一九七五年十月二十五日　戈壁滩

十年重上阳关道，
飞越祁连到马兰。
荟萃南山创新路，
故人相见尽欢颜。

无险不可攀

读叶帅《攻关》原韵奉和

一九七七年八月三十一日夜

合金钢不坚，
中子弹何难。
群英攻科技，
敢破世上关。

附：叶帅《攻关》

攻城不怕坚，
读书莫畏难。
科学有险阻，
苦战能过关。

清平乐・赞地下竖井核试验成功

一九七八年十月二十八日

大漠岩下，
烈火顽石化。
有力回天难估价，
任尔金钢能炸。

晴空万里无尘，
高歌壮志豪情。
不畏攀登路险，
破关夺隘长征。

拜读《戈壁言情》有感赋此①

赠张蕴钰同志以博一哂

一九八九年四月五日

华章颂风流，
瀚海几同游。
雄师创奇迹，
春雷震全球。

罗泊一望收，
甘草泉谷幽。
孔雀腾巨浪，
开屏美名留。

楼兰遗荒丘，
马兰花劲遒。
往事长萦绕，
妙笔谱春秋。

① 甘草、孔雀、开屏、马兰等地均为创建核试验基地时取名。

张蕴钰将军诗词选编

作者：张蕴钰　编者：黄志方

编者按：值此中国第一颗原子弹爆炸成功60周年之际，特选编中国核试验基地首任司令员张蕴钰将军诗词二十三首，以志纪念。

——★——

深入不茅

选核试验场时作

1958年

玉关西数日，
广洋戈壁滩。
求地此处好，
天授新桃园。
风失踏查路，
尘迷炊爨湾。
日写标桩影，
月行始新元。

西江月·马兰村好

1959 年仲夏

朝来西山望雪，
晚近东谷眺虹。
入夜湖高水月明，
四野煞然安静。

极景不负时光，
勤业巨细惟恭。
马兰村小可牧鸿，
天叫风云画成。

——★——

天仙子·原子天骄

1964年10月首次核试验前一日作

戈壁因人成胜概，
烈日如伞光如盖。
帐幕如云车如龙，
乱尘降，
警沙败，
连天打扫晴空待。

莫道瀚海不宜耕，
谁肯论价贿连城。
大地蓬勃血脉通，
请学者，
聚兵工，
原子天骄今世生。

长相思·首次核试验当日夜

1964 年 10 月 16 日

光巨明，
声巨隆，
无垠戈壁腾立龙。
飞笑触山崩。

呼成功，
欢成功，
一剂量知数年功。
敲响五更钟。

导弹核试验

1966 年 10 月 27 日

东来火箭裂长空，
万籁不敌核弹鸣。
洛水巫山神女态，
红橙黄紫卧西风。

氢弹试验

1967 年 6 月 17 日

蘑菇云高高又重，
大地伸显一爪龙。
青天拾得霹雳手，
狂徒挑昏八面风。

老 泪

1969 年 11 月

闻爱妻范凯携儿女由新疆来河南遂平县城

老泪流成河，
儿女乘船来。
牛棚教孺子，
少言休惹灾。

——★——

地下核试验

1975 年暮秋

（一）

脚下一声雷，
尘起交云会。
莫道撼山难，
剥石声声碎。

（二）

扬尘报惊雷，
龙行九泉下。
阴阳骤合春，
人为成造化。

—— ★ ——

相　逢

1975 年 11 月

一九七五年十一月，地下核试验成功，当日午间向张爱萍同志敬酒时，即席成此句。

九年相逢今如昨，
一面春风破玉关。
满目金黄豪叶木，
雪山华映织中天。

—— ★ ——

马兰村抒怀

——是年抓了“四人帮”

1976 年 11 月

戈壁扬沙染黄风，
月阴寒光空空明。
春著雪山融融意，
营门二度柳垂青。

念奴娇·红山赠战友

1978 年

山冠雪融，
水潜出，
鸭耕浪磨南浦。
矗石明蛙形意注，
迎来春满沟谷。
嫩柳摇蝉，
夹溪点豆，
数虹几腾岫。
画家风流，
泼墨顺川笼雾。

念年为时日促，
换却当初，
天零地落孤。
新酿开樽合红云，
香绕周天四九。
险阻关前，
指城皆下，
光阴从实录。
万紫马兰，
埋盖戈壁荒丘。

访红山

1982 年 9 月

红山头顶雪，
溪水淡淡秋。
树树丹黄叶，
题诗挽君留。

渔父·贺向太平洋发射火箭成功

1982 年 5 月

喜纵长龙过九天，
红霓风缓慰广寒。
太平舞，四洋观，
晚霞晓月还征船。

★

贺核潜艇发射导弹成功

1982年10月

君自晶宫来，
跃穿龙门去。
朱笔点凶魔，
恰得惊人句。

君自东海来，
开拓群峰路。
续修山海经，
乐府补新注。

祝贺通信卫星发射成功

1984 年 4 月

（一）

炼金五色好补天，
火潮箭影揭云翻。
电星信泽家家雨，
凯歌悠扬悬玉盘。

（二）

九丈原上大司空，
执策牵缰牧星行。
斗室天心劳形苦，
寄语有托信灵公。

——★——

长相思·初征路

1985年1月

花一度，
果一度，
愈来花果不满树。
一院清风瘦。

思不住，
想不住，
秃笔老砚纸上雾。
还似初征路。

柳梢青·马兰村客中闻布谷

1987 年 5 月

布谷声声，
与客同到，
春末夏初。
日暖风轻，
快和扬花，
拂柳吹絮。

木叶含光射翠，
呈芳艳，
葱明旧圃。
应解鸟语，
戈壁辛苦，
戈壁辛苦。

桃源忆故人·望红山

1991 年

紫涧溪流峡上雾，
冰消池水碧透。
一园美景翠树，
仰问云归处。

隔雨凝望红山路，
怪石残碑孤竖。
宿鸟天寒日暮，
客风雪旧户。

贺钱学森同志寿辰

1991 年 10 月

八十寿星座，
文思叠光年。
珠璧嵌祖国，
冰清透胆肝。

自度曲·悼聂帅

1992 年 6 月

望北京，
晴空一颗星。
聂帅辞世军居泪，
元戎遗愿写大宏。
落日晚霞丽长城。

诗赠程开甲同志

1996年4月23日

核弹试验赖程君，
电子层中做乾坤。
轻者上升为青天，
重者下沉成黄地。
中华精神孕盘古，
开天辟地代有人。
技术突破逢艰事，
忘餐废寝苦创新。
专家学者风沙里，
同与战士历苦辛。
戈壁寒暑成大器，
众人尊敬我称师。

贺马兰基地创建50周年

2008年5月

马踏西陲，
兰花问早。
精心梳妆五十载，
神韵世人晓。

基业再兴，
地阔天高。
喜看马兰新一代，
盛世创业豪。

付安镇诗词选编

付安镇

——★——

七律·咏红山

2018年6月14日

疑是枭龙卧雪山，
横绝瀚海柱坤乾。
神蛙昂首望千古，
碧水流觞润万年。
隐姓埋名幽谷静，
惊天动地彩云翻。
荒峰野岭遮不住，
正气豪情满宇寰。

七律·纪念基地成立60华诞

2018年8月1日

大漠黄沙变绿洲，
春雷巨响震寰球。
无私奉献万千众，
奋勇登攀甲子秋。
热血毕倾书伟业，
青丝化雪忆风流。
今朝又迈长征路，
继往开来竞上游。

胡杨颂

2018 年 10 月 25 日

扎根大漠万千年，
暑往寒来寂寂然。
雨打风吹何所惧，
金光璀璨傲蓝天。

七律·悼程开甲院士

2018 年 11 月 20 日

心系家国气宇轩，
归来不惧苦和艰。
埋名隐姓红山坳，
妙算神谋戈壁滩。
喜看春雷惊四海，
还逐梦想闯三关。
功高百岁盈桃李，
德劭一生誉满天。

长相思·红山

2019年5月17日

望红山，
忆红山，
先辈埋名勇闯关。
春雷震九天。

月难圆，
家难圆，
转战楼兰吞苦艰。
赤诚传万年。

★

天净沙·春雷

2019 年 5 月 20 日

黄沙大漠尘烟，
铁军工号营盘，
落日旌旗密电。
马兰花绽
乍雷惊动云天。

★

七绝·悼马国惠司令员

2019 年 10 月 12 日

大漠风云百战艰，
拥核枕弹笑蓝天。
家国情重将军梦，
一缕英魂向马兰。

忆秦娥·纪念首次原子弹爆炸成功 55 周年

2019 年 10 月 16 日

乌云乱，
黄沙滚滚尘烟漫。
尘烟漫，
旌旗猎猎，
铁军鏖战。

玉门关外飞鸿断，
惊雷乍响豺狼颤。
豺狼颤，
东方崛起，
虎师雄冠。

五律·忆马兰

2019 年 12 月 23 日

西风荡九天，
北地起尘烟。
热血溶霜碎，
丹心化梦圆。
将军吟大漠，
战士念清泉。
惘顾归鸿断，
诗词话从前。

唐多令·纪念毛主席诞辰 126 周年

2019 年 12 月 26 日

烟雨笼神州。
蛮夷任蹦蹂。
世纪殇、华夏蒙羞。
志士揭竿慷慨起，
多歧路、血东流。

豪气藐王侯。
伟人孺子牛。
指江山、谈笑绸缪。
利国为民天地斗，
泽万代、寿千秋。

★

朝中措·初春

2020 年 3 月 13 日

一朝紫气袭兰亭，
满院色香盈。
微雨难平心动，
笑寻婉转鹂莺。

春来瘴去，
天澄地爽，
万象新更。
纵有残寒料峭，
势当柳暗花明。

五律·荷

2020 年 5 月 19 日

碧色沐朝阳，
仙姿舞月塘。
春分千点翠，
夏至百庭芳。
玉露随风颤，
香莲入水藏。
洁魂身拒染，
铁骨傲寒霜。

少年游·楼兰戎马情

2020年7月23日

青丝霜染忆当年，
无悔马兰缘。
雪山安家，
荒原挥汗，
千里战歌喧。

五湖四海飞鸿漫，
罗布聚群贤。
动地惊天，
铸戈砺剑，
宏业永流传。

七律·礼赞马兰先辈

2021 年 8 月 26 日

黑水白山大漠风，
八方转战聚龙城。
春雷乍响惊鹰犬，
利剑高悬镇煞凶。
荒野茫茫擎重器，
旌旗猎猎唤英雄。
撼天动地军威壮，
赤胆忠心照汗青。

七绝·塞外秋色

2021 年 10 月 10 日

大漠孤烟戏旭阳，
玉门雁过破晨霜。
风尘扑面荻花舞，
秋意阑珊念故乡。

相思令·迎新年

2021 年 12 月 31 日

此一年，
彼一年。
鏖战荒原若眼前。
依稀号角喧。

忆楼兰，
念楼兰。
岁月如歌飞九天。
梦萦戈壁滩。

诉衷情令·怀念周总理

2022 年 1 月 8 日

海棠肃立雪萦怀，
万众忆恩来。
大江南北呜咽，
天地为君哀。

忧国难，
拨阴霾，
纵奇才。
盼公回望，
民富族兴，
盛世登台。

七绝 · 咏雪

2022 年 1 月 27 日

道韫奇思飞柳絮，
嘉州妙喻绽梨花。
程门恭立名青史，
独钓寒江美万家。

朝中措·八一抒怀

2022 年 8 月 1 日

硝烟尽染战旗红，
风采耀星空。
岁月峥嵘何惧，
佑民护国先锋。

白山黑水，
蓝天碧海，
铁血骁龙。
九五风华正茂，
百年圆梦争雄。

清平乐 · 别马兰

2022 年 9 月 1 日

月光似炬，
望断通京路。
孤影随行常四顾，
难忘他年旧处。

老友擘画蓝图，
新秀矢志当初。
伟业传奇赓续，
戈壁浩气长濡。

七绝·咏林俊德

2023 年 6 月 8 日

求索孜孜秉赤诚，
荒原砺剑隐功名。
无双国士冲锋死，
热血丹心撼九瀛。

孟凡号诗词选编

孟凡号

——★——

七律·读继超《周总理与中国第一颗原子弹》有感

2017 年 10 月 16 日

花开戈壁正当年，荏苒时光半世前。
尽瘁鞠躬谋议计，运筹帷幄绣山川。
撼天动地荒原事，怒发冲冠大漠篇。
十月金秋灯下坐，春雷编校泪涟涟。

——★——

七绝·胡杨颂

2018 年 11 月 25 日

一片金黄傲漠风，
朔云蓝湛泪青丛。
荒原伫立三千载，
卧看牵牛不尽同。

卜算子二首·贺程开甲院士荣获二〇一八年度感动中国人物

2019 年 2 月 19 日

（一）

大漠响惊雷，鏖战黄沙地。
酷暑严寒孔雀河，托举蘑云起。

一片赤诚心，只为和平计。
地下空中苦探求，利剑程公砺！

（二）

戈壁爆春雷，铸盾荒原去。
跃进庄村地窖城，何畏风和雨。

野地战严寒，酷暑心无惧。
信念如磐壮志高，使命身心许。

鹧鸪天·有种花儿叫马兰

2019年3月3日

有种花儿叫马兰，黄沙漫卷少人烟。
青年立志从军去，碧血万里戈壁滩。

耕酷暑，斗严寒，春雷动地响云端。
茫茫大漠何曾惧，火热青春天地间。

长相思二首·马兰

2019 年 5 月 7 日

（一）

唱马兰，赞马兰，
千朵兰花绽柳边。
高歌亦誓言。

意绵绵，情绵绵，
铸盾年年戈壁滩。
雪霜难入眠。

（二）

进北山，进南山，
往返荒原石砺间。
几时不度关。

伟人山，骆驼山，
砺剑时时荒漠边。
创新千代传。

菩萨蛮·庆祝我国第一颗氢弹爆炸成功五十二周年

2019年6月17日

炎炎夏日当年舞，春雷炸响英雄聚。
三百核云烟，火球声震天。

宇寰皆吵闹，举世言氢爆。
今日可高歌，华人何岂多。

忆秦娥·纪念我国第一颗原子弹成功爆炸五十五周年

2019 年 10 月 16 日

研核弹，
千军万马风沙伴。
风沙伴，
无私忘我，
价值彰显。

埋名隐姓楼兰战，
惊天动地冲霄汉。
冲霄汉，
强军路上，
献身无怨。

七律·咏东大山哨所

2020 年 4 月 26 日

此山东去壮心生，汽笛声声大漠惊。
万里黑沙吟古曲，千村寓客赴连营。
家书数语相思苦，军令三言伟誉争。
边塞春雷平地起，青丝白雪说精兵。

七律·戈壁红柳

2020 年 6 月 4 日

塞外营盘同秀色，笆篱舞蝶众人夸。
阳春碧绿观音柳，盛夏嫣红菩萨花。
魂撼荒滩愁日月，心悲瀚海固风沙。
欢歌共唱惊雷地，笑卧疆场是寄家。

五律·马兰雪

2020 年 12 月 2 日

梨花舞玉峦，室内独凭栏。
零落珠帘湿，芬芳锦衣单。
乱风高树啸，瘦雨小村寒。
日暮天山寂，纷纷堕马兰。

五律三首·美人桥

2021 年 8 月 21 日

（一）

缕缕煦风飘，悠悠百草娇。
彤云回首望，白雪当空撩。
树下吟《梁祝》，山前唱《九韶》。
鹊鸣多夜半，情动美人桥。

（二）

山嶂分幽谷，溪流旧地萦。
桥头多笑语，河畔尽欢声。
绿衣秋冬酿，红妆昼夜耕。
春雷鸣四野，戈壁故人情。

（三）

骤雨舞红山，寒风过玉关。
同牵明月下，相拥素光间。
闲步祥云起，怡情野柳攀。
美人何处有，桥上影斑斓。

五绝·初冬时节再进红山

2021 年 12 月 7 日

（一）

兽藏冬已至，
地旷野高寒。
极目千峰肃，
人稀雪漫峦。

（二）

雪卷人愁叹，
天寒野地苍。
千山飞鸟绝，
万壑草凌霜。

点绛唇·壬寅正月初九夜观马兰花灯

2022 年 2 月 9 日

点点星星，年年灯树寒光绰。
雪消云薄，万里春风却。

笑语欢歌，翁媪斜阳约。
连营烁，倚栏腮托，只忆他乡昨。

朝中措·致敬全军挂像英模林俊德院士

2022 年 3 月 3 日

荒原埋首劲躬耕，
苦乐斗终生。
八日唐都鏖突，
垂危分秒还争。

献身家国，
几多折桂，
铸盾精英。
慨喟满门忠孝，
泪言一世真情。

五律·纪念我国第一颗原子弹成功爆炸五十八周年

2022 年 10 月 16 日

五十八年前，春雷震昊天。
神舟寰宇舞，华胄九州翩。
会盛人贤德，秋黄景秀妍。
蓝图群杰绘，椽笔谱新篇。

七绝·赞“献身国防科技事业杰出科学家”林俊德

2023 年 7 月 16 日

隐姓躬耕五十年，
荒原报国勇当先。
冲锋不止争分秒，
至死攻关撼地天。

蒋林元诗词选编

蒋林元

一、红山情怀五首

（一）情系戈壁

大漠淚深几十年，
戈壁红山常思恋。
头顶烈日酷暑炎，
歺风饮砂斗严寒。
孔雀河水苦又咸，
汗透军衣喉冒烟。
搓板路颠肠欲断，
地窖百味睡难眠。
日以继夜废寝食，
攻关排难酣鏖战。
人瘦百斤犹心甘，
愿使核弹早升天。
艰苦奋斗勇创业，
留取精神永相传。
回首当年苦与乐，
寸草春报三春艳。

—— ★ ——

（二）回收速报

春雷隆隆菇云悬，
回收待命心如弦。
一声令下车似箭，
黄龙滚滚都不见。
不怕路前核辐射，
就怕车慢误时间。
忽报帐内传佳音，
核试成功尽开颜！

—— ★ ——

（三）菇农[①]颂

长空又放蘑菇云，
谁种巨菇[②]比天高。
红山菇农喜且骄，
种菇何须言苦劳。
欲知种菇多辛苦，
戈壁滩上走一遭。

① 菇农，指核试验人员。
② 菇，指核爆蘑菇云。

菇农种菇为哪般？
钢铁长城永固牢！

——★——

（四）卜算子·夜晚攻关

天山雪无垠，
地冻寒冰深。
过关斩将破难题，
试验揭蒂真。

夜半灯火明，
月落西山沉。
凛风贯衣透骨冷，
拳拳报国恩。

（五）氢弹试验

万事具备待零时[①]，
一声霹雳鬼神惊！
电光闪出红太阳，
二日并辉寰宇明。
为看清楚忙除镜[②]，
翘首长空目光凝。
巨菇百里添美景，
万众振臂齐欢腾。

① 零时，氢弹起爆的时间为“零时”。
② 除镜，除去戴在眼睛上观看氢弹火球的防护镜，深度有几万度。

二、京华聚会五首

（一）

似曾相识燕归来

京华聚会喜空前，
似曾相识燕归来。
蓦然相见不相识，
音容笑貌匪疑猜。
岁月沧桑红颜改，
往事如烟心底埋。
戈壁春雷成业绩，
不负红山豪情怀。

（二）

采桑子·相见一刻

久别重逢不识君，
搜索旧容。
各道西东，
不尽情意笑谈中。

相聚犹如春归燕，

如沐春风。
笑语情浓，
红颜白发几秋冬？

——★——

（三）

长相思·赠忠奎、国臣战友

思战友，
梦战友。
四十余年鬓发秋。
往事铭心头！

喜悠悠，
乐悠悠。
一朝相见喜泪流。
情谊天地久。

——★——

（四）

祝福战友

时光不待催人老，
白发初上两鬓华。
健康长寿应有法，
活过百岁也不难。

平时注意多保养，
遇事须有好心态。
身体锻炼不可少，
脖子扭扭腰弯弯。
公园迈步常吐故，
观景赏花看奇葩。
养花种果栽盆景，
专心致志少心烦。
持竿垂钓独自悠，
鱼儿上钩乐哈哈。
鸣丝品竹玩乐章，
韵声穿云沁胸怀。
知足常乐不贪心，
笑口常开嘴边挂。
宁静致远思未来，
高风亮节人自夸。
人生终点尚言早，
七尺当比万寿山。
祝福战友多保重，
夕阳晚霞色更佳。

（五）惜　别

依依惜别天外天[①]，
饭店当作十里亭。
相见时难别亦难，
只缘深深戈壁情。
握手道别千句话，
肺腑留言价千金。
别过此友送那友，
梁祝相送十八程。
车去千尺犹挥手，
无奈回程早已定。
后会有期不少君，
数您白发几多青？
莫让相思成空梦，
鱼书鸿雁网中寻。
祝君一路多保重，
闲来品赏宜壶茗[②]。

① 天外天——聚会的饭店名。
② 此句意即：请战友有空来宜兴做客。
赏紫砂茶壶，品尝壶里泡的好茶。

满江红·纪念我国首次核试验爆炸成功 53 周年

2017 年 10 月 16 日

一声霹雳，
响四方，
菇云怒放。
峥岁月，
五十三秋，
狮吼东方！
谁敢横刀逞凶狂，
螳臂挡车必自亡。
我中华，
铸就核盾牌，
固国防。

红山人，
顶娇阳，
斗严寒，
献身党。
勇创业，
精神百世流芳！

为国争光定初衷，
无怨无悔斗志昂。
今纪念，
意义不前同，
传承扬！

——★——

建军 96 周年感怀

2023 年 8 月 1 日

军装在身是军人，
脱下军装是老兵。
退役退伍不褪色，
牢记初心为人民。

黄志方诗词选编

黄志方

——★——

思　念

——悼张蕴钰将军

2008 年 8 月 30 日

上甘岭鏖战，
蘑菇云试验；
革命老前辈，
核弹司令官。
谆谆说儒家，
后人记心间；
惊闻将军故，
以泪祭思念。

——★——

闲　情

——与政协之友南北湖秋游之一

2008 年 12 月 8 日

极目远眺南北湖，
九曲深处觅白鹭。
石桌石凳可弈棋，
林间小道茗香屋。

——★——

秋　去

——与政协之友南北湖秋游之二

2008 年 12 月 9 日

草木黄绿白鹭洲，
芦苇丛中无尽头。
秋风起兮南北湖，
秋去归兮复回首。

腊　梅

——春节贺诗

2009 年 1 月 26 日

一剪腊梅飘帆影，
青瓷俏枝西洋情。
寒梅素花蕴暗香，
香暖篷室春来迎。

天净沙・江南

2009 年 3 月 21 日

杨柳啼莺嬉鸭，
小桥流水人家，
黛屋炊烟舟艖。
夕阳西下，
摇橹人在晚霞。

——★——

西子湖畔

——为编辑《零时起爆》，
与 21 所战友聚会杭州西子湖畔
2010 年 10 月 24 日

谈笑风云话当年，
飒爽英姿蘑菇云；
红山马兰孔雀河，
战友喜聚西子畔。

——★——

秋　游

——与政协之友游韩湘水博园
2010 年 11 月 30 日

千年古樟韩湘园，
垂钓渔翁红石暖；
醒狮含碧桥连桥，
饮水莫忘浦江源。

雨中漫游

——与复兴中学老同学游南北湖、西塘镇

2013年5月21日

氤氲朦胧南北湖，
蒹葭深处觅白鹭；
漫步绿堤话鲍公，
蝴蝶岛中有野趣；
江南水乡西塘镇，
乌篷游鸭青黛屋；
雨中嬉乐赛顽童，
少年同学古稀聚。

春节唱和

——本命年，和中国科大诸同学

2014 年 2 月 4 日

转眼奔马甲午年，
披靡所向方得闲。
弹指一挥七十二，
荣辱不惊逍遥然。

天台牛头山

——与道兰、建平诸位好友游浙江天台牛头山

2016 年 9 月 12 日

郁郁青葱牛头山，
潺潺流水霞珠帘；
秋高气爽天台游，
诸友齐唱歌声欢。

春之韵

2017 年 5 月 2 日

大宁灵石悠悠然，
青翠绿地草木润；
湖光山色映沙滩，
蓝天白云春之韵。

清平乐·马兰英烈

——与战友重返马兰基地，
祭奠马兰革命烈士陵园
2017 年 9 月 6 日

英武巍巍，
大漠震春雷。
蘑菇云起罗布泊，
核弹弘扬国威。

默默奉献戈壁，
无私拼搏伟绩。
梦絮魂牵马兰，
传承英烈遗志。

月色映江水

2020 年 3 月 11 日

月色映江水，
申城复静谧；
守望楼宇中，
花开春暖时。

彩云追明月

2020 年 10 月 1 日
农历庚子年八月十五

中秋良宵夜，
彩云追明月；
国庆举国欢，
欣喜度双节。

—— ★ ——

欣喜游浦江

——双拥基金会组织优抚对象“万人看上海”

2022 年 11 月 3 日

疫情复疫情，
常态居家中；
今与“万人看”，
欣喜游浦江。

★

纪念中国第一颗原子弹爆炸成功 60 周年

（1964 年 10 月 16 日—2024 年 10 月 16 日）

2024 年 5 月 16 日

协力攻关响春雷，
戈壁大漠树丰碑。
孔雀河畔聚万众，
学者兵工慷而慨。
勇攀高峰为国泰，
无私拼搏扬军威。
弹指一挥六十载，
银发双鬓笑颜开。

第五编

祖国不会忘记

在茫茫的人海里，我是哪一个？
在奔腾的浪花里，我是哪一朵？
在征服宇宙的大军里，
那默默奉献的就是我，
在辉煌事业的长河里，
那永远奔腾的就是我。
不需要你认识我，
不渴望你知道我，
我把青春融进，
融进祖国的江河。
山知道我，江河知道我，
祖国不会忘记，不会忘记我。

——选自歌曲《祖国不会忘记》

永远的纪念日

黄志方

庆祝中国第一颗原子弹爆炸成功50周年纪念大会

1964年10月16日，在党中央、国务院、中央军委的领导和关怀下，全国人民在毛泽东“大力协同，做好这件工作”方针的指引下，在所有参加核试验的中国人民解放军指战员和科技人员的共同努力下，我国第一颗原子弹爆炸成功了！

2014年10月16日庆祝中国第一颗原子弹爆炸成功50周年纪念大会

今天，我们在上海的中国核试验基地的战友们，于上海青松城大酒店隆重举行庆祝我国第一颗原子弹爆炸成功50周年纪念大会。出席大会的有：核试验基地原司政后、防化部、技术部的代表，核试验研究所机关和各研究室的解放军指战员、科技人员以及核试验合作和相关单位的代表等共 180 余人。

核试验基地原副司令员、核试验研究所原所长、中国科学院程开甲院士专门为纪念大会发来了贺信。

纪念大会上，核试验基地原科技委副主任、中国工程院乔登江院士，上海冶金研究所原所长、中国科学院邹世昌院士，核试验研究所第二研究室原政委吴凯等领导作了主题发言。核试验基地研究所的张向阳、黄志方、基地防护部的范景德、基地司令部的曹兆宽等科技人员也作了代表发言。

他们的发言都热情地颂扬了当年第一颗原子弹爆炸的成功。他们回顾了 50 多年前的核试验情景：在自然环境方面，试验场地处荒无人烟的戈壁荒漠；在生活上极其艰苦，参试人员战严寒、斗酷暑，在戈壁滩上战天斗地；在技术上相当落后，且国际上美国、苏联都对我国实行核技术封锁。因此，我国第一颗原子弹的爆炸成功，打破了美苏等国的核垄断，极大地振奋了中国人民的志气，提升了我国的国威军威和国际地位。

大会发言后，放映了“1964 年 10 月 16 日中国第一颗原子弹爆炸成功”的资料片。最后，与会者 180 余人集体合影留念。

纪念大会自始至终洋溢着热烈的庆祝氛围和深厚的战友情谊。今日在上海的核试验基地的战友们隆重举行我国第一颗原子弹爆炸成功 50 周年纪念会，是为了发扬我军的优良传统，光大核试验基地“艰苦奋斗、无私奉献”的“马兰”精神，为建设祖国、为祖国的繁荣昌盛、为实现宏伟的中国梦而作出更大的贡献！

庆祝我国第一颗原子弹爆炸成功52周年
暨《两弹一星》核试验纪念园区落成典礼

2016年10月16日，在庆祝我国第一颗原子弹爆炸成功52周年的纪念日里，在上海市青浦区至尊园隆重举行了——“两弹一星”核试验纪念园区落成典礼。近200多名中国核试验基地返沪参试人员参加了落成典礼。

2016年10月16日在庆祝中国第一颗原子弹爆炸成功52周年
暨核试验纪念园区落成典礼上马兰战友合唱《马兰谣》

在环境幽雅、水清地绿的至尊园中，纪念园区坐落在天碧园E区1号地块，占地面积约115平方米，建有98座墓穴。在已经建成的核试验纪念园区中央，竖立着一座庄严肃穆的“中国蘑菇云”核试验纪念碑。

核试验纪念碑正面镌刻着铭文“中国蘑菇云”、邓小平语录和张爱萍诗词，纪念碑背面是中国核试验基地返沪参试人员共227人的名字。纪念碑上有第一颗原子弹蘑菇云和首次核试验爆心石碑的浮雕，还有两只放飞的和平鸽雕像，象征着我国核试验的宗旨是保卫祖国平安、维护世界和平。核试验纪念园区整体布局端庄方正，绿化茂盛，道路纵横交错有致。其间，一座座缀饰着马兰花的红色墓碑星罗棋布，红色既象征着我们曾经工作生活过的红山，也寓意着“马兰”精神将永远发扬光大。

落成典礼由中国核试验基地返沪参试人员代表周茂生主持。典礼上，全体与会人员向已故参试人员默哀1分钟。随后，中国核试验基地返沪参试人员代表曹兆宽与至尊园副总经理张爱民共同为纪念碑揭幕。

大会上，中国核试验基地返沪参试人员代表黄志方、至尊园公司总经理付玉泉分别发表了热情洋溢的讲话。随后，由中国核试验基地返沪参试人员代表王思德向至尊园公司敬献了锦旗，锦旗上书写着：“至尊情谊拥军优属，马兰精神光大发扬”。

最后，中国核试验基地返沪参试人员合唱队演唱了歌曲《马兰谣》，高歌“热爱祖国，忠诚使命，艰苦奋斗，无私奉献，积极创新，勇攀高峰”的“马兰”精神，“有一个地方名叫马兰……”的歌声，荡漾在“两弹一星”核试验纪念园区。

庆祝中国第一颗氢弹爆炸成功50周年纪念座谈会

2017年6月17日下午，上海马兰战友联谊会隆重举办了庆祝中国第一颗氢弹爆炸成功50周年纪念座谈会。出席会议的有核试验基地原司、政、后及研究所的参试人员共60余人。纪念座谈会收到了中央军委科技委主任、中国科学院院士刘国治中将，以及基地总工程师沈志康少将向上海马兰战友的亲切问候。会议上，宣读了核试验基地原司令员马国惠少将、核试验基地研究所原政委杨雅清大校、核试验基地原司令员范如玉少将，以及核试验基地副司令员陈世亮少将的贺信。

哈尔滨中国人民解放军军事工程学院上海校友会副会长孙惠民向会议发表了热情洋溢的致辞，并向与会的上海马兰战友赠送了纪念中国第一颗氢弹爆炸成功50周年的纪念封。纪念封上印有“两弹一星”元勋、核试验基地原副司令员、核试验基地研究所原所长程开甲院士的题词：“纪念中国第一颗全当量氢弹爆炸成功50周年，程开甲2017.6.17”。

2017 年 6 月 17 日庆祝中国第一颗氢弹爆炸成功 50 周年纪念座谈会

座谈会上，曾经参加第一颗氢弹等早期核试验的参试人员纷纷发言，他们有张向阳、黄志方、范景德、王延安、季刘成、王国华、刘希鹏、张福余、李荣翔、石华峰等同志。战友们深情回顾了在那激情燃烧的岁月里，他们战天斗地、艰苦奋斗，参与到宏伟的第一颗原子弹、第一颗氢弹等一系列核试验之中，无私奉献、勇攀高峰，为构建祖国的核盾牌、弘扬国威军威、提升祖国的国际地位作出了巨大贡献。当年风华正茂的一代，如今都已成了双鬓斑白的老人，但回忆起往昔的峥嵘岁月，他们依然无怨无悔。

座谈会中放映了电视片《罗布泊人》，该片再现了历次核试验的宏伟场面。会议结束时，老战友们情深谊长，纷纷携手合影留念，互道珍重，依依惜别。祝愿所有战友多多保重，健康长寿，阖家幸福！

纪念中国核试验基地成立 60 周年、
纪念中国第一颗原子弹爆炸成功 54 周年、
暨《战斗在罗布泊的上海人》新书发布会

2018 年 10 月 16 日，在上海青松城大酒店的荟萃剧场，200 余名上海马兰战友——中国核试验基地的返沪参试人员欢聚一堂，共同举办了纪念中国核试验基地成立 60 周年、纪念中国第一颗原子弹爆炸成功 54 周年的庆祝活动，暨《战斗在罗布泊的上海人》新书发布会。

2018 年 10 月 16 日纪念中国核试验基地成立 60 周年、纪念中国第一颗原子弹爆炸成功 54 周年、暨《战斗在罗布泊的上海人》新书发布会

中国工程院院士、中国核试验基地原科技委主任杨裕生将军，中国人民解放军总装备部后勤部原部长、中国核试验基地原司令员马国惠将军莅临会议，并先后发表了热情洋溢的贺词。核试验基地研究所的老领导，如杨雅清政委、李孝兰总工程师，以及张利兴将军、朱凤蓉将军、王洪将军等也出席了本次会议。

金秋十月结硕果，翘首以待迎新书。经过《战斗在罗布泊的上海人》编辑委员会一年多来的辛勤努力，这本书终于得以面世。本书主编黄志方向大会作了精彩的概要介绍:《战斗在罗布泊的上海人》共收录 130 多篇文章，共计 86 万余字，由 110 余名作者共同完成。他们是中国“两弹

一星”事业的开拓者、亲历者和见证者。

《战斗在罗布泊的上海人》是作者们亲身经历的记述，事迹生动，精神感人。该书第一篇“两弹一星”核试验风云录，生动记述了史无前例的第一颗原子弹、第一颗氢弹、第一颗人造卫星的研制过程；深情描绘了核试验中无数默默奉献的无名英雄的光辉形象；热情讴歌了核试验中百炼成钢的上海好儿女们的崇高精神。第二篇“两弹一星”核试验英烈传，则颂扬了德高望重、功勋卓著的马兰革命英烈们的伟大事迹；第三篇“两弹一星”核试验文学篇，则以诗歌、散文、小说等多种形式，展现了他们的崇高品德和高尚情怀。

丹心照大漠，血汗写艰难。在《马兰谣》《祖国不会忘记》的歌曲声中，新书发布会进行得隆重而庄严。他们曾经在荒无人烟的戈壁滩，为祖国，为人民，默默无闻，奉献青春，艰苦奋斗，勇攀高峰，在罗布泊核试验场成功地进行了一系列的核试验，为共和国铸就了核盾牌，极大地提升了共和国的国威军威，极大地提高了共和国的国际地位。丹心照大漠，血汗写艰难。在《马兰谣》和《祖国不会忘记》的悠扬歌声中，新书发布会进行得隆重而庄严。这些曾经的核试验工作者们，在荒无人烟的戈壁滩上，为祖国、为人民默默无闻地奉献了自己的青春和热血。他们艰苦奋斗，勇攀高峰，在罗布泊核试验场成功地进行了一系列的核试验，为共和国铸就了坚不可摧的核盾牌，极大地提升了共和国的国威军威，也极大地提高了共和国的国际地位。

半个世纪前，我国的“两弹一星”事业是中华民族有史以来最辉煌的宏伟大业，是中华民族屹立于世界之巅的重大标志。让我们永远记住战斗在罗布泊的上海人，记住那些为祖国的核事业默默奉献的英雄们。祖国不会忘记他们！人民也不会忘记他们！

庆祝中国第一颗原子弹爆炸成功 55 周年纪念大会

2019 年 10 月 16 日，上海二九联谊会与上海马兰战友联谊会联合举办“庆祝中国第一颗原子弹爆炸成功 55 周年纪念大会”。上海二九联谊会系原二机部中国工程物理研究院（又称二机部九院）的科技人员组成，上海马兰战友联谊会系原中国核试验基地和基地研究所（又称马兰基地）的指战员组成。此次纪念大会，两个联谊会共有 600 余人出席。

2019 年 10 月 16 日庆祝中国第一颗原子弹爆炸成功 55 周年纪念大会

55 年前的今天，在我国西部罗布泊地区上空成功爆炸了中国第一颗原子弹。这一伟大成就，是在全国人民的鼎力支持下，由中国工程物理研究院从事核武器研制的科技人员、干部、工人，以及中国核试验基地从事核武器试验的科技人员、参试部队指战员等共同努力的结晶。如果说“二九”核研制是龙头，“马兰”核试验是龙尾，那么中国核武器这条巨龙要腾飞起来，就必须龙头龙尾齐上阵，共同发力。

上海马兰战友联谊会向与会者每人赠送了一本《战斗在罗布泊的上海人》，这本书是核试验亲历者的纪实作品。他们发扬“两弹一星”精神和“马兰”精神，艰苦奋斗，勇攀高峰，在荒无人烟的罗布泊核试验场进行了一系列核试验，为共和国铸就了坚实的核盾牌，极大地提升了共和国的国威军威，也极大地提高了共和国的国际地位。

莅临大会的嘉宾有：中国工程物理研究院原院长、中共中央第十六届中央委员朱祖良，中国工程物理研究院11所党委书记李伟，中国工程物理研究院上海办事处主任陈军，中国核试验基地研究所研究员、国际全面禁止核试验条约组织筹委会中国代表团科学顾问张利兴少将，中国核试验基地研究所研究员朱凤蓉少将，以及中国核试验基地研究所高级工程师、中国核试验基地司令部总体室主任邢雯霏大校。

受邀出席大会的还有：中国人民解放军总后勤部军事医学核试验效应大队，中国人民解放军工程兵原子防护研究所等单位的指战员，以及《劳动报》报社记者等。

大会的第一议程于下午两点整开始，在庄严的国歌声中拉开帷幕。上海二九联谊会副秘书长许震贵担任大会主持人。随后，上海二九联谊会副秘书长王曙光、上海马兰战友联谊会会长周茂生分别宣读了中国科学院院士吕敏、中国工程院院士杨裕生少将、中国核试验基地原司令员范如玉少将等个人和单位发来的贺词、贺信。大会第二议程是主题发言。上海二九联谊会秘书长蒋贻权作了题为《强国防研制国之重器，铸基石弘扬两弹精神》的发言。紧接着，上海马兰战友联谊会理事长黄志方作了题为《弘扬马兰精神，回顾中国核试验基地和基地研究所光辉历程》的发言。大会第三议程是“两弹一星”亲历者发言。先后发言的有：中国工程物理研究院高级工程师、参加过“596”总装的沈顺康；中国核试验基地研究所高级工程师、参加过第一颗原子弹等核试验的张向阳；中国工程物理研究院211厂高级工程师季金龙；中国核试验基地防护部研究员、参加过第一颗原子弹等核试验的范景德；中国核试验基地研究所研究员、从事了一辈子核试验的张利兴少将；中国工程物理研究院副教授、参加过“596”热试验的王鹏。

下午四点，大会在《我和我的祖国》《歌唱祖国》《马兰谣》《祖国不会忘记》激昂的等歌曲声中胜利闭幕。会后，那些曾经少时共同奋斗、如今已两鬓白发的二九同仁和马兰战友们，纷纷携手相拥，互道珍重。他们在纪念大会会标前摄影合影，作为参加这次极有意义的纪念大会的珍贵留念。

庆祝中国第一颗氢弹爆炸成功54周年
暨《罗布泊回声之弥久》新书发布会

2021年6月12日，上海马兰战友于上海海神诺富特大酒店隆重召开“庆祝中国第一颗氢弹爆炸成功54周年暨《罗布泊回声之弥久》新书发布会”。此次大会吸引了近百名来自社会各界的嘉宾以及马兰战友参加。出席大会的嘉宾有：原上海市新闻出版局局长、原上海市文史研究馆馆长、现上海市百老德育讲师团名誉团长徐福生先生，沪上著名海派作家朱惜珍女士、中国核试验基地研究所研究员张利兴少将、研究员朱凤蓉少将，中国科学技术大学、上海大学夏南教授，以及来自东华大学出版社、上海市作家协会、上海市新四军历史研究会、上海二九联谊会、上海市电器技术研究所、上海至尊园公司、浙江绿郡集团公司等单位的代表。大会在《祖国不会忘记》和《马兰谣》的悠扬乐曲声中拉开序幕。嘉宾徐福生先生、朱惜珍女士、张利兴少将等先后在大会上发表了热情洋溢的贺词。《罗布泊回声之弥久》的作者黄志方向大会作了新书介绍，并深情回忆了54年前亲历中国第一颗氢弹核试验的难忘岁月。

2021年6月12日庆祝中国第一颗氢弹爆炸成功54周年
暨《罗布泊回声之弥久》新书发布会

《罗布泊回声之弥久》一书精心汇编了黄志方在2014年至2020年间创作的文章和笔札。全书分为四个篇章：第一篇“史诗——罗布泊巨响”，概述了中国核试验基地和基地研究所的光辉历程，生动记述了核试验中那些可歌可泣的人和事；第二篇“纪事——罗布泊回声”，记录了上海马兰战友为纪念中国核试验事业而举办的重要活动；第三篇“笔札——罗布泊回声之弥久”，则是上海马兰战友志愿者的工作笔札，展现了他们的奉献与付出；第四篇“诗词与杂文”，作者以饱含深情的笔触，抒发了对祖国日新月异建设风貌的热爱、对上海双拥优抚工作的赞美，以及对老战友、老同学的深情厚谊。

回溯至二十世纪六七十年代，在祖国大西北的戈壁滩深处，有一个神秘的罗布泊核试验基地——马兰。那里汇聚了一群中华民族的优秀儿女，他们是中国军人和年轻的科学家们的杰出代表。在这片广袤无垠的戈壁滩上，他们奉献了自己的青春年华、聪明才智，乃至宝贵的生命。其中，有一群来自上海的优秀儿女，他们从繁华的都市走进荒无人烟的戈壁滩，迅速融入这支光荣的核试验部队。他们隐姓埋名，无私拼搏，艰苦奋斗，勇攀高峰，成为中国核试验事业的中坚力量。

青春无悔，生命无怨。如今，这些曾经战斗在罗布泊的上海人大多已步入晚年，两鬓斑白。尽管他们曾为中国核试验事业作出过重大贡献，但他们却甘于默默无闻，无怨无悔。经历过罗布泊声声巨响的洗礼后，他们历久弥新，放眼未来。每当他们聚在一起纪念宏伟的“两弹一星”核试验事业时，都会向社会各界、人民大众以及干部学生广泛宣传马兰精神，弘扬光大“两弹一星”精神。

罗布泊的回声历久而弥新。随着大会的结束，与会嘉宾和马兰战友们一起合影留念。在深情歌唱《祖国不会忘记》《我和我的祖国》《马兰谣》的乐曲声中，大会缓缓落下了帷幕。

纪念中国第一颗原子弹爆炸 59 周年座谈会暨上海新四军历史研究会第三批马兰战友入会仪式

2023 年 10 月 16 日，上海市新四军历史研究会六师（苏南）分会在恒源祥公司五楼会议室隆重举办“纪念中国第一颗原子弹爆炸 59 周年座谈会暨上海新四军历史研究会第三批马兰战友入会仪式”。参加会议的有：上海市新四军历史研究会六师分会的领导、新入会的上海马兰战友以及恒源祥公司青年员工等，共计 60 余人。大会由上海市新四军历史研究会六师（苏南）分会张晓宇会长主持。在庄严的国歌声中，会议拉开了帷幕。张晓宇会长首先代表上海市新四军历史研究会六师分会，向为中国“两弹一星”工程作出过卓越贡献的上海马兰战友表示崇高的敬意，并对他们的加入表示了热烈的欢迎。接着，六师分会副秘书长、马兰大组组长黄志方宣读了 36 位新会员的名单（略），并请六师分会副会长张诚、范晓影向新会员颁发了会员证和会徽。

纪念中国第一颗原子弹爆炸成功 59 周年座谈会

暨上海市新四军历史研究会第三批马兰战友入会仪式

2023 年 10 月 16 日

会上，马兰大组副组长邢雯霏代表已入会的马兰战友向新会员表示了热烈的欢迎。他在发言中指出，“铁军”精神与“两弹一星”精神、“马兰”精神都是一脉相承的。我们要“不忘初心、牢记使命”，传承光荣革命传统，不忘为党的事业奋斗终身的初心，牢记弘扬新四军“铁军精神”和“两弹一星”精神的光荣使命。新会员代表郭宏巍也在发言中表示，加入新四军历史研究会后，将遵守章程，积极参加活动，与老会员们团结友爱，为传承红色基因、赓续红色血脉、实现中华民族伟大复兴作出新的贡献。

2023 年 10 月 16 日“纪念中国第一颗原子弹爆炸成功 59 周年座谈会暨上海市新四军历史研究会第三批马兰战友入会仪式”大会会场

随后，副秘书长、马兰大组组长黄志方发言，他向参加“两弹一星”核试验工程的马兰战友表示崇高的敬意，并向今天加入上海市新四军历史研究会的马兰战友表示热烈的欢迎。黄志方回顾了马兰大组自 2021 年 7 月成立以来所开展的工作，包括积极参加新四军历史研究会的纪念活动、参与有关纪念展馆中“两弹一星”展台的建设、向社会公众宣讲“两弹一星”的红色故事、向研究会的杂志和期刊撰写有关稿件以及在疫情期间参加社区的志愿者工作等。他希望马兰大组的全体会员在上海市新四军历史研究会和六师分会的领导下，弘扬新四军“铁军”精神和“两弹一星”精神，团结友爱、努力奋斗，为中华民族伟大复兴作出更大的贡献。

会上，会长张晓宇作了总结发言。他指出，“两弹一星”精神与“铁军”精神都是中国共产党和人民军队精神谱系的重要组成部分。今天马兰基地的上海战友们加入上海市新四军历史研究会，将对我们更好地弘扬和继承这些精神起到积极的作用。他强调，上海市新四军历史研究会是一个以研究、宣传新四军的光荣历史和传统为宗旨的学术团体，自1980年成立至今，一直被评为上海和国家的优秀社团和先进集体。他还特别提到了2021年2月18日，习近平总书记给上海市新四军历史研究会46位百岁老战士们的回信，希望老同志们“继续发光发热，结合自身革命经历多讲讲中国共产党的故事、党的光荣传统和优良作风，引导广大党员特别是青年一代不忘初心、牢记使命、坚定信仰、勇敢斗争，为新时代全面建设社会主义现代化国家而不懈奋斗。”最后，他衷心希望上海马兰战友加入后能够加强与新四军历史研究会会员的团结与合作，共同为宣传党的光荣历史和弘扬传承“铁军”精神、“两弹一星”精神作出不懈的努力和贡献。

最后，与会人员全体起立，奏乐齐唱《新四军军歌》。在雄伟庄严的旋律中，“纪念中国第一颗原子弹爆炸59周年座谈会暨上海新四军历史研究会第三批马兰战友入会仪式”圆满结束。

会议期间，六师分会副秘书长、马兰大组组长黄志方向恒源祥集团公司捐赠了书籍《战斗在罗布泊的上海人》和《罗布泊回声之弥久》。

拥军优属活动记

黄志方

协办“百年保密与上海”主题展

2021 年 6 月 28 日，上海马兰战友联谊会召开协办“百年保密与上海”主题展的会议。上海市国家保密局杨处长和小蔡两位莅临会议并指导工作。共有 15 名上海马兰战友参加了此次会议。

会上，杨处长谈到：为庆祝中国共产党成立 100 周年，市保密局计划在上海展览馆举办“百年保密与上海”主题展，并希望得到上海马兰战友的支持，为展览中的“两弹一星”展台提供相关展品。能够提供展品的马兰战友积极报名，并提交了所能提供展品的清单。会议气氛热烈而友好，市保密局的同志深受感动，对此表示非常满意。

会后，市保密局有关人员根据报名名单，逐一上门采集展品，并向提供展品的马兰战友出具了相关展品的收据，承诺待展览结束时如数归还。经统计，共有 6 位上海马兰战友向“百年保密与上海”主题展提供了实物展品，共计 30 余件。

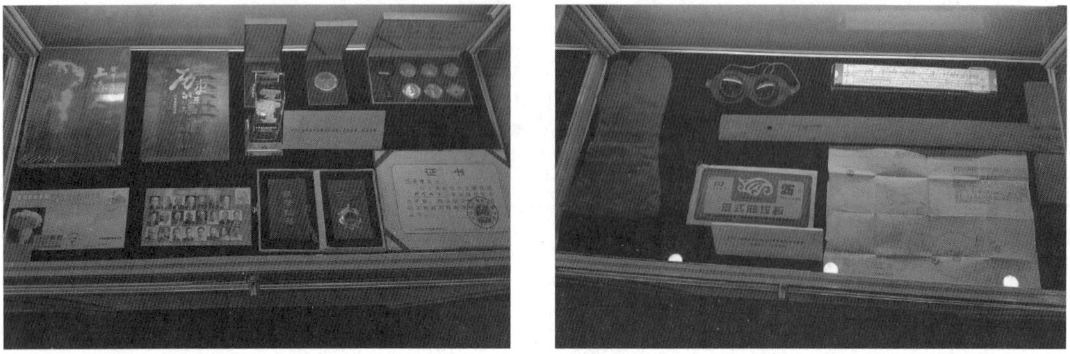

上海马兰战友为“百年保密与上海”主题展提供的展品（部分）

2021 年 7 月 12 日，“百年保密与上海”主题展览在上海展览中心隆重开幕。上海市国家保密局热忱欢迎上海马兰战友前往参观。展览中的“两弹一星”展台设有“马兰人”的专题介绍，上海马兰战友所提供的实物展品也都在“马兰人”展览平台上展出。展览开幕后，先后有 30 多名上海马兰战友饶有兴趣地参观了“百年保密与上海”主题展览。

庆祝建党一百周年党课讲座

2021 年 7 月 13 日，黄志方应上海申联盛世企业发展有限公司的邀请，前往该公司作了一场庆祝中国共产党成立 100 周年的党课讲座。公司领导对此次活动高度重视，进行了隆重而周详的安排。黄志方的报告受到了公司员工的热烈欢迎和高度评价。

黄志方的发言提纲如下：

一、罗布泊

罗布泊戈壁滩，地上无寸草，天上无飞鸟，气候异常恶劣，荒无人烟。因此，罗布泊被世人称作“死亡之海”，而罗布泊地区也被称作“生命禁区”。

二、光辉的历程

二十世纪五六十年代，在中国共产党的领导下，中国人民解放军和科技人员不畏艰难险阻，在罗布泊开创了史无前例、惊天动地的“两弹一星”光辉事业。

三、我参加了我国第一颗氢弹核试验

1967 年 4 月，我随试验部队进入罗布泊核试验场，执行了我国第一颗氢弹核试验任务，亲身经历了那段难忘的历史时刻。

四、从 21 基地走出来的感动中国人物

1. 2012 年度感动中国人物——林俊德

2. 2018 年度感动中国人物——程开甲

五、干惊天动地事，做隐姓埋名人

从 21 基地研究所走出了中国科学院和中国工程院两院院士共 10 名，以及 30 多位将军。此外，还有光荣的科研集体：“勇攀科技高峰研究室”和“模范控制组”，他们都在各自的领域作出了杰出的贡献。

六、祖国不会忘记

半个多世纪以来，在中国共产党的领导下，21 基地的军人和科技人员始终热爱祖国，无私奉献，艰苦奋斗，勇攀高峰。他们在罗布泊试验场进行了一系列核试验，为中华民族伟大复兴树起了一座光辉灿烂的历史丰碑。

会议结束后，黄志方向公司党员同志们赠送了《罗布泊回声之弥久》和《战斗在罗布泊的上海人》等书籍。

上海市新四军历史研究会上海马兰战友入会暨六师（苏南）分会马兰大组成立仪式

值此庆祝中国人民解放军建军 94 周年之际，2021 年 7 月 31 日下午，上海市新四军历史研究会六师分会在上海东方艺术收藏馆召开了“上海市新四军历史研究会上海马兰战友入会暨六师（苏南）分会马兰大组成立仪式”。近百人参加了此次大会，其中包括市会、分会的 30 余名代表以及 60 余名上海马兰战友。

大会在庄严的国歌声中拉开帷幕，由六师分会副会长张诚主持。会上，六师分会秘书长马建华宣读了 63 名上海马兰战友的入会名单；六师分会名誉会长王苏炎为新入会的会员颁发了会员证和会徽；六师分会常务副会长郦强华代表六师分会致欢迎词，并宣读了分会的有关决定。

随后，马兰战友代表倪燕宣读了马兰基地老领导范如玉少将、张利兴少将、杨雅清大校三位的贺信。新入会的代表黄志方、邢雯霏、夏南三位会员也先后发言。最后，市会副会长、六师分会会长张晓宇代表市会致欢迎词。

来自新疆马兰基地的上海马兰战友，都曾经战斗在罗布泊的戈壁滩上，把宝贵的青春年华奉献给了我国的核试验事业。如今他们加入了上海市新四军历史研究会，纷纷表示要“不忘初心、牢记使命”，传承中国人民解放军光荣的革命传统，弘扬新四军的“铁军”精神和“两弹一星”的马兰精神。

大会在雄壮的《新四军军歌》声中胜利闭幕。

不忘初心　牢记使命

——黄志方在马兰大组成立仪式上的发言

2021 年 7 月 31 日，在“上海市新四军历史研究会上海马兰战友入会暨六师（苏南）分会马兰大组成立仪式”上，黄志方同志作了题为“不忘初心　牢记使命”的发言。全文如下：

战友们，同志们，各位领导：

在这建军 94 周年的喜庆日子里，我很高兴参加了今天的上海市新四军历史研究会上海马兰战友入会暨六师（苏南）分会马兰大组成立仪式，我向新入会的 63 名上海马兰战友、向六师分会马兰大组的成立表示热烈的祝贺！

一、感谢上海市新四军历史研究会和六师分会

上海新四军历史研究会是一个政治性很强的学术研究社团组织，始终把坚持正确的政治方向放在第一位，把弘扬“铁军”精神、传承红色基因作为历史使命。

前几个月我与市会、分会的有关领导接洽商谈上海马兰战友入会事宜，充分体现了双方的军人气质，我们军人的心灵是相通的，也充分体现了研究会领导的大度和包容，许多事我们一拍即合，我们从去年12月开始谈，到现在马兰战友入会并成立马兰大组，仅仅用了半年的时间。为此，我代表上海马兰战友向上海市新四军历史研究会、向六师分会和张晓宇会长等相关领导表示衷心的感谢！

二、老一辈革命家把新四军的“铁军”精神带到了马兰基地

上海马兰战友都曾经战斗在罗布泊戈壁滩上，艰苦奋斗，勇攀高峰，为铸造我国核盾牌作出了重要贡献。我们注意到，在我们马兰基地的军人中，有许多是从新四军走出来的。

担任我国第一颗原子弹总指挥的张爱萍上将，就是抗日战争中担任新四军第四师的师长，他把新四军的“铁军”精神带到了马兰基地，他身先士卒、以身作则，住帐篷，战风沙，渴饮苦浆水，饥餐沙砾饭，不畏酷暑严寒，带领我们在戈壁滩上战天斗地，带领我们在罗布泊进行了一系列的核试验。

还有基地副司令员张志善、研究所副所长严西江、研究所二室政委吴凯、546医院主治医生魏修泽等，他们都是从新四军走出来的，是他们把新四军的革命精神带到了马兰基地，为“两弹一星”核试验事业作出了重大贡献。

不忘初心、牢记使命。我们要传承新四军和马兰基地的光荣革命传统，传承和弘扬新四军“铁军”精神、传承和弘扬“两弹一星”马兰精神。

三、听党指挥，积极工作

作为军人出身的我们，“听从指挥，服从命令”是我们的天职。我们加入了新四军历史研究会，要遵守新四军研究会的章程，积极参加新四军研究会的活动。与老会员们一起，团结友爱，融洽成为一家人。

最后祝大家身体健康，阖家幸福，建军节快乐！

双拥优抚暖心间

2021年9月29日，上海市新四军历史研究会六师分会会长张晓宇率队，偕同六师分会副秘书长、马兰大组组长黄志方及副组长邢雯霏、周茂生、曹兆宽等马兰战友，专程前往上海市退役军人事务局拥军优抚处（以下简称“市局优抚处”）拜访，并敬献了锦旗，上书“中秋佳节倍思亲，双拥优抚暖心间”。

市局优抚处钦副处长热情地接待了我们一行五人，并在会议室与我们进行了会面。他表示：“你们马兰战友都是参与‘两弹一星’事业的老前辈，为国家作出了重大贡献。为你们做好重点优抚工作，是我们应尽的责任。祝愿马兰基地的老同志们健康长寿，中秋、国庆双节快乐！”

多年来，市局优抚处一直十分关心我们从马兰基地返沪的参试人员。在上海马兰战友的评残工作中，他们向我们准确宣讲政府有关政策的精神，工作认真细致，将党和国家的关爱切实落实到每一位参试人员身上。此外，在上海马兰战友和至尊园共建“两弹一星”纪念园区的过程中，市局优抚处也给予了我们很大的帮助和积极支持。如今，上海马兰战友大都已步入高龄，市局优抚处又在关心我们的晚年生活和养老问题。

会见过程中，我们畅所欲言，气氛融洽。我们几位马兰战友都表示：我们今天向市局优抚处敬献锦旗，是代表了上海所有马兰战友的深情厚谊。市局优抚处的工作确实做到了“双拥优抚暖心间”，名副其实，名至名归。这是我们对上海双拥优抚工作的热情赞扬和充分肯定，我们衷心感谢党和政府对我们参试人员的关心和爱护！

纪念钱学森诞辰 110 周年

2021 年 12 月 11 日，是人民科学家钱学森诞辰 110 周年的纪念日（1911.12.11—2009.10.31）。1958 年我国创立中国科学技术大学时，钱学森先生不仅是该校的创建人之一，还以中国科学院力学所所长的身份兼任中国科大近代力学系系主任。1960 年 9 月至 1965 年 7 月，我就读于中国科大近代力学系，并曾亲耳聆听钱学森先生的教诲，这段经历让我深感“一日为师，终身为父”的师生情谊。

为纪念钱学森诞辰 110 周年，上海交通大学钱学森图书馆日前举办了相关纪念展览，并向社会各界征集与钱学森先生有关的纪念物品。2021 年 11 月 5 日，我前往钱学森图书馆，捐赠了由我主编的书籍《战斗在罗布泊的上海人》6 本、“两弹一星”纪念封一件，以及中国科大的笔记本、纪念章、公文包等多件具有纪念意义的物品。钱学森图书馆的

有关领导接受了这些捐赠，并为我开具了收藏证书，同时向我表达了由衷的感谢！

人民科学家钱学森先生永远活在我们心中！

作家协会 2022 年迎春书展

日前，为积极响应全民阅读工程的号召，宣传和推广优秀文学作品，上海市作家协会在作家书店隆重举办了“2022 新春 · 上海作协会员文学作品展”。此次书展由上海市作家协会提供指导，上海市书刊发行行业协会、上海市作家协会创联室以及上海文学创作中心联合主办，并由上海作家俱乐部有限公司（即作家书店）具体承办。作家书店坐落在一座充满意大利文艺复兴风格的建筑之中，尽管地处繁华的市中心，却独享一份宁静与优雅，书香四溢，环境宜人。

是日，天气晴朗，春意盎然。我信步沿着幽静的巨鹿路，前往作家书店观摩迎春书展。书展汇总展出了上海作协会员在 2020 年、2021 年出版的数百种（本）文学作品，内容丰富，琳琅满目，作品繁多，举不胜举，如王安忆的长篇小说《一把刀，千个字》、叶辛的《云山万里满眼春》、金宇澄的《回望》等。书展中，有幸展示了我于 2021 年编著的文集《罗布泊回声之弥久》，深感欣慰。这本书得以出版问世，要衷心感谢众多罗布泊老战友的鼎力赞助和东华大学出版社工作人员的辛勤工作。值得一提的是，2021 年 12 月，文集《罗布泊回声之弥久》已被中国核试验基地收藏，并荣获了该基地颁发的“收藏证书”。

迎春书展上展示《罗布泊回声之弥久》

《罗布泊回声之弥久》中国核试验基地收藏证书

《罗布泊回声之弥久》内容简介：第一篇“诗史——罗布泊巨响”，本篇概述了中国核试验基地及其研究所的辉煌历程，简述了核试验过程中涌现出的可歌可泣的人物和事迹；第二篇“纪事——罗布泊回声”，记录了上海马兰战友为纪念中国核试验事业而举办的重要活动；第三篇“笔札——罗布泊回声之弥久”，则是上海马兰战友志愿者的工作笔札，展现了他们的奉献与付出；第四篇“诗词与杂文”。

同康医院体检中心

我是一名参试军人、伤残军人，属于国家重点优抚对象，每年享有一次体检的待遇。2022 年 9 月 1 日，我接到了闵行区梅陇镇第六居委会的通知，参加了由上海市拥军优属基金会闵行区工作委员会组织的，在上海市同康医院体检中心为重点优抚对象安排的体检活动。

当日一早，我前往同康医院，出示了健康码绿码后，进入了体检中心。该体检中心共有四层楼，建筑面积达 20000 余平方米，环境宽敞明亮，干净整洁。中心设有内科、外科、妇科、耳鼻喉科、口腔科、眼科等 20 多个医技科室，并配备了美国 GE 公司的 CT 仪、德国西门子的超声仪、日本的心电图仪等国际先进医学检测仪器设备。

在体检中心，我依次进行了血常规、血脂、肝功能、肾功能、尿常规等血液检查，以及 B 超、心电图、内科、外科、耳鼻喉科、口腔科、眼科、CT 等多项检测。检测结束后，我还在自助餐厅享用了美味的中西式早餐。整个体检过程井然有序，医务人员认真负责，服务工作热情周到。

我愉快地完成了今年的体检，衷心感谢党和政府的关怀与爱护！

拥军优属，万人看上海

秋高气爽，风和日丽。2022 年 11 月 3 日，我有幸参加了由上海市、闵行区两级拥军优属基金会和退役军人事务局联合组织的优抚对象“拥军优属，万人看上海”活动。此次活动，我们一行 200 多人，乘坐着 6 辆大巴，从上午 11 时至晚上 9 时，饶有兴致地参观了上海外滩星空艺术馆、上海中心等景点，并体验了浦江夜游。傍晚时分，我们在城隍庙的大富贵酒店享用了丰盛的晚餐。临上游船之际，还贴心地给每人发放了一袋美味糕点和饮品。随行的双拥工作人员都尽心尽力，服务态度和蔼可亲，让我们度过了美好而愉快的一天。

心情愉悦，精神畅朗。尽管疫情之下，久久驻足家中，今日得以外出游览，实乃喜出望外，得以一览上海的美丽佳景。欣喜之余，赋小诗一首以记之：

疫情复疫情，常态居家中。
今与“万人看”，欣喜游浦江。

双拥活动记三则

——记梅陇镇优抚对象活动

一、红心永向党

2022年11月22日，闵行区梅陇镇退役军人服务站组织军烈属、伤残军人等重点优抚对象，在益梅小院公益活动中心举办了“感悟党的二十大，共话和美同心圆”活动。退役军人服务站的小田等工作人员，对活动作了精心的安排。参加活动的有来自梅陇镇各个小区的优抚对象20余人。活动中，我遇到了马兰战友周老师和她的女儿小倪，老战友见面分外高兴。活动开始，有两位优抚对象先后作了发言，他们畅谈了学习党的二十大精神的体会，感谢党和政府对优抚对象的关心和爱护。接着在工作人员的热心指导下，优抚对象们开始学习和制作名为“红心向着北京城”的手工艺术板。优抚对象手拿黄色、红色丝线，在手工板上的大头针之间饶有兴趣地来回穿针引线，过不了多久，黄色的中国地图和红色的北京城图案显示在手工板上，大家完成了“红心向着北京城”的手工板制作。

活动中，工作人员给优抚对象拍了许多照片，最后大家还集体合影留念。优抚对象们纷纷表示：我们要在党的二十大的精神指引下，红心永向党，为中华民族伟大复兴而团结奋斗！

二、吉祥如意，前“兔”似锦

春意盎然，天气晴朗。2023 年 3 月 31 日，闵行区梅陇镇退役军人服务站在益梅小院成功举办了一场优抚对象活动。活动中，优抚对象们饶有兴趣地参与了手工制作“吉祥兔”。制作开始前，一位老师先为大家进行了示范，展示了制作“吉祥兔”的步骤和技巧。随后，在老师的悉心指导下，大家认真投入手工制作，互帮互学，共同努力。不久，一个个活泼可爱、栩栩如生的“吉祥兔”就在大家的手中诞生了。

“吉祥如意，前‘兔’似锦”，活动中充满了团结友爱的氛围，大家积极互动，气氛活跃而热烈。制作完成后，每个人都欣然将自己亲手制作的“吉祥兔”带回家，作为这次活动的美好纪念。最后，大家还高高兴兴地合唱了《我是一个兵》《打靶归来》等革命歌曲，歌声中充满了对过去的怀念和对未来的憧憬。

三、香袋香牌，端午情浓

2023 年 6 月 21 日，正值端午节来临之际，闵行区梅陇镇退役军人服务站特别为重点优抚对象举办了一场别开生面的活动。在服务站工作人员的精心指导下，这 20 多名优抚对象兴致勃勃地制作端午节特有的香袋和香牌。大家配制并调和了楠木粉、檀木粉等多种香粉，然后小心翼翼地将它们置入香袋或压制成香牌。

很快，一只只精致的香袋和一块块别致的香牌就在大家的手中诞生了。大家开心地欣赏着自己的劳动成果，脸上洋溢着满足和喜悦的笑容。活动结束后，服务站工作人员为这些优抚对象们集体合影留念，定格下了这温馨美好的一刻。

香袋香牌，端午情浓；香飘传情，沁人心脾。这场活动不仅加深了重点优抚对象之间的感情和友谊，更让他们深深感受到了党和政府的关心和爱护。在此，大家纷纷表示感谢，并祝福彼此身体健康，端午节日安康！

为上海革命军事馆提供“两弹一星”实物展品

2022 年 2 月 21 日，马兰战友黄志方、邢雯霏、曹兆宽三位一同走访了上海警备区。负责筹建《上海革命军事馆》的秦主任、开干事，热情接待了我们。我们向筹建办赠送了《战斗在罗布泊的上海人》《罗布泊回声之弥久》等书籍。

筹建办的秦主任介绍道：“为做好上海革命军事馆的筹建工作，筹建办公室正面向社会广泛征集建馆所需的文物史料。重点征集新民主主义革命时期、社会主义革命和建设时期、改革开放和社会主义现代化建设新时期、中国特色社会主义新时代的文物史料，特别是那些能反映上海从革命战争年代至今的重大历史事件、武装斗争、战役战斗、国防建设、英模人物等相关内容的文物史料。”开干事进一步详细说明：“新疆马兰基地的核试验是国家重要的国防建设，你们曾经在罗布泊工作使用过的许多实物资料，都是我们急需征集的文史资料。”

然而，后来由于新冠肺炎疫情的原因，我们这项捐赠工作不得不暂停下来。直到 2023 年 4 月，这项工作才重新启动。

2023 年 4 月 20 日，上海马兰战友联谊会召开了关于“为上海革命军事馆提供‘两弹一星’实物展品”的会议。上海警备区负责筹建上海革命军事馆的开干事也莅临会议并指导工作。与会马兰战友共有 11 人。

会上，筹建办的开干事指出：上海市委、市政府都高度重视上海革命军事馆的建设工程。2023 年已经确定了工程地点并开工，2024 年将进行工程建设，计划在 2025 年建成并对外开放。现在是抓紧时间征集文史资料和实物展品的重要阶段，“两弹一星”相关的文史、文物资料是征集工作的重点内容。与会的马兰战友黄志方、曹兆宽、刘邦杰、张彩霞、李荣翔、崔元名、朱志文、倪燕等人在会上登记了他们所捐赠物品的内容。同时，周培春、朱妹玲、王延安、汪鸿鸾、王宝兴、王解民、张福余等人也先后来电登记了捐赠物品的内容。会后，警备区已派人上门征集了相关捐赠物品 50 余件，目前征集工作仍在进行中。

我们衷心祝愿上海革命军事馆早日竣工开展！

上海马兰战友为上海革命军事馆提供的“两弹一星”文史、文物资料

军魂引导我一生

——黄志方在梅陇镇建军 96 周年八一座谈会上的发言

今年八一，是我军建军 96 周年的喜庆日子。在党的领导下，我军从无到有、从弱到强，走过了 96 年强军强国的光辉历程。我荣幸地在 1965 年入伍，成为一名光荣的中国人民解放军战士。那年，我从中国科技大学毕业，经过组织的严格政审，被分配至马兰基地，在中国核试验基地研究所工作。这是我国唯一的一支光荣的核武器试验部队。自那时起，中国人民解放军的军魂便深深融入我的生命，引领了我一生的方向。

（一）“两弹一星”，我参加了我国第一颗氢弹核试验

1967 年 2 月，我随核试验研究所从北京来到新疆罗布泊的中国核试验基地。我们隐姓埋名，默默奉献，上不告父母，下不告妻儿，投身于国家绝密的核试验工作。

1967 年 4 月，我随核试验部队进入罗布泊核试验场，执行我国第一颗氢弹的核试验任务。是日一早，部队从马兰出发，直奔罗布泊核爆炸靶心。从疾驰行进的军车上放眼四周，只见戈壁滩连绵无垠，日光强烈，气候干燥，寒风凛冽。几十辆军车一字长龙，浩浩荡荡向前奔驰。汽车行驶在“搓板路”上，人也跟着一高一低、忽前忽后地来回晃动，强烈的颠簸考验着每个人的心理素质和身体体质。

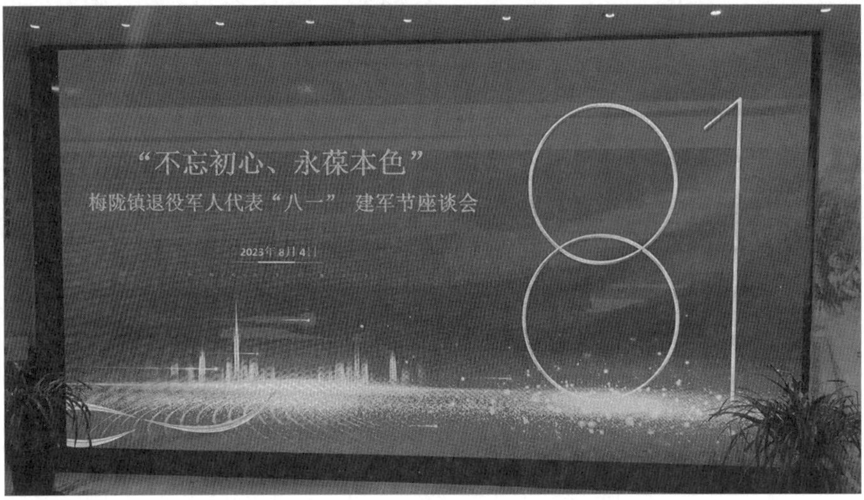

车队抵达荒无人烟的罗布泊核试验场驻地时，已是傍晚。我们迅速搭起几十顶军用帐篷安营扎寨，起炉灶烧菜蒸馒头。我们的饮食很简单，“老三样”：大白菜、土豆、萝卜干加馒头。场区里的水十分珍贵，我们要一水多用，喝水也要节省。虽然营地不远处有条孔雀河，但河水含盐量和重金属元素含量高，是不可饮用的。我们的饮用水是卡车从马兰水厂千里迢迢运来的，因此一杯水的价值如同一杯汽油、一杯牛奶一样珍贵，我们怎舍得浪费一点一滴呢！我们睡的是帐篷，每 8—10 人共用一个帐篷。我们在戈壁滩上风餐露宿，度过了上百个日日夜夜。戈壁滩白天的气候炎热干燥，中午时地面温度可达 70 多摄氏度，足以烤熟鸡蛋；而晚上气温则骤降至零下十几摄氏度，睡觉时还须盖条被子。有时还会遇到突发的、呼天抢地的沙尘暴。

清晨，嘹亮的军号声响起。我们列队操练，早餐后便进入工程现场。我们的任务是建造核效应用的建筑物、掩蔽体、半掩蔽体、模拟的地下铁道等，同时建设核试验用的地下、地面观察测量控制站，并布局各种测量仪器、测试探头、控制设备、通信线缆等。尽管环境恶劣，生活艰苦，但这都阻挡不了我们为国争光、为国争气的坚定意志和顽强毅力。我们汗流浃背、斗志昂扬、争分夺秒、夜以继日地施工。工地上水泥搅拌机的隆隆声、打桩机的轰轰声、打炮眼的爆炸声、战友们的号子声交织在一起，奏响了一曲宏伟的、中国式的英雄交响曲。最终，在1967年6月上旬，我们核试验部队整体完成了我国第一颗氢弹核试验“零前”的所有工程部署。

1967年6月17日中国第一颗氢弹爆炸成功

1967年6月17日，国防科委主任聂荣臻元帅亲临罗布泊核试验场区。上午8时，空军726号轰-6飞机从马兰机场起飞，直飞靶心。上午8时20分投弹，氢弹在预定高度成功爆炸。顷刻间，一道强烈的闪光划破万里长空，一个比一千个太阳还亮的巨大火球呈现空中，与冉冉升起的朝阳相映成辉，形成双日争辉的奇丽景观。火球很快变成草帽状的白色巨大气团，气团激烈翻腾飞速上升，最终形成了一朵硕大无比、顶天立地的蘑菇云。中国第一颗氢弹爆炸成功了！

（二）带着军人的光彩，转业到地方参加社会主义建设

1970年1月，我从部队转业至上海地方工作。我始终牢记“中国人民解放军是一所大学校”的教导，牢记毛主席“为人民服务”的教导，带着军人的荣耀，在社会主义建设中继续发扬人民解放军的光荣革命传统。我先后在上海电子器材厂、上海整流器总厂、上海电器厂等单位担任厂长职务，在上海电子工业、电器工业的经济建设和技术发展中发挥了积极作用，并多次荣获单位先进个人、先进科技工作者等荣誉称号。其间，我还担任过闸北区政协委员、静安区人大代表等职务，积极参加各种社会活动。2020 年，我荣获静安区“最美退役军人”称号。

（三）老骥伏枥，以文字文学来记载我军在“两弹一星”中的丰功伟绩

2000 年 10 月，我从上海电器技术研究所退休。退休后，我开始从事文学写作创作，并于 2018 年加入上海市作家协会。

2011 年，我写作出版了电视连续剧剧本《历史的丰碑》（46 万字）。2015 年，我写作出版了文集《学无止境》（45 万字）。2018 年，我主编了核试验回忆录《战斗在罗布泊的上海人》（86 万字）。2021 年，我写作出版了文集《罗布泊回声之弥久》（32 万字）。这四部作品共约 210 万字。我的写作重点放在回忆和记述我在部队的生活和工作经历，特别是我们核试验部队“艰苦奋斗、勇攀高峰”的光辉业绩，描述核试验中许多鲜为人知、可歌可泣的人和事，为我国“两弹一星”宏伟大业作出了重大贡献，以弘扬“两弹一星”精神、“马兰”精神，以及中国人民解放军的光荣革命传统。

我作为一名光荣的退役军人，军魂引导我一生。我要不忘初心、牢记使命，为党和国家工作一辈子，全心全意为人民服务一辈子。

参观中华艺术宫书画展

2023 年 9 月 22 日，阴有雨。是日，闵行区梅陇镇退役军人服务站组织重点优抚对象，前往坐落在世博园区的中华艺术宫参观书画展。一大早，包括烈军属、伤残军人在内的一行约 30 人，乘坐大巴抵达浦东新区世博园区。

上午，我们饶有兴趣地参观了中华艺术宫书画展，欣赏了中华民族先贤们的精湛书法艺术。展品中涵盖了翁同龢、梁启超、孙文、于右任、蔡元培等历史名人，以及文学家郭沫若、茅盾、张元济、赵朴初等大师的手迹，还有书画家徐悲鸿、张大千、刘海粟、吴昌硕、丰子恺、舒同、任政等人的佳作。在他们书法的字里行间，诸如“天下为公”“诚实”“诗书守世，草木含幽”“一生只为国家苦，两字兼全忠孝难”“富贵不能淫，贫贱不能移，威武不能屈，此之谓大丈夫”等，无不彰显着中华民族的精气神和美德。参观中华艺术宫书画展，不仅使人们受到深刻的人文教育，更是一场精致的艺术享受。

中午，我们在大富贵酒楼用餐。下午，我们尽情游览老城隍庙，虽然是雨天，但依旧人来人往，熙熙攘攘，热闹非凡。人群中有不少外国游客，还有许多国内游人。不多时，我们一行乘车打道回府。在回家的路上，领队小田问我：“黄老师，有多久没来过城隍庙了？”这一问题，勾起了我对许久前的回忆。记得那是十多年前，2005 年 6 月，我的大学老同学汪金通回国讲学，他是美国一所大学的教授。当时，我们陪他一起来游玩城隍庙，并在九曲桥茶楼闲聊了足足半日之久。今日故地重游，倍感兴致盎然。

很快就回到家里，我们度过了美好而愉快的一天！

2005 年 6 月老同学（左起）汪金通、潘益概、黄志方三人在城隍庙九曲桥茶楼聚会

弘扬铁军精神　弘扬“两弹一星”精神

自 2021 年 7 月 31 日起，上海马兰战友分三批加入上海市新四军历史研究会，迄今共有 137 名，并被编入六师分会“马兰大组”（全称：中国“两弹一星”工程上海战友大组）。这些战友都曾在罗布泊戈壁滩上艰苦奋斗，为我国的核盾牌和两弹一星事业作出了巨大贡献！加入新四军历史研究会后，他们在弘扬“铁军”精神和“两弹一星”精神方面又取得了新的成就：

（一）积极参加新四军的纪念活动

上海马兰战友加入新四军研究会后，积极参与了一系列新四军的纪念活动，包括陈毅元帅诞辰 120 周年的纪念座谈会和书画展、新四军建军 84、85、86 周年的纪念活动、新四军虎将王必成将军诞辰 110 周年纪念活动、上海解放 74 周年纪念活动以及“九一八”抗战 92 周年纪念活动等。通过这些活动，他们加深了对“铁军”精神的领会和理解，也加深了对党和祖国的热爱。

2021 年 8 月 12 日，上海马兰战友参观“纪念陈毅诞辰 120 周年书画展”

2021 年 7 月，上海马兰战友为“百年保密与上海”展览会提供的展品（部分）

（二）积极参与上海市相关展馆的建设

2021 年 7 月，我们配合上海市保密局举办了“百年保密与上海”展览，黄志方、周茂生、替兆宽、汪鸿鸾、范景德、王解民 6 位马兰战友向展览会提供了 20 余件有关“两弹一星”的展品。2023 年 6 月，我们又配合上海警备区筹建了上海革命军事馆，黄志方、刘邦杰、张彩霞、王延安、王解民、王宝兴、朱妹玲、周培春、汪鸿鸾 9 位马兰战友向军事馆捐赠了 50 余件有关“两弹一星”的文物资料。

（三）积极宣讲“两弹一星”红色故事

近三年来，李荣翔、黄纯高、周茂生、黄志方、崔胜家、施云波、汪亮、戴心求、汪鸿鸾、王延安、徐信昌、徐宾、曹兆宽、崔元名、龚慧如 15 位上海马兰战友，向社会公众进行了 56 场次的“两弹一星”宣讲，共有 4732 人次参加听讲。他们深入上海各个社区、机关、学校、部队，广泛宣讲“两弹一星”精神，取得了良好的社会效果。

（四）积极开展革命文化历史研究工作

顾名思义，我们加入新四军历史研究会是要加强对革命文化历史的研究。近三年来，上海马兰战友积极向新四军研究会有关的期刊投稿，传承“两弹一星”精神，弘扬革命文化。

2022 年 7 月 1 日，马兰大组黄纯高为普陀区消防大队宣讲“两弹一星”的故事

《大江南北》2021 年第 12 期刊登了马兰大组黄志方、夏南等人的文章

上海市新四军历史研究会主办的期刊《大江南北》2021 年第 12 期，刊登了黄志方的《春雷声声马兰村》，夏南的《夏征农革命生涯中的一段经历》；2022 年第 1 期，刊登了邢雯霏的《回忆张志善司令员》；2023 年第 1 期，刊登了黄志方的《张爱萍将军在马兰基地的几件事》；2023 年第 5 期，刊登了吴凯的《少年军旅》；2023 年第 10 期，刊登了徐瑞俊、王珏的油画作品《情系马兰》等。

六师分会主办的期刊《六师会讯》2021 年第 3 期，刊登了邢雯霏、曹兆宽、郑根松、戴心求、童学正等人的 6 篇文章；2022 年第 3 期，刊登了张向阳、黄志方等人的 2 篇文章。

（五）抗疫志愿者风采

在 2022 年四五月份的疫情期间，马兰大组有多位战友如崔胜家、谢晓蓉、倪燕、陈军、徐宾、周玉雄、曹兆宽等参加了社区的抗疫志愿者工作，他们的付出获得了所在地区和街道的好评和表扬。

希望我们马兰大组的全体会员，在上海市新四军历史研究会和六师分会的领导下，继续弘扬新四军“铁军”精神和“两弹一星”精神，团结友爱，努力奋斗，为中华民族伟大复兴作出新的更大的贡献！

喜气洋洋迎新春

——梅陇镇拥军优属活动记

家访慰问送温暖

2024 年 1 月 23 日上午，闵行区梅陇镇人大盛主任、社区党总支孙书记、居委会梅主任等一行，来到参试军人、伤残军人黄志方家中，代表梅陇镇党和政府向重点优抚对象表示亲切的慰问和崇高的敬意，送来了梅陇镇党委的慰问信和春节大礼包，送来了党和政府的关怀和温暖。

关爱优抚对象

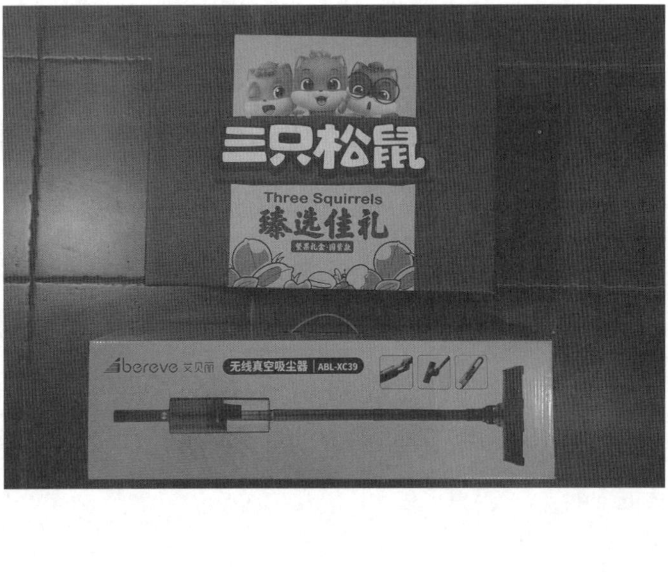

2024 年 1 月 23 日下午，梅陇镇第六居委会干部小李、小沈，受闵行区退役军人事务局委托，上门为重点优抚对象黄志方，送来了春节慰问大礼包：一盒“三只松鼠”坚果礼盒和一件“无线真空吸尘

器”，让重点优抚对象深切感受到党和政府的亲切关怀和温暖。

春意浓郁　福盈满堂

2024 年 1 月 31 日下午，闵行区梅陇镇党委在益梅小苑举办了退役军人代表迎新春座谈会，有三十多名退役军人、重点优抚对象参加了座谈。座谈会上，梅陇镇党委马副书记致新年贺词，退役军人代表老王、老张、老魏等也分别发言回顾了自己在部队的经历。

春意浓郁，福盈满堂。座谈会还请来了插花盆景的工艺老师，在工艺老师的指导下，与会人员饶有兴趣地制作了精美的手工插花艺术品“福盈满盆”。座谈会结束时，与会人员纷纷手持自己的作品“福盈满盆”集体合影。我们度过了一个愉快而有意义的活动。

彩灯金龙鱼　喜迎元宵节

2024 年 2 月 23 日，闵行区梅陇镇退役军人服务站举办喜迎元宵节活动，参加活动的有 20 多名重点优抚对象。在工艺老师的指导下，优抚对象们兴致盎然地自己动手制作了金龙鱼彩灯，欢欢喜喜迎接元宵佳节的到来。

活动结束时，大家兴高采烈地提着闪闪发光的金龙鱼彩灯集体合影留念。

同学情、战友情

黄志方

聆听陈老总报告记
——纪念陈毅元帅诞辰 120 周年

2021 年 8 月 11 日，我前往上海图书馆参观由上海市新四军历史研究会举办的“纪念陈毅元帅诞辰 120 周年书画展”。在参观过程中，我不由得回想起自己年轻时聆听过陈毅元帅的一次报告。那时，我还是中国科学技术大学近代力学系的一名学生。1962 年“七一”前夕，郭沫若校长特意请陈毅元帅来校给全校师生作形势报告。那时我们都亲切地称呼陈毅元帅为“陈老总”，同学们纷纷奔走相告：“陈老总要来校做报告啦！”“陈老总要来校做报告啦！”1962 年 6 月 26 日上午，时任国务院副总理兼外交部长的陈毅元帅神采奕奕地走上学校大礼堂的讲台，他全面而生动地讲述了国内外形势。接着，陈老总话锋一转，讲述（大意）：“毛主席说了：‘我们不但要有飞机、大炮，还要有原子弹’，即使我们当了裤子，我们也得干（原子弹）！”他动情地向同学们说道（大意）：“同学们，将来等你们学好了，就要把原子弹、氢弹搞出来，到那时，我这个外交部长说话的腰杆子就硬了！”陈毅元帅铿锵有力、气壮山河的报告，激励、鼓舞着全校每一个师生。在听了陈老总的报告后，我暗自下了决心，毕业后要到边疆去，到最艰苦的地方去，去为祖国的国防建设事业做贡献。那年，我们力学系 60 级学生分专业时，我毫不犹豫地选择了与原子弹最为接近的爆炸力学专业。

1965 年我大学毕业时，在组织上的信任和关爱下，我如愿被分配到新疆的中国核试验基地研究所。我上不告父母，下不告妻儿，隐姓埋名，投身于绝密的核试验科研工作。1967 年，我参加了我国第一颗氢弹核试验。我为自己能在“两弹一星”的宏伟大业中奉献过一点微薄的力量而感到无上的光荣和无比的幸福。

如今我也已是一名两鬓白发的老人，我虔诚地告慰陈毅元帅的在天英灵：我们这代“两弹一星”的开拓者、亲历者、见证者，没有辜负您老人家和老一辈无产阶级革命家的殷切的期望和信任。

我们永远缅怀敬爱的陈毅元帅！

中国科大校友的聚会

2021 年，以往多年不见的中国科学技术大学的老同学，近日竟然得以频繁相聚，不亦乐乎。

2021年7月31日，在新四军六师分会马兰大组成立仪式上，
左起：王苏炎，夏南，黄志方，邢雯霏，童学正

2021 年 6 月 12 日，在《罗布泊回声之弥久》新书发布会上，作为该书的作者，我特意邀请夏南[①]、王苏炎[②]到会。夏南、王苏炎和我都是

① 夏南，上海市委原书记夏征农之子。曾任中国科学技术大学教授、上海大学教授，现任上海夏征农民族文化教育发展基金会理事。

② 王苏炎，上海警备区原司令员王必成中将之女。现任上海市新四军历史研究会六师分会名誉会长。

中国科学技术大学65届的毕业生，夏南与我同是近代力学系的，王苏炎是无线电系的。

2021年7月31日，在“上海市新四军历史研究会上海马兰战友入会暨六师（苏南）分会马兰大组成立仪式”上，坐在第一排的有（见本标题照片左起）：王苏炎、夏南、黄志方、邢雯霏、童学正等，这五位恰巧都是中国科大的校友，邢雯霏是中国科学技术大学78届的，童学正是中国科学技术大学82届的。

2021年9月3日，在“永远的长征 舒同舒安书画巡展”上，夏南、王苏炎和我三人都前往参加了书画巡展开幕式并一起合影。老一辈无产阶级革命家舒同，被毛主席誉为“红军书法家”“党内一支笔”，还被书法家启功先生誉称“千秋墨瀚一舒同”。舒同的书法形成了具有时代独特风格的“舒体”。

作家惜珍感言实录

作家惜珍登上上海中心50楼的旋转餐厅

2021年6月12日，上海马兰战友会在上海海神诺富特大酒店二楼巴黎厅隆重召开了“庆祝中国第一颗氢弹爆炸成功54周年（1967.6.17—2021.6.17）暨《罗布泊回声之弥久》新书发布会”。沪上著名海派作家朱惜珍女士莅临新书发布会并发表了热情洋溢的致辞。会后，她在朋友圈发表感言：

二十世纪六七十年代，在大西北的戈壁滩深处有一个神秘的罗布泊核试验基地，那是一个名叫马兰的地方。6月12日，上海马兰战友在海神诺富特大酒店二楼巴黎厅隆重举办了“庆祝中国第一颗氢弹爆炸成功54周年暨《罗布泊回声之弥久》新书发布会”。我有幸受邀参加了此会。当主持人引领我登上主席台就座时，我诚惶诚恐。须知这台下坐的全是曾经战斗在罗布泊的上海人，他们为中国核试验事业作出过重大贡献，却甘于默默无闻，无怨无悔，让我从内心生出敬重和钦佩来。

《罗布泊回声之弥久》的作者，作家黄志方老师，他在会上深情地回忆了自己作为一名在基地研究所从事核试验工作的科技人员，亲历了中国第一颗氢弹核试验的光荣历程。

我左边坐的是原上海市新闻出版局局长徐福生老师，右边坐的是中国核试验基地研究所研究员张利兴少将。

会议结束后我独自登上50楼的旋转餐厅，看着窗外如画的浦江风光，感慨万千。

亲和源访友记

秋高气爽，风和日丽。2021年国庆佳节之际，我们老两口应好友泽瑜、祥友之盛情邀请，去亲和源老年公寓探望友人，并与十几位老友亲切相聚。那是一众曾经在少年宫小伙伴合唱队的队友们，他们是：福生夫妇，本章夫妇，还有子全、大今、启兆等。我们走进亲和源园区，环境幽雅，绿树成荫，草坪如茵，小道曲径通幽，楼房错落有致，园区中竖立着一块长寿龟石，，寓意吉祥。公寓内的设施十分完善且人性化，让人倍感温馨。

亲和源老年公寓

在泽瑜、祥友的居室，泽瑜、祥友热情地为大家递送水果、茶点、咖啡；祥友精心地为大家摄影留念；大今尤为活跃，她有趣的话题不断，每每引得满堂的欢笑；子全为女士们带来了一些小礼品；我则给各位赠送了我刚出版的新书《罗布泊回声之弥久》。当年天真烂漫的“红领巾”，如今都已是两鬓白发。虽说过去了60余春秋，相见时欢乐的气氛，却一点不减当年。

不多时，我们起身前往拜访乔榛夫妇①，他们住在园区的另一座楼里。电影表演艺术家乔榛与夫人，已久候在家门口，欢迎我们入室就座，茶几上摆满了各色水果和糕点。我向乔榛赠送了一本我的新书《罗布泊回声之弥久》。乔榛也向我赠送了一本《数风流人物》，并亲笔题写四字“澄怀观道”。大今特地为每人准备了一条红领巾，大家兴高采烈地戴上，仿佛又回到了童年时代。我们戴着红领巾，齐声欢唱：“让我们荡起双桨，小船儿推开波浪，海面倒映着美丽的白塔……”，随着欢乐的歌声，亲近和友情，久久荡漾在我们心间。

黄志方向乔榛赠书《罗布泊回声之弥久》

① 乔榛，1942年生于上海，毕业于上海戏剧学院表演系。配音演员，导演，表演艺术家，国家一级演员。曾任上海电影译制厂厂长，中国传媒大学教授，中国电影基金会副会长，上海影协副主席，上海市政协委员等。曾荣获“中国百年电影百位优秀艺术家”“译制艺术学科带头人”“全国德艺双馨终身成就奖”等荣誉称号。曾担任《魂断蓝桥》《叶塞尼娅》《生死恋》《寅次郎的故事》《斯巴达克斯》《安娜·卡列尼娜》《追捕》《廊桥遗梦》《苔丝》等译制片的主要配音演员，以及《罗宾汉》《三十九级台阶》《湖畔奏鸣曲》等译制片的导演。他的语音音色宽厚，情感浓醇，富有感染力，令人过耳不忘，为民众所喜闻乐见，深受广大观众的欢迎和喜爱。

乔榛向黄志方赠书《数风流人物》并题词“澄怀观道”

中午时分，我们走进“农家乐庄园”。聚餐由热情的祥友、泽瑜夫妇做东，菜肴十分丰盛，美味可口。席间，我们祝贺乔榛、国妹夫妇喜庆金婚50周年！祝贺祥友、泽瑜夫妇诸事顺当、大吉大利！祝贺小伙伴合唱队的队友们个个身体健康、阖家幸福！

席间，乔榛即兴为大家朗诵了戴望舒的一首诗：

寻梦者

梦会开出花来的，
梦会开出娇妍的花来的，
去求无价的珍宝吧。
在青色的大海里，
在青色的大海的底里，
深藏着金色的贝一枚。
你去攀九年的冰山吧，
你去航九年的旱海吧，
然后你逢到那金色的贝。
它有天上的云雨声，
它有海上的风涛声，
它会使你的心沉醉。

把它在海水里养九年，
把它在天水里养九年，
然后它在一个暗夜里开绽了。
当你鬓发斑斑了的时候，
当你眼睛朦胧了的时候，
金色的贝吐出桃色的珠。
把桃色的珠放在你怀里，
把桃色的珠放在你枕边，
于是一个梦静静地升上来了。
你的梦开出花来了，
你的梦开出娇妍的花来了，
在你已衰老了的时候。

语音艺术家乔榛的精湛表演让大家深深陶醉，他那富有磁性的男中音音色更是吸引了所有人的注意，赢得了在场观众的一片热烈掌声。

时间过得真快，转眼间，泽瑜和祥友便把我们送到了亲和源大门外的车站。大家手拉着手，相互叮嘱，依依惜别，并相约以后再聚。当公交车缓缓驶来，泽瑜和祥友目送我们乘上公交车，他们的眼神中充满了不舍。我们在亲和源度过了亲和而愉快的一天。

重游七宝古镇

2021 年 11 月 23 日，近日得闲，我重游了七宝古镇。七宝古镇位于上海市西南郊，隶属于闵行区。七宝自后汉时期开始形成，宋初得到发展，明清时期达到繁盛，迄今已有 1000 多年的历史。作为历史上松江府的重镇，七宝拥有着丰厚的文化底蕴。在七宝古镇的界内，有一座千年古刹，名为“七宝教寺”。宋初时，此地便因这座寺庙而得名为“七宝镇”，可见其历史的悠久。

七宝古镇

七宝古镇以七宝老街为中心，南大街以特色小吃为主，而北大街则聚集了旅游工艺品、古玩、字画等。是日，逛逛七宝老街，品尝古镇风味。这里的风味小吃种类繁多，我品尝了管老太臭豆腐、油墩子、豆腐花，还有老五葱油饼和老上海汤团。此外，我还顺道捎带上了百香轩的白切羊肉和红烧酱汁七宝蹄。边走边逛，边尝边品，感觉悠闲自在，乐在其中。

同窗·手足

2022 年 10 月 4 日惊悉夏南老同学病故，享年 80 岁。曾在中国科学技术大学与夏南同窗多年，情同手足。如今溘然仙逝，心中十分悲伤。

夏南，上海市委原书记夏征农之子，曾历任中国科学技术大学教授、上海大学教授、上海夏征农文化教育发展基金会理事。

他虽出身高干，却平凡得和我们工农子女一样，毫无高干子弟的优越感和特殊性，宽厚朴实，平易近人，做人低调，和大家相处十分融洽。我深深地怀念他。

1958 年，北京，中国科学技术大学

三年前，本以为他经过医治能扛过肝病的磨难，没想到病魔还是夺走了他的生命。其间，他还尽力协助我们上海马兰战友做好入会工作，加入上海市新四军历史研究会。

愿夏南老同学一路走好，天国安息！

战友情谊 天长地久

（一）“21.1”微信群·战友情相册前言

2022 年 5 月，在 21 所一室“21.1”战友微信群，由马振华战友发起编制战友相册集的活动。有 130 多名战友参加了本次活动。相册集中汇

新疆马兰红山，核试验基地研究所鸟瞰

编了战友们提供的300多张照片。应振华之请，我为“战友情相册”起草了一份前言，全文如下：

五十八年前，1964年10月16日，我国第一颗原子弹爆炸成功了！

五十五年前，1967年6月17日，我国第一颗氢弹爆炸成功了！

五十多年来，有一群中华民族的优秀儿女汇集在中国人民解放军马兰基地核试验研究所，艰苦奋斗干惊天动地事，无私奉献做隐姓埋名人，为祖国擎起了一次又一次的倚天蘑菇云！

五十多年来，核试验研究所第一研究室的战友们，在工作上精诚集力、克艰攻关，在生活上亲如手足、战友情深，取得了一项又一项的核试验科研成果。这是一个努力进取的集体，一个团结友爱的集体，一个为“两弹一星”作出重大贡献的战斗集体！

五十多年后的今天，我们都已七老八十、两鬓华发，分散在全国各地，在家含饴弄孙、颐养天年。然后，此时此刻，我们又聚集在一起，在“21.1”战友微信群里，忆往事，叙友情，编制了“21.1”战友情相册，赓续着我们经久不息、绵绵长流的红山战友情谊。

祝愿我们的战友情谊天涯比邻、天长地久！

（二）“21.1”微信群2022年度工作小结

一、今年五、六月份，由马振华牵头编制了有130多名战友参加的“21.1”微信群·战友情相册，深受大家的好评和欢迎。

二、自今年上半年以来，陆续又有40余名一室战友加入“21.1”群，为本群增添了不少年轻人。本群现有130多人，人气兴旺，喜从众来。

三、今年六月份，黄志方又向今年新入群的战友们赠送新书《罗布泊回声之弥久》30余本，敬请各位阅读。

四、群内战友持续不断交流各种信息，扩大视野、增进友谊，其中以田兵、张沛商、彭常贤等战友，尤为突出。

五、每天清晨，日复一日，在张继堂、罗成、张喜生、李浩平等战友诚挚的问候和祝福声中，我们开始了美好的每一天。

除旧迎新，吉祥如意。2022年即将过去，我们喜迎2023年的到来。感谢战友们一如既往支持和参与本群开展的各项活动！

恭祝战友们在新的2023年身体健康，事事顺心，阖家幸福，新年快乐！

欢聚一堂 情深谊长

2023年12月26日，上海市新四军历史研究会六师（苏南）分会成功召开了“纪念毛泽东同志诞辰130周年暨2024年年会”。参加大会的有会议嘉宾和新四军历史研究会会员等共计230余人。大会在雄伟壮丽的《东方红》歌唱声中拉开了帷幕。

六师分会马兰大组的会员们向大会献上了精彩的文艺节目。其中，配乐诗朗诵《马兰花开的地方》由黄纯高、姚璇、郭宏巍、王晓南共同朗诵。此外，还有合唱歌曲《马兰谣》，领唱为孙爱莉，女声由张军红、王晓南、姚璇、陶莉、王玉枝、何莉、刘敬担任，男声则由黄纯高、邹长明、郭宏巍、朱寅康、曹兆宽、崔元名、叶天余、严国强、钱进明等人共同演绎。马兰大组合唱队的演出节目受到了与会者的热烈欢迎和高度评价。

配乐诗朗诵《马兰花开的地方》，左起：黄纯高，姚璇，郭宏巍，王晓南。

马兰战友合唱队演唱歌曲《马兰谣》

大会期间，与会人员欢聚一堂，气氛祥和而热烈。许多老战友、老同事、老朋友聚集在一起，言谈甚欢，兴高采烈，情深谊长。新老会员见面时格外开心，他们包括张晓宇、颜宁、黄志方、邢雯霏等。此外，还有几位中国科学技术大学的老校友也相聚在此，他们是王苏炎、黄志方以及邢雯霏。

新、老会员见面时分外开心，左起：颜宁、张晓宇、黄志方、邢雯霏

中国科大老校友欢聚一堂，左起：邢雯霏、王苏炎、黄志方

在马兰战友向市会老会长刘苏闽将军敬酒时，黄志方向他简要报告了马兰大组的概况。刘会长随即关心地问道："现在马兰大组有多少人了？"黄志方回答："137人。"刘会长说："有条件时可以成立马兰分会了。"黄志方感激地回答："谢谢刘会长的关心！"

马兰战友向市会老会长刘苏闽将军敬酒，
右起：刘苏闽，邢雯霏，黄志方，王苏炎

最后，大会在雄壮洪亮的《新四军军歌》乐曲声中胜利闭幕。此次大会开得非常成功，它是一个团结的大会，也是一个胜利的大会。

新四军六师分会马兰大组迎春座谈会

2024 年 1 月 13 日，马兰大组成功召开了迎春座谈会，共有 30 多名马兰战友参加了此次座谈会。座谈会在热情、友好、亲切且活跃的氛围中顺利进行。

马兰大组副组长邢雯霏向会议详细汇报了 2021—2023 年的主要工作，包括：1. 积极弘扬“铁军”精神，宣传“铁军”文化，并认真组织和完成了市会以及六师分会的各项工作任务；2. 全力弘扬和宣传“两弹一星”精神，同时积极开展马兰大组的各项活动。邢雯霏说：“今年是中华人民共和国成立 75 周年，我衷心祝愿我们伟大的祖国更加繁荣富强，我们的生活也越来越美好！”

随后，马兰大组组长黄志方向会议报告了 2024 年的工作打算，具体包括：1. 继续按照市会和六师分会的要求，扎实开展工作；2. 持续开展弘扬“两弹一星”精神的各项活动；3. 精心筹划第一颗原子弹爆炸成功 60 周年的纪念活动，等等。黄志方坚定地表示：“在新的一年里，我们将在市会和六师分会的领导下，继续为弘扬新四军“铁军”精神、弘扬‘两弹一星’精神，作出新的努力和贡献！”

座谈会上，许多老战友都畅所欲言。张向阳深情回忆了战友会成立之初的往事，黄纯高分享了自己参加年会活动的感想，黄玉英则反映了目前遇到的一些问题等。座谈会结束时，与会的马兰战友们纷纷握手惜别，情深谊长，相互祝愿身体健康、阖家幸福、新春快乐！

附 录

附录一

参考文献

[1] 张蕴钰 . 戈壁言情 [M]. 北京：文化艺术出版社，1990 年 1 月 .
[2] 张蕴钰 . 初征路 [M]. 北京：国防工业出版社，1996 年 1 月 .
[3] 张蕴钰 . 奚囊集 [M]. 北京：国防工业出版社，1997 年 3 月 .
[4] 张爱萍 . 神剑之歌——张爱萍诗词、书法、摄影选集 [M]. 北京：人民美术出版社，1991 年 2 月 .
[5] 李明天，王精忠，李天恩 . 上甘岭大战 [M]. 北京：八一出版社，1993 年 11 月 .
[6] 熊杏林 . “两弹一星”功勋科学家：程开甲 [M]. 北京：国防科技大学出版社，2003 年 7 月 .
[7] 王永建，王力殊 . 大漠雄风 [M]. 北京：中国核试验研究所，2003 年 7 月 .
[8] 马国惠 . 春雷之光 [M]. 孙瑞蕃，吴凯，顾问 . 北京：中国核试验基地研究所，2007 年 7 月 .
[9] 孟昭瑞 . 中国蘑菇云 [M]. 沈阳：辽宁人民出版社，2008 年 10 月 .
[10] 彭继超 . 罗布泊丰碑 [M]. 乌鲁木齐：新疆人民出版社，2009 年 12 月 .
[11] 黄志方，子珂 . 历史的丰碑 [M]. 沈阳：沈阳出版社，2011 年 9 月 .
[12] 陈君泽，龙守谌 . 零时起爆——罗布泊的回忆 [M]. 广州：中山大学出版社，2011 年 12 月 .
[13] 黄志方 . 学无止境 [M]. 上海：东华大学出版社，2015 年 11 月 .
[14] 黄志方 . 罗布泊回声之弥久 [M]. 上海：东华大学出版社，2021 年 6 月 .
[15] 杨达寿 . 启尔求真——核研试浙大人 [M]. 杭州：浙江大学出版社，2022 年 5 月 .
[16] 汪成农，于建华，彭继超 . 我是马兰人 [M]. 长沙：湖南少年儿童出版社，2022 年 10 月 .

附录二

文章作者简介

（以作者文章在书中出现的先后为序）

杨裕生 男，1932年10月出生，江苏如皋人，中国工程院院士，少将军衔，中共党员。1946年，进入上海肇和中学学习，1947年转学至上海吴淞中学。1952年，从浙江大学化工系毕业，并获得研究生学历。1958—1960年，前往苏联科学院地球化学与分析化学研究所进修。1963年，被调入21所工作，历任研究室主任、研究所所长兼任党委书记、核试验基地科技委主任，以及国防科工委核试验专家组召集人之一。参加了首次及历次核试验，并因此荣获国家级奖项和科委级二等奖以上的奖励共计2项。1990年，被调入北京防化研究院担任研究员一职。

黄志方 男，1942年6月出生，上海人，大学学历，中共党员，高级工程师，作家。1965年从中国科学技术大学毕业后，入伍中国核试验基地，并在基地研究所第一研究室工作。曾参加1967年我国第一颗氢弹等核试验。1970年1月，转业到上海，先后担任上海整流器总厂厂长、上海电器厂厂长、上海西门子开关公司董事长、上海电器技术研究所副所长等职务。在此期间，还曾担任闸北区政协委员和静安区人大代表。2000年10月退休。2018年6月，成为上海市作家协会会员。2021年7月，加入上海市新四军历史研究会。著有文学作品：2010年写作出版电视连续剧剧本《历史的丰碑》，2015年写作出版文集《学无止境》，2018年写作主编文集《战斗在罗布泊的上海人》，2021年写作出版文集《罗布泊回声之弥久》，以及2024年写作出版文集《春雷声声震寰宇　弹指一挥六十载》。

邢雯霏　男，1953年8月出生，上海人，大学学历，中共党员，高级工程师，大校军衔。1975—1978年，就读于中国科学技术大学近代物理系加速器专业；1978—1982年，任核试验基地研究所三室技术员；1982—1990年，任基地研究所科技处组织计划科参谋；1990—1994年，任科技处组织计划科科长；1994—1995年，任科技处副处长；1995—1996年，任89800部队司令部总体室主任；1996—2013年，任国防预研抗辐射加固技术项目管理办公室常务副主任。

颜维琦　女，1983年生，北京大学中文系本科、硕士毕业。光明日报社首席记者，上海记者站副站长。2021年2月被授予"全国三八红旗手"称号。

徐冠荣　男，1943年4月出生，江苏南通人，大专文化，中共党员，讲师。1963年，毕业于南京无线电工业学校，同年被分配到21基地研究所四室工作，先后在控制组、电磁脉冲组任职，参加首次及多次核试验。1969年12月，转业到铁道部南京浦镇车辆厂工作。2003年4月，从浦镇车辆厂技工学校退休，并回到上海定居。

朱焕金　男，1938年出生，广东兴宁人，大学学历，研究员。1963年，毕业于北京大学地球物理系，同年被分配到国防科委21基地研究所。曾参加包括第一次核试验在内的十多次核试验任务，并负责核试验场内外的安全与防护工作。历任助理研究员、副研究员、研究员，并享受国务院政府特殊津贴。于2001年退休。

宁燕芸 女，1962年10月出生，硕士学位。毕业于赫尔辛基工业大学电路设计专业，在英国Middlesex University学习计算机网络。回国后在华为技术有限公司工作，直到退休。

陈伟芳 女，1972年9月出生，大专文化。陈达同志的女儿。1992年，毕业于国防科工委绵阳中等专业学校。同年入伍，先后在第廿六试验训练基地第一活动测控站、第二活动测控站工作。2000年从部队转业到地方，2003年就职上海泽龙化工有限公司至今。

倪 燕 女，1972年9月出生，大学文化，中共党员，档案馆员。1978年至1989年，先后就读于红山小学、永红二中、西核中学。1991年，毕业于马兰中专，同年入伍核试验基地，历任基地研究所第三研究室技术员、参谋，以及科技处通信科参谋等职务。2006年转业，2007年落户上海。现任上海延信人力资源有限公司行政经理。

张向阳 男，1938年11月出生，吉林长春人，大学学历，中共党员，高级工程师。1963年，毕业于哈尔滨军事工程学院，同年被分配到国防科委21研究所工作。1966年，随21所搬迁到中国核试验基地（位于新疆）。曾参加中国首次原子弹、首次氢弹和首次核导弹等多次核武器试验研究工作。曾荣立集体二等功一次、集体三等功三次、个人三等功一次，并获得多次嘉奖。获国家科技进步三等奖一次、国防科委科技三等奖一次、21所科技四等奖一次。1987年，转业到上海远洋运输公司，担任政委和干部处副处长。在公司期间，曾被评为上海市优秀军转干部，上海远洋运输公司先进工作者和优秀党员。1999年12月退休。

刘镇球　男，1938年出生于江苏常州，大学学历，高级工程师。1960年清华大学毕业，1961年初到核试验基地研究所二室工作，担任最小照度项目组长和第四大组副组长。1970年转业到上海一〇一厂，担任设计二科副科长。在产品设计方面曾获得电子工业部新产品二等奖和上海市科学技术进步三等奖。

周培春　男，1940年11月出生，江苏宜兴人，大学学历，中共党员，高级工程师，大校军衔。1963年8月从南京大学物理系核物理专业毕业，同年9月入伍。在核试验基地研究所三室从事核爆炸链式反应动力学参数测量工作，先后参加了包括中国第一颗原子弹、氢弹在内的地面塔爆、空中、地下平洞和竖井等共十七次核试验。荣立个人三等功两次，并且是国家级科技进步二等奖两项的主要完成者之一。1989年9月转业到上海炼油厂研究所担任室主任。1997年7月退休。

毛克强　男，1943年11月出生于上海，中共党员，政工师。1963年8月，毕业于上海航空工业学校。毕业后被分配到核试验基地21研究所从事核试验工作。1969年12月，复员并进入上海缝纫机一厂，历任宣传科科长、厂党委办公室主任等职务。之后，在飞人有限公司担任宣传教育部部长、公司党委委员等职位。2003年退休。

王道兴　男，1944年9月出生，四川德阳人，中共党员，高级政工师。毕业于安徽医科大学卫生管理学院卫生事业管理专业。1963年12月入伍，开始在核试验基地所属部队服役。1963—1970年，历任一连战士、班长和排长，1970—1986年，在546医院担任组织干事、政治教导员、副政治委员。1986年4月，转业到上海市，在上海冶金建设有限公司工作至今。

徐美娟 女，1944 年 9 月出生，上海人，中专学历，中共党员，主管医师。1961 年 7 月—1964 年 3 月就读于第二军医大学附属护校；1964 年 3 月—1983 年 2 月，在核试验基地的 546 医院历任护士、护士长；1983 年 3 月—1999 年 9 月，担任宝钢卫生处主管医师。

曹兆宽 男，1944 年 1 月出生于上海。1960 年入伍，进入重庆通讯兵技术学校学习。1963 年毕业后，被调入核试验基地通信一分站担任技师。同年 11 月，进入核试验场区，参与了我国从第一次原子弹至第六次核试验的通信保障工作。1969 年底，转业到上海市电力公司，担任电力系统自动化工程师。2004 年 1 月退休。

王国华 男，1942 年 11 月出生于上海，大学学历，中共党员，副研究员，大校军衔。1964 年 7 月，从复旦大学数学系力学专业毕业，同年 9 月被分配到第 21 基地研究所工作。参加过十几次各种类型的核试验，主要负责运用力学方法快速报告核试验当量以及后续的精确测定当量工作。1980 年 10 月—1982 年 10 月，被公派到英国曼彻斯特大学流体力学系担任访问学者。1990—1996 年，从事核试验核查和禁止核试验条约的谈判工作。2002 年 12 月从部队退休。

叶上蓁 男，1940 年出生，浙江安吉人，大学文化，工程师。1961 年毕业于华东师范大学，同年入伍核试验基地，在 21 研究所七室从事核爆炸烟云取样工作。曾任取样队长，参加了我国第一次原子弹试验、第一次氢弹试验、第一次导弹核试验、第一次地下核试验等七次重要的核试验，担任工程师职务。1987 年因病退休回到上海。

付安镇　男，1968 年 3 月出生于陕西咸阳，中共党员，硕士研究生，专业技术 5 级，大校军衔。1989 年于西安交通大学毕业后入伍，先后在核试验基地研究所、试验部、司令部工作近 30 年。2018 年退休。曾担任工程师、科长、高级工程师、技术室主任等职务。

孟凡号　男，河南民权人，本科学历，驻新疆某部上校讲师。中国作协会员。战略支援部队党史军史专家组成员。马兰基地《春雷》杂志原主编，出版散文集《为心筑巢》《印痕》《有一个地方叫马兰》；编撰《蘑菇云升起的地方》《有一朵花儿名叫马兰》。

蒋林元　男，1943 年 1 月生，大学学历，中共党员，高级工程师。1966 年 7 月毕业于哈尔滨军事工程学院，随后被分配到核试验基地研究所第一研究室工作，期间执行过多次核试验任务。1987 年 3 月转业到江苏省宜兴市科委和市地震局工作。2003 年 1 月退休，加入市中国老科学技术工作者协会，担任理事、秘书长等职务。

后　记

后记一

编后感言

为纪念中国第一颗原子弹爆炸成功60周年（1964年10月16日—2024年10月16日），经过一年多的筹备，纪念文集《春雷声声震寰宇 弹指一挥六十载——戈壁人物纪实》与大家见面了！

早在去年二月，我就打算为这一重要历史时刻撰写一本专题纪念文集，并将其命名为《春雷声声震寰宇 弹指一挥六十载——戈壁人物纪实》。

在编撰本书时，我亲自撰写了与第一颗原子弹核试验相关的多位杰出人物，如张蕴钰、程开甲、林俊德、马国惠、董寿莘、孙瑞蕃、陆祖荫等人的文章，并收录了其他与“拥军优属、拥政爱民”主题相关的篇章。在此过程中，我得到了众多马兰战友的广泛关注和支持。九十二岁高龄的中国工程院院士、原核试验基地研究所所长杨裕生将军更是亲笔为本书撰写了序言一。我的马兰老战友张向阳、刘镇球、周培春、毛克强、王道兴、徐美娟、曹兆宽、王国华、叶上蓁、邢雯霏、徐冠群等，以及核二代宁燕芸、陈伟芳、倪燕等，都以他们的亲身经历，深情地叙述了他们（或他们的父辈）在第一颗原子弹等核试验中的亲身体验和深切感受。此外，付安镇、孟凡号、蒋林元等马兰老战友还选编了自己的诗词作品。

在审阅本书稿件的过程中，核试验基地首任司令员张蕴钰将军的儿子张旅天大校，核试验基地原司令员马国惠将军的夫人杨雅清大校及其儿子马红滨，核试验基地原总工程师、中国工程院院士林俊德将军的夫人黄建琴大校及其儿子林海晨等，都十分认真地阅读了相关的稿件，并进行了细致的修改和补充，并及时反馈，以确保稿件内容的真实与完美，他们的敬业精神令我深感敬佩。同时，曾经亲身参与第一颗原子弹核试验的张向阳、曹兆宽等老战友，也对相关稿件进行了审阅和补充。在本书出版之初，马兰基地军旅作家彭继超大校，也给予了我热情的支持和鼓励。还有马兰战友范松平，以精湛的书法为本书题写了书名“春雷声声震寰宇 弹指一挥六十载”十四个字。

在此，我谨向以上各位马兰老战友致以崇高的敬意和衷心的感谢！

同时，本书的出版也得到了上海市新四军历史研究会和上海市新四军历史研究会六师分会的鼎力支持和鼓励。特别是，上海市新四军历史研究会六师分会张晓宇会长，他不仅亲自为本书积极筹措费用，还撰写了序言，为本书增添了更多的光彩。

在此，我谨向上海市新四军历史研究会、上海市新四军历史研究会六师分会和有关领导致以崇高的敬意和衷心的感谢！

最后，本书的顺利出版还得益于东华大学出版社的全力支持。从策划到责编，从编校到封面设计，他们都展现出了极高的专业素养和责任心，确保了本书的高质量出版。在此，我也要向东华大学出版社表达我最诚挚的感谢！

另外，由于我与个别人物的家属无法取得联系，有关稿件未能得到其亲属的审阅。对于可能存在的不足之处，我深感抱歉并希望得到大家的理解与谅解。同时，由于我的编著水平有限，书中难免存在错误或疏漏之处，恳请广大读者批评指正并多多包涵！

希望这本书能够成为纪念中国第一颗原子弹爆炸成功60周年的一份珍贵献礼，进一步弘扬马兰精神和“两弹一星”精神，激励我们为实现中华民族伟大复兴而共同奋斗！

黄志方

2024年5月20日

后记二

隆重鸣谢

为纪念中国第一颗原子弹爆炸成功60周年，弘扬“两弹一星”精神，弘扬马兰精神，文集《春雷声声震寰宇 弹指一挥六十载——戈壁人物纪实》终于与大家见面了！

本文集的出版得到了以下单位和个人的大力支持和资助：

上海市新四军历史研究会、上海市新四军历史研究会六师（苏南）研究分会、上海吾灵创意文化发展有限公司、上海至尊园公益基金会，以及马兰战友杨雅清、黄建琴、黄志方、邢雯霏、曹兆宽、邹长明、黄纯高、郭宏巍等。

在此，我们谨向以上单位和个人表示最崇高的敬意，并致以衷心的感谢！

特此，隆重鸣谢！

上海市新四军历史研究会
六师（苏南）研究分会
2024年5月20日